八闽教育名家系列丛书编委会

学术顾问：周洪宇　黄书光　张亚群　李　迅

丛书主编：黄仁贤

编　　委：吴明洪　涂怀京　陈明霞　杨卫明　杨来恩

　　　　　周志平　方彦寿　赖一郎　董　洪

八闽教育名家系列丛书

丛书主编：黄仁贤

八闽教育名家文选

近现代卷（二）

涂怀京 陈明霞 | 主编

海峡出版发行集团 | 福建教育出版社

图书在版编目（CIP）数据

八闽教育名家文选. 二，近现代卷/涂怀京，陈明霞主编. —福州：福建教育出版社，2025.8.
（八闽教育名家系列丛书 / 黄仁贤主编）. —ISBN 978-7-5758-0208-6

Ⅰ. G40-53

中国国家版本馆 CIP 数据核字第 2024EG8836 号

八闽教育名家系列丛书

丛书主编：黄仁贤

Bamin Jiaoyu Mingjia Wenxuan · Jinxiandai Juan (Er)

八闽教育名家文选·近现代卷（二）

涂怀京　陈明霞　主编

出版发行	福建教育出版社
	（福州市梦山路 27 号　邮编：350025　网址：www.fep.com.cn
	编辑部电话：0591-83727542　83726908
	发行部电话：0591-83721876　87115073　010-62024258）
出 版 人	江金辉
印　　刷	福州德安彩色印刷有限公司
	（福州市金山工业区浦上标准厂房 B 区 42 栋）
开　　本	710 毫米×1000 毫米　1/16
印　　张	16.5
字　　数	227 千字
插　　页	2
版　　次	2025 年 8 月第 1 版　2025 年 8 月第 1 次印刷
书　　号	ISBN 978-7-5758-0208-6
定　　价	49.00 元

如发现本书印装质量问题，请向本社出版科（电话：0591-83726019）调换。

丛书总序

刘海峰

在福建这片被武夷云雾与东海涛声滋养的土地上，文明之脉绵长，教育之树常青。当我们将目光投向八闽大地的历史星空，那些在中国教育史上璀璨的名字便如星辰般浮现——从闽中走向全国的理学大师朱熹，到近代教育救国的先驱严复，八闽大地教育名家群星闪耀，彪炳史册。

我在 1996 年出版的《福建教育史》一书的绪论中，曾概括出福建教育史上七个独具特色的方面：其一为朱熹讲学与福建书院的兴盛，其二是宋明两代成为科举大省，其三是台湾士人参加福建乡试，其四是福建船政学堂为全国洋务学堂的先导，其五为教会办学的首要省份之一，其六为华侨办学的典型省份，其七为东南沿海抗战时坚持办学的代表省份。福建教育史上不仅有许多独具特色的方面，而且出现过许多教育名家，其中有不少在全国都有很高的知名度，在中国教育史上占有一席之地。

唐中宗神龙二年（706 年），长溪（今属福建福安）人薛令之考中进士，成为破福建科举天荒的开闽进士。中唐以后，经历过李椅、常衮等人的几次兴学活动，参加科举者明显增加，林藻、欧阳詹等人相继登第，福建从被视为"闽人未知学"逐渐变为每年考上进士比肩中原的地区。宋代福建教育和科举特别兴盛，《宋史·地理志》将"多向学，喜讲诵，好为文辞，登科第者尤多"列为福建的重要特点。宋代进士总数有 4 万名左右，福建进士人数有

7000人左右，为全国第一，且遥遥领先于其他地区。在两宋118名状元中，福建人占20名，也为全国之冠。北宋太平老人《袖中锦·天下第一》在罗列当时全国的工艺及农、林、牧、渔著名产品之后，将"福建出秀才"的社会现象也列为天下第一。因此，宋代有"龙门一半在闽川"的说法。

从宋代到清代，福建的著名人物和教育家多数是进士出身。尤其是朱熹，不仅是南宋集理学之大成的思想家、哲学家，而且是中国历史上最著名的书院教育家，对元明清教育和科举考试有重要影响。朱熹所作《四书章句集注》和朱熹及其门人所注"五经"在元代以后成为科举考试的主要教材，这也是明代福建士人在科场中占有优势因而中进士者较多的一个原因。朱熹一生大部分时间在福建讲学论道，将儒家伦理注入八闽文脉。"海滨邹鲁"虽然是不少沿海地区喜用的美称，但用来形容八闽大地的确名副其实。

近代以后，作为东南沿海省份，福建是较早接触西学的省份之一。1902年出版的《急愢斋新科闱墨选本》序说："八闽之地，古称蛮荒，今乃文化过乎中原。以此邦人士多留寓海外，其智慧开通者早也。"严复将"物竞天择"的现代性焦虑转化为教育救国的紧迫感，陈嘉庚抱持"教育为立国之本，兴学乃国民天职"的信念倾资办学，许多八闽教育名家领风气之先，在全国有重大影响。他们或以思想照亮混沌，或以实践开辟新途，共同构筑了福建教育的精神谱系。

教育是文明延续的津梁，是强国建设的基石。在实现中华民族伟大复兴的征程上，教育承担着培养时代新人的神圣使命。八闽教育名家身上体现的教育精神和文化理念，是福建地域文化和中华优秀传统文化的重要组成部分。他们的教育思想如闽江之水，既有源头活水的清澈，又有海纳百川的包容；他们的教育实践如土楼之基，既扎根于传统文化的厚土，又指向现代文明的苍穹。2023年，福建教育出版社便告诉我在策划一套"八闽教育名家系列丛书"，当时我就认为很有意义。丛书是对福建教育史优秀传统的致敬与梳理，更是对福建未来教育发展的启迪与期许。

本丛书所收录的教育名家，皆为福建教育史上著名的教育理论家或实践家，我与当代八闽教育名家中的高时良、陈本铭、潘懋元、孙培青等先生还有过不少交往，印象深刻。于今黄仁贤教授主编的这套"八闽教育名家系列丛书"已经完稿，丛书不仅记录教育名家的历史，收录他们的代表性论著，更试图搭建一座连接过去与未来的桥梁。丛书的出版将吸引更多学者关注八闽教育历史与文化，从历史纵深中理解教育的本质和教育家精神，并从中汲取教育经验与智慧，为当今的教育改革实践提供历史资源和思想资源。

八闽大地，名家辈出。丛书面世，可喜可贺。是为序。

编校凡例

1. 编写方式。全书选取历代八闽教育名家代表性作品编辑成册，分为古代卷、近现代卷、当代卷。各卷以教育名家为纲，辑选各篇文章分列于后。每篇选文前有"题解"，由选编者对各位教育名家生平事迹和各篇选文的背景与内容做简要介绍。

2. 选文版本。各名家文选，依据各人已刊行、已出版的文集或已公开发表的文章进行编辑整理。所据文集版本，古代卷多为四库全书本或点校整理本，其他各卷则多为现代通行本。

3. 编校原则。编辑时，为尊重原作品的内容结构与作者的行文习惯，只对选文做必要的技术处理。

4. 文字规范。全书使用通用规范文字，原文繁体字改为简体字，异体字改为正体字；"的""得""地""底"等用词习惯，一仍其旧。

5. 错漏校勘。原文排印有明显的错、讹、漏、衍、倒之处，直接改正，不出校记。作者偶有误用别字者，则括注正字。原文漫漶不清者，以□依数标记。

6. 标点规范。原文无标点的，整理时加上标点；原文标点与新式标点不符的，予以修订。

7. 译名规范。原文专门术语，外国人名、地名等，与今通译名有异的,保留原样,在首次出现时加脚注说明。

8. 数字规范。原文中的数字、序码、日期等,一般不予更动。文选当代卷中,统计数值较大者,为便于阅读,改为阿拉伯数字。

9. 统一注释。对原文部分生僻词与专业术语等,进行注释说明,格式统一采用页末脚注。当代卷原有注释保留,以脚注或括注呈现,有需要补充说明的,加编者注。

10. 选文出处。为方便读者阅读参考索引,统一在各篇选文文末标明来源出处。

目 录

邓萃英 …… 1

"教育宗旨"果可存在乎 …… 3
教育与社会 …… 5
现代教育思潮与教育行政方针 …… 8
日本最近教育界之状况
　　——记邓芝园萃英在江苏省教育会之谈话 …… 9
美国教育之过去现在及未来 …… 14
改革女学制度议 …… 20
改革学制问题
　　——邓芝园先生在第一师范为省垣各校教职员讲演辞
…… 22
邓校长就职演说词 …… 28
北京师范大学开校感言 …… 34

郑贞文 ······ 37

    科学教育的意义 ······ 39
    中国化学史的一瞥 ······ 41
    对于福建教育之意见 ······ 47
    闽教十年总序 ······ 49

欧元怀 ······ 54

    对于学校体育之意见 ······ 56
    中国职业教育的出路 ······ 59
    训育是教育的中心 ······ 66
    师资训练的根本方针 ······ 73

周淑安 ······ 77

    声乐问题的随感录 ······ 78
    儿童与音乐 ······ 82
    中小学唱歌教师之责任 ······ 83
    我的声乐教学经验 ······ 86

林语堂 107

读书的艺术
　　——光华大学演讲 110
古书有毒辩 116
学风与教育
　　——大夏大学演讲稿 118
读书阶级的吃饭问题
　　——中学生的出路问题 123
谈牛津 128

陈芝美 134

英华书院 139
游美中职业指导的闻见概述 141
尤溪古田两县民训视导报告 145

王世静 149

永远刻着我的印象中
　　——纪念程前校长奖学金基金募捐启动上的演讲
　　...... 154

本院三十年度开学式训词 …… *156*
福建省妇女工作报告 …… *159*
本学院开学日动员大会开幕词 …… *163*

陈淑圭 …… *168*

校庆纪念感言 …… *173*
华南女子学院对于识字教育的服务 …… *176*
典型的教师 …… *177*
妇女服务部的宗旨与目标 …… *180*

郑天挺 …… *181*

史料学教学的初步体会 …… *183*
怎样学习历史 …… *189*
谈谈历史系教学改革 …… *195*

朱谦之 …… *197*

反抗考试的宣言 …… *199*
大同共产主义的教育院（节选） …… *200*
文化教育发端（节选） …… *203*

黄世明 …… *217*

    我国幼稚教育的新动向 …… *219*
    儿童音乐的教学 …… *224*
    现行幼稚园课程的批判和建议 …… *231*

萨本栋 …… *236*

    办土木工程系辩 …… *239*
    勖勉同学词 …… *240*
    陈嘉庚先生莅汀欢迎词 …… *242*
    谈厦门大学近况 …… *245*
    开学词 …… *246*

邓萃英

【题解】

邓萃英（1885—1972），字芝园，福建闽侯人，我国现代著名教育家、思想家，一生为中国师范教育的科学化与本土化作出了重要贡献。早年就读于全闽师范学堂，后留学日本东京高等师范学校及美国哥伦比亚大学师范学院。邓萃英历任福州女子师范学校校长、北京高等师范学校教授与校长、厦门大学首任校长、中华民国教育部次长，以及河南省立中山大学（河南大学前身）校长等职。邓萃英一生致力于推行人格教育，注重学生情意陶冶，追求人格健全。

《"教育宗旨"果可存在乎》一文，邓萃英指出当时教育宗旨的性质界限都很不清楚，而且教育宗旨修改后，实施不久又决定取消，反反复复，难以维持政策的稳定性。因此，他主张教育宗旨不必特定，既然以民主共和立国，则教育亦以此为宗旨。而且，由于教育基本问题在于儿童心理与社会现象，心理问题与社会问题依实验研究与时代要求，日新月异，确定的教育宗旨何以适应变化的教育实际？故他认为明令废止教育宗旨为正确办法。

《教育与社会》一文，邓萃英开篇表明自己的思想受杜威先生影响，所述教育与社会"不出杜威先生的范围"，但他也巧妙地结合了我国实际，聚焦师范教育的社会化。文章首先梳理了对教育与社会二者观念的变迁，从国家万能到教会万能再到个人万能，后又演变至重视社会的教育。而当时社会的教育学说，仍存在两种误解："一是误认个性发展与社会生活不相容；二是误认教育为方法，社会为目的，或以心理学做教育方法论的根据，社会学做教育目的论的根据。"邓萃英——驳斥，并提出了教育研究的真态度，"倡导师范教育的社会化"。而后他提出师范教育之价值，在于唯有特设机关方能培养理想中的教育家，即"学者的俗人，俗人的学者"。

《现代教育思潮与教育行政方针》一文，则是邓萃英顺应时势而提，亦是其学制改革思想的依据，他指出"教育制度由贵族的而趋于平民的"，"教育原理教育方法概由武断的而趋于科学的"，"教育事业由无机的而趋于有机的"。

《日本最近教育界之状况》中分析了日本教育界发展趋势，日本经历了从信奉汉学到模仿欧洲，教育思想皆随欧洲思想变动而趋进。"日本教育思想界可称各国教育思想之杂货店，而各种学说不过为日本教育表面所着之色彩，看似光怪陆离，要非根本精神。其根本精神所寄，则在乎立国要素，所谓大和魂是也。"他倡导积极引进西方教育学说并加以改造，使之适应中华民族救亡图存的需要。

《美国教育之过去现在及未来》一文，则是邓萃英基于自己考察所撰，梳理了美国教育发展史，并分析了其教育特色，提供了许多可供我国教育参考的意见。他在致学校同仁的书信中指出："其（美国）学说尚研究而轻抄袭，其生活好新奇而恶旧习，其教育方针以共和与实效为鹄的，其方法以尊重人格、发扬个性为标准；其是非得失，英未敢妄下定评，且其社会实际情形亦颇有为世人所诟病者，然其所长要皆我国人之所短；其所短未必为国人所长，则惑矣。"

邓萃英在《改革女学制度议》与《改革学制问题》两文中，描绘了理想学制的蓝图。他主张"男女应绝对共学"，除为女子特设科外。他就制度与教科两方面提出了自己的主张，横贯初等教育、中等教育、高等教育各个学段，涵盖职业教育、师范教育等层面。他的学制改革思想既遵循教育原理，也顾及社会实际；既注重制度的完善，也重视教法教材的改良；既注重普通教育，也不忽略专门教育。

《邓校长就职演说词》一文集中体现了邓萃英坚持师范教育独立的思想。他首先指出高师教育本旨"就是造就有普通教育最有效的人材",而后讲述了高师的分科趣旨与学修态度,言明"高师是有特立的目的,有它的不可不有的意义,有它的不能不存立的权威,所以不可不独立存在的"。其次,邓萃英强调高师的精神在于"教育",学生置身于"教育化环境",自然而然就会蕴养教育的趣味,而形成终身服务教育的决心,这是其他学校所不能之事。他以美国哥伦比亚大学师范学院为例,指出师范学院之昌盛得益于其独立,而我们反而要放弃独立,那又如何能使教育事业繁荣昌盛?再次,他论证了师范教育是教育的母机,"我国的实际非教育不能救国,教育一节,首重师资",无论是为了弥补当下教师的匮乏,还是谋求将来教育水平之提高,"高师的独立与提高"都是十分必要的。那么高师应如何提高呢?最后,邓萃英以北京高师为例,提出了三点建议。

邓萃英于《北京师范大学开校感言》一文发表了自己关于北京高师成功改为师范大学的感言,他提出"吾人所谓理想的师大,非师范,非大学;亦师范,亦大学也",揭示了师范大学的意义。同时,他指明师大发展的使命,一为培养中等教育必要之师资,二为训练教育界与学术界领袖之人物,为师大未来发展拨开了迷雾。最后,他明确了师大招生门槛,学生应具备中等教育之完成、专门学术之研究、教育教授之心得以及文化观念及公民知识之修养,此四者皆师大学生不可缺也。

"教育宗旨"果可存在乎

吾国所谓教育宗旨,其性质界限,颇不明了。根本观念不正确,年来聚讼纷纭,莫衷一是,亦固其所。民国元年教育部颁布之教育宗旨,"注重道德教育，以实利教育，军国民教育辅之，更以美感教育完成其道德"，乃杂取教育目的论中数个概念，罗列之。去岁教育调查会所改定"养成健全人格，发展共和精神"，虽较前为胜，此弊仍所不免。第五次全国教育会联合会议决，取消教育宗旨，不为无见。唯既认"健全人格，共和精神"，为教育本义，复呈请由部公布，未免自相矛盾耳。

欧美先进诸国，多不特定教育宗旨。唯日本有"教育敕语"，然乃一种敕令，以天皇权威，强民必从者。卒以兴时势不合，复颁"戊申诏书"，藉图补救。而"戊申诏书"近亦名存实亡矣。德国初等教育有三条例，Drei Regulativen（1854 年发布），然是专就初等教育而发，与吾国所谓教育宗旨不同。世界教育学者，多以此为德国教育，惜其国内有识者亦皆群起反对，盖以思想自由，顿被压抑也。

为吾国教育前途计，此种宗旨，似可不必特定。盖国家教育本于立国精神；立国以民主共和为本，则教育自当以发展此种精神为职志。故立国宗旨以外，殊无所谓教育宗旨也。至于教育目的，应任教育学者自由讨究，精益求精，不宜划定一种以为限制。又如教育方针，乃主持教育行政者，察国内外情势，立一定方策以因应之，而为行政标准，非一成不变如教育宗旨者。

且教育之基本问题，在儿童心理与社会现象。而心理学之重要材料，实取诸物理学，生理学，生物学，精神病学等：是等科学，依实验的研究，日新月异，则研究心理者，自不应有固定的鹄的。社会学之范围，实包含政治，财政，经济，国家，伦理等：是等问题，应时代之要求，变动不已；则研究社会者，尤不容死守成文的信条。心理问题，社会问题如是，而谓以此为根据之教育，可颁布神圣不可侵犯之宗旨乎？

要之，吾国所谓教育宗旨，其概念既不正确，而实际上理论上复均无存在之余地，际此提出修改之时，以明令废止之，除去这非驴非马之赘物，是为正确办法！

（选自《教育丛刊》1920 年第 2 期）

教育与社会

（前略）这个杂志，差不多可说是受了杜威先生的影响，才产出来的。我年来喜欢看杜威先生的著作，恐怕今天所讲的话，还是不出杜威的范围。不过我对于这个时代这个地方，略有我的见地，不知道这个见地能否引申杜威先生的高见；更不知道能否供大家多少的参考。

教育与社会误解之打破

教育与社会两个字，在历史上有许多的误解，大抵都是随着形势而变转的。就欧洲而论：第一期是希腊的时代，国家万能的时期，以为个人没能力，个人价值依靠国家方能表现出来，教育目的是在造成完全的国家。第二期是中世教会万能的时期，个人国家都没能力，都是依附于教会之下的。第三期是宗教改革后，个人万能的时期，这期是前两期的反动；前两期或重国家或重教会，究竟都是蔑视个人的能力。这期从路德改革宗教后，至卢骚出而提倡极端个人主义，裴斯塔罗奇、福禄泊尔、海尔巴尔脱等继之，完成个人的教育学；气焰万丈，风靡一世，开新教育之纪元，其功自不可泯；然而轻视社会的基础，是其最大缺点。第四期是近代新国家主义的时期，这期教育又发生社会的意味，他的原因，实由于拿破仑蹂躏普鲁士时，激动普人的爱国心，菲希特等大声疾呼，鼓励国民的团结；休来尔玛海儿、威尔孟毕尔格孟、纳德尔普等教育家承其绪，因而鼓吹社会的教育。英国的斯宾塞尔、法国的孔德等复遥为呼应，互相增益，成就今教育学术界的局面。杜威先生以实验主义的立脚点，提倡社会的教育，认教育即生活，是更进一步了。

现在社会的教育学说，和古代蔑视人格的，固不相同。然而对于个人与社会在教育上的位置，还是有许多误解：现代承裴斯塔罗奇等的教训，知道

邓萃英

教育重要手段，在发展个性；一方面又受社会国家主义的影响，知道教育应该适合实际社会的要求。于是认发展个性与社会生活，为教育的两个大基础：这种现象，不能不说他"大有进步"了。但是有两种误解，仍时常来往世人脑中：第一是误认个性发展和社会生活不相容，以为社会是一般的，个性是特别的；前者要全体一致，后者要领袖的才能，二者实相反的。所以要维持社会生活，不能不压抑个性的发展，就是不能不稍牺牲教育而来迁就社会。前年欧洲某教育家曾说："这种办法，固知不合教育原理，但是为国家社会起见，不能不这样。"这种见解的根本误谬，在不详察共同生活的真意义和共同生活的理想的状况。怎么说呢？个性发展的结果，固然发生千差万别，而实际社会的生活，正需要这种千差万别的。所谓领袖的才能者，人人各有其特有的，人人皆可为领袖，共和的社会，实能同时容这种无数之领袖，且同时需要这无数之领袖，绝不是像那专制国，只要一个领袖（像专制国的皇帝）或一种领袖的才能（像中国科举时代的做八股）。这理若明，则个性发展，实有益于共同生活，当然再没有疑义了。第二是误认教育为方法，社会为目的，或以心理学做教育方法论的根据，社会学做教育目的论的根据。这种见解，似是而实非，教育与社会是一而二，二而一的。发展个性和社会生活，同为教育目的的基础，同时复同为教育方法的基础。就目的言，个人与社会绝不能分离，解决个人问题，也就是解决社会问题；就方法言，发展个性，固当借重教育，假使没有社会的刺激，特有才能，果能如量而发展么？康德、尼采独产于德；洛克、斯宾塞尔独产于英；脱尔斯退独产于俄；哲姆士、杜威独产于美；谭叫天、梅兰芳独出于北京；究竟是什么缘故呢？是全在他们的社会环境使然的。所以要制造何种人才，非先有相当的环境不可，"一齐人难传齐语""陆上学泳，终不成功"都是缺乏环境的缘故。无论如何的文学家科学家，置于无需此物的社会，将无从显其效用，非社会的个性，理论上决不能得充分的发展。教育问题不但为社会（for society），并且要依社会（by society）就是这个道理了。

教育研究之真正态度

研究教育问题，最要紧的根据，固然在心理问题与社会问题。但是心理研究的基础实在于生理学、生物学、物理学、人类学、精神病学等，假使对于这些科学，没有相当的素养，则心理研究是空的，是皮相的；社会研究的基础又在于政治学、经济学、财政学、伦理宗教等，假使对于这些问题，不加精细讨究，则社会研究是假的，是浅薄的。心理学、社会学各问题，仅为皮相的、浅薄的观察，则所研究的教育问题，恐怕是空口说大话的！可惜我中国的教育界，至今还没有脱离这"空口说大话"的时期，一切教育界言论著作，都不过是文学的感情的产物，这种态度若始终不改，恐怕教育问题，终没有解决的日子：试看我们的历史，间非无一两个哲人，发些教育的议论，结果总不觉得有价值。这都是不拿系统的方法，来专门研究的缘故。本社同志，是专攻教育的人，希望大家奋起精神，着实研究，补先民所不及，矫时髦的恶弊，叫科学的产物，早些出世，则本杂志前途，将放无限的光辉，断不是徒博世人的喝彩，高兴一时，就算了事。

师范教育之真价值

还有一句话，我今天要连带说的：本社同人，多高师同学。高等师范这种学校，有种种理由，非保存不可；要教育发达，非使这校继长增高，着实改良进步不可。怎么讲呢？学问进步，贵在专精，教育一科，尤非有特种学校专门的研究不可。这个特种的学校，依特种的设备，抱特种的目的，自然特富这种的精神，充满这种的空气，而研究者的态度，也自然特带这种的色彩，高兴从事这种的职业了。并且按诸近来教育研究进步的倾向，这种特设的学校是要一天发达一天的，一天进步一天的，不但现在赶造教员时代，特别需要，就是将来教员补充完足之后，还是永远需要。不过有一个事情要注意的，就是此种学校虽特设，大家将来所从事职业虽大抵预定，可是万不可看我们自己是社会中最特别最高尚的一个地位，与俗界可以脱离的。教育事业是快乐的，有趣味的，不是高尚的；是入世的，不是出家的；僧侣的学校可以请出家人来教；我们俗人的学校，那出家高尚的人是用不着的。我刚才说过"教育问题是为社会且依社会的"，想依他们就不能不与他们亲近了。所以无论原理方面和实际方面，从事教育者都不能不关顾到社会。所以我们所理想的教育家，是"学者的俗人，俗人的学者"。有学者的俗人，则实际教育事业，就不怕不进步了；有俗人的学者，则教育学术的研究，就不至流于迂阔了。不过这种人物，唯有养成教育家的特设机关，才能制造出来的。今天在座诸君责任轻大，即此已经可想见一斑了。

（选自《教育丛刊》1920 年第 3 期）

现代教育思潮与教育行政方针

（前略）教育事业，严格言之，无政府与社会之分。就手续上言：政府乃集社会之公意，立一大体法则，为进行标准。至行之有无其效，何者宜补充，何者宜改革，亦唯社会之实际的经验是赖。社会乃政府之指导者，又为法令之实验者；指导结果，为之实验；实验结果，复以出指导；政府特其间之经手人耳。故言教育行政方针，非先合政府与社会为一体不可。

世界潮流，日有更新之象，立国其中，顺者荣，逆者枯。教育一端，经大战结果，愈促吾辈之觉悟者如：

一、教育制度由贵族的而趋于平民的

前此世界各国，虽均主张教育平等，究未尽脱贫富、贵贱、男女等阶级之分。德法初等教育之并行制，英美之私学制，均大露缺点。彼都人士正从事为根本改革。至战后之职业教育，或采用强迫制，或取自由公开制，无不竭力为平民谋便利；高级学校，亦正设法多予下级人民以就学之机会；尊重真正的自由平等之精神也。

二、教育原理教育方法概由武断的而趋于科学的

君权神权之迷信，极端的个人主义，狭隘的国家主义之梦想，儿童心理现象之误认为静止的受动的等，种种武断的态度，皆已成为历史之陈迹，而代之以实验的态度，发展个性，尊重人格，以儿童为中心者也。

三、教育事业由无机的而趋于有机的

古式人民，有士农工商之别，而教育与实业、政治均不相涉。学校为社会上特种机关，教育者恰如出家的化外的人物；是犹将立体的物体，强摹写诸纸上，而为平面的；有机的生物，强分割为数段，使成无机。此等现象，亦渐成过去，渐认学校与社会生活相一致，教育为社会中之活事业，而教育者乃从事活社会中活事业之活人物。入世非出世，一家非外人也。

以上略述世界教育潮流。我国为后进国，有已走过各国所共走之迷路者，有尚在歧路而徘徊者，正可引以为鉴，速登彼岸。虽我国与各国状况不同，此省与彼省情形互异，下手方法，缓急程序，容有不必尽同。然社会学的心理学的真理，全世界所公认者，自难背道而走。与会诸君子，对此问题研究有素，无庸萃英多赘。总之，采各国公意，应世界潮流，为今世教育行政应采之方针也。（下略）

（选自《教育丛刊》1920年第3期）

日本最近教育界之状况

——记邓芝园萃英在江苏省教育会之谈话

邓君闽人，前东京高等师范毕业，久任闽中教育事。民国三年，复至日本调查教育状况，刻甫归国，省教育会同人，请其到会发表此次考察所得之意见，邓君之所言如下：

普通教育

可分理论方面实质方面述之。当明治维新以前,德川幕府时代。其教育学说,纯采华风。及明治维新以后,则又纯采欧风。初行海尔巴脱之说,继又采斯宾塞尔之说。其后社会主义,国家主义,皆随欧洲思想为转移。最近又盛唱人格教育。其实人格教育所陈述,不出吾国固有道德之范围。然则视日本教育学说变迁之迹,大抵如彼邦人所谓舶来品耳。虽近人关于此等学说,不无研究之功,然其教育实质所受之影响殊少。故不得谓日本教育精神所在。唯有特点为日本教育之色彩,亦即为日本立国之根本者,所谓大和魂是也。吾人无论参观何校,皆觉有大和魂之征象自然流露。彼具有此项特色,故无论教育学说如何变迁,皆能不失日本固有之国民性。此则吾人所当钦佩者也。

记者按:日人所谓大和魂,究为何物,当为读者所急欲明了。以余所闻,此实其特殊国性之所在。大抵根据其数千年之历史,皇统绵延,万世一系。日本人自称为大和民族。一般民众,咸信其祖先本与皇族同出一源。故以为忠于国者即忠于君,忠于君者即孝于亲,君国本一体,忠孝无二致,此种精神即所谓大和魂是也。邓君谓日本本于外来各种学说,非其教育精神所在,意盖谓日人能吸收世界之文明以发挥光大,其固有之大和魂耳。盖国性各国不同,诚欲就其所固有而发挥光大之,正赖吸收世界文明以厚植己之势力。如谓仅保守固有之国性,不必更随时势,定教育方针,则鲜有能幸存者。更何从发挥而光大之乎?

至其实质方面,管理如何,教授如何,训练如何,彼中学者,迭有著述。要之,盛唱自动主义,并注意于训练而已。此外,更有一端,为吾国所当效法者。则教员终日在校是也。中学校以上教员,有每周担任功课甚少,而晨八时到校必待至晚五六时始去者。即其日授课仅一二时,或竟无课,罔不如是。小学教员,更属朝斯夕斯,孳孳矻矻,尽职于斯。故其管理训练各方面无不始终贯彻,全体一致。且彼邦教育普及,一町一村无不设校。校中教员不仅负教育儿童之责，并尽指导社会之职。盖身为教员者，大抵热心于职务，因以获社会之信仰。生徒家属平日既极意联络，遇有事务之难解决者，辄就商于学校。教员极诚代筹务令各获所愿以去。故其学校不啻为地方各种事业之中心点，其收效自当如火燃泉达，赫乎焕乎矣。试反观吾国则如何，平日管理员与教员，既各不相谋，即教员与教员，亦各不相谋。其所主张，矛盾抵牾，辄令学子无所适从。试问于管理训练教授各方面，安能取精神统一之效。且教员担任教科，必待上课时始行到校，及课毕，则又挟策扬长出校。彼视学校如传舍，又昧于教育之真意义，以为教员于教授之外无余事，几何不溃败决裂以至于斯也。然此谓为教育界风气之不良，毋宁谓为制度之不善。日本教员俱作实官，月有常俸，不以担任科目之多寡有所增减。故其教员视教育为专业，身无旁骛，心不他求。此皆吾国所学步未能者也。

女子教育

当维新以前，社会之视女子，与吾国昔日相似。男女阶级，显分轩轾。其后欧化输入，阶级之习渐除。然其社会根本为家族制，故其教育宗旨仍以贤母良妻为本。其在寻常小学校，男女概属同校。故对于女子教育，尚少特著之现象。此外为女子专设之学校，有高等女学校，女子师范学校，女子高等师范学校等。其师范学校远不如高等女学校之发达。故观察日本之女子教育，可就高等女学校求之。高等女学校者，程度与男子之中学校相当。然其实际，则与男子中学校迥异。盖其宗旨，男子中学校以造就升学或社会肆应之才，故国文注重论说，算术注重几何代数，英语亦为重要科目。高等女学校则以造就贤母良妻为宗旨，故其国文仅注重叙事而论说文绝少，算术注重家庭簿记而几何代数仅令通其大意，英语为随意科，而特设家政缝纫两科，俾得称其贤母良妻之实。此类学校，极得社会之信仰，盖其家族制，既不可废除，凡卒业于高等女学校者，实能构成良善之家庭女子。卒业于是始得与中流以上结婚，故社会殊重视之也。近以高等女学校之设置不及男子中学校之多，有供不应求之势。又以教育科目尚有不适于女子之嫌，更创实科高等女学校之制，课程益趋于实际。今各地两等小学皆开设此项学校。在办学之恒，则低级之学校，恒附设于程度较高之学校，此独与之相反。考其原因有三端。中等以上程度，男女不宜共校，如为女子特设专校，则又设备不赀，因两等小学已成之基础，又减少男女同校之弊，一也。高等女学校程度，本较男子中学为低，两等小学之教员可以兼任其教科，二也。欲女子习于家庭生活，校中不设寄宿，概令通学，因其通学，则校舍距其居室不宜过远。两等小学校设置颇多，令女子通学，于是少往返不便之弊，三也。以此诸因，故其实科高等女学校之制，虽颁布未久，而已遍设于国中。至于女子师范学校，程度既不如男子师范学校，家庭于女子卒业于寻小以后，又不能为决数年后之方针，故宁送入高等，俾为贤母良妻之备，于是女子师范教育，遂觉黯然无色。其高等女子师范学校，则范围更隘，升学者多未自高等女学校，程度自不如男子。若卒业于寻常师范者，大抵出就小学教员，不遑更求深造。义务年限既满，则汲汲尽其相夫教子之责任。此亦日本女子师范教育不发达之原因也。

特殊教育之一瞥

丰岛郡见一特殊之学校，名曰成蹊，校长名中村春二。其教育宗旨，纯采精神统一主义，务锻炼儿童，使其意志坚忍专一，其身体强固耐劳。其法则亦有寒风浴寒日冷水浴等。寒风浴者，儿童在时中时，猝令诸生俱能脱衣服，植立寒风中。寒日冷水浴法与寒风浴相类。中村君谓精神统一则意志有所专注，外界之感触不复足萦其志虑，所谓真正之教育必当如是。余见其授课时，儿童皆专注意于教师。余等参观者五六人，课室无一人稍呈意志纷扰之状者。又见其体操时，教师不发口令，举足履地，发声极微，而儿童随身动作绝不参差，与教师发口令时无异，此皆其精神统一之征象也。是校系中村君私立，谓将终其身于是校，冀贯彻其主义，洵东人之热心。有道者也。

教育界近时对于吾国之主张

十年以前，余初至日本。彼邦之抱野心者，日发为并吞吾国之言论，然类出于政治家之口吻。及最近数年，改革教育之方针，各校注重汉文，注重吾国历史地理。于其教育界，人人抱一对外发展之倾向，而思以吾国为尾闾。去岁东京师范学校校长于全国师范联合会发表意见，略谓"世界第一等国，欲维持威严，勿使失坠，则必日谋增加人口，扩张领土。日本一等国也。今日人口岁增，固属可喜，然无广大之领土以容之，则必有过庶之思。于是日本之扩张领土，自属急不容缓之事。至扩张领土有二法：一向海洋方面求之，英吉利其先例也。一向大陆方面求之，俄罗斯其先例也。日本其当学英吉利乎，抑当学俄罗斯乎。今南洋群岛中，未始不容我插足。然日本海军之力，犹未充足。加以道途辽远，收效殊艰。返而求诸大陆。彼支那正国是未定之秋，风雨飘摇，奄忽待毙。西望满蒙，正吾人绝好之殖民地，即其本部，支那政府无人亦不可失此千载一时之机会也"。此派言论，不啻代表其全国教育界一致之倾向。无力保持，吾其时在座者中国学生至众，自唯国力不张，亦仅吞声饮恨。敢谁何乎？今者日兵压境，假令开战，胜负诚难逆睹。然其朝野上下处心积虑数十年，而先从教育入手，于以见今日之事，殊非偶然也。（下略）

记者按：教育救国之言，人人知之。然吾国兴学数十年，而其效罕睹，且重有损焉，则以言论庞杂，主张不一，在位者又不能与时会相应定坚确之宗旨，在野者或心醉肤浅之学说，而标其一鳞一爪以示新异，随波浮沉，以学生为实验品，实验无效，则又舍而之。他或仅依据法令，亦步亦趋，而未尝更加研究，甚且不识法令为何物，教育为何事，而亦靦然为人师焉，招生徒而授业焉。长此以往，更历十年百年而国亡种且灭矣。吾闻邓君之言，特具数感：日本领土小于我，人口少于我，而国势之张何以非吾国所敢望，一也；日本兴教育亦仅数十年，何以竟能收效，而我国教育黑暗如故，二也；

邓萃英

日本之教育，诚有真正之目的，具伟大之精神，然吾国自共和开幕，政府亦尝标示教育宗旨，所谓道德教育、实利教育、军国民教育、美感教育，吾人殆耳熟能详，何以越三年，绝无效要可睹，三也；日本政府对于教育界，苟有主张，则全国如行草偃，何以吾国不然，四也；日本女子教育以贤母良妻为宗旨，何以吾国女学每骛于高远而忽于事实，五也；文明之国，每有抱定主义牺牲其身于教育界中者，吾国何以此类人独少，六也。殷鉴不远，来日大难，愿与国人共研究之。

(选自《中华教育界》1915年第4卷第4期)

美国教育之过去现在及未来

美国教育，中央无管辖全国之行政机关，州自为制。欲根据何种事实，为一般的观察，固属不可能之事。然就其过去现在未来之趋势观之，于复杂中，不无一致之点。兹参照美国教育局报告，及各种统计的事实，益以余前后两次在美观察所得，略述其大要如下。

一、过去至现在之实际及理论

美国公共教育之指导及维持，属于州郡市区当局之职分，合众国政府仅随时补助其经费，无管理监督之权。建国之初，联邦政府即拟定以公有地补助教育经费，合众国宪法实施后，其始依特别法令对二三州给与数十万英亩之地面，继乃定为永久的政策，给与学校用地于各州，其法由三十六小区而成之各郡区各给与一小区，后增加为每郡区给与二小区，后复增加为每郡区给与四小区。1862年，第一莫利尔法令给与各州以土地或土地证券，使充农业专门学校及工业专门学校之创办经常各费用。各州给额多少，以国会中各州所出议员人数为标准（每名三万英亩）。其他高等专门学校，大学，师范学校，盲学校，以及各种废疾学校（有时并及于公私立中学校），亦常由合众国政府领受不少之地，其总计约十五万方哩，约合英格兰全面积之三倍。

各州由学校用地所生之基金，及非卖土地之现在价格，有达美金数亿者。南塔哥达州（South Dacota）土地之现价，在美金五千万以上。密尼索达州由变卖土地所得之投资基金，及非卖土地之现在价格，超过美金三亿。又某州州立大学及州立农业专门学校州立工业专校所有之土地，现在价格约美金三千万。捷克逊（Thomas Jackson）总统执政时（1829—1837），将合众国国库之剩余金分配与各州。多数之州，以其全部或一部作为永久的学校基金。1890年第二莫利尔法令及1907年奈尔逊修正案，各州及博多里苛（Porto Rico）夏威夷二地方每年由合众国政府领五万美金，加入工业专门学校农业专门学校（即所谓土地给与之专门学校）之维持费。又依其他诸法令，各州及上列两地方每年复受领三万美金为农校所附设农业实验所之维持费。又1914年所谓斯密里华法令，合众国政府与各州协力谋农业教育及家事经济教育之普及事业，其补助费就1920年6月30日会计年度计之，每年实三百零八万美金，至1923年达最高限，将为四百五十八万美金。1917年所谓斯密郁士法令，合众国政府更与各州协力图农工商家事经济等职业教育之振兴，1920年6月30日会计年度之补助金，已达二百九十八万两千美金，1926年以后可得七百一十六万七千美金。合众国政府不独对上列一般教育与以补助，陆海军方面，自陆军大学海军大学以及陆海军诸学校，并现役士官兵卒之一般的教育，伤兵之特别教育，皆一一予以补助。

依上述诸法令观之，教育上各州与合众国政府之协同共作，实为最近代之事。然而此种精神，日益发展。近来国会中有种种提案，欲实现大规模教育的统一，而为广范围之协动。一面各州各地方各郡各市各町各学校区亦各应其能力与趣味，赋课教育税而为补助。1870年各级各种类学校之公共资金总额，为七千五百万美金，至1918年约达七亿五千万美金，至1920—1921年约达十亿万美金。五十年间总额增加十三倍。而期间美国人口增加额尚不及两倍。

现在美国一般舆论,均主张教育费尚须增加一倍,否则不足以应国民之需要,而利教育之进行。盖美国人以教育为生命,为自由之路,为追求幸福之阶梯,为平等的个人神圣不可侵犯之权利。彼等认德谟克拉西之第一义,即机会平等,此机会平等唯有依教育平等始得实现。所谓教育平等者,非使所有儿童受同样教育,实使各儿童完全发展其潜在的性质,十分熏沐文化之恩泽,与以公民训练使为服务社会国家之准备,授以必要之知识技能,使能独立谋生,并对人类社会为相当之贡献,且陶冶其道德的品性使具备为社会国家人类尽力之善良目的及强固意志。美国国民深信其国家,一切皆有待于教育。例如公众卫生,物质的增进,公民的义勇,道德的纯洁,政治的开明,个人的幸福,州及全国之强固安宁,无不唯教育之力是赖。且美国人均承认个人幸福与公共幸福有非常密切之关系,后者若破坏,则前者决难安全。各州及各市均以公立学校为最大之协力动作之事业。各人不论贫富均为此事业尽多少之力,各儿童亦不问贫富,均有平等的受教育之机会。

二、现在之成绩及弱点

以上就美国教育之事实原则理论略述其大概。实际情形,离此理想的完全地步尚远,唯其趋势甚佳。无论何州,其州内无论何地,均有不收费之公立小学校,此小学校授与七级或八级之教育,普通儿童一级每一年修习百四十日及百八十日之课业。各州、各市,及人口二千五百人以上之町,多数之农村,于小学校以上,均开设公立中学校。但其所设课程,有完全四年者,有三年者,有仅设二年者。除少数地方外,此等中学,不收学费,唯入学者须合其规定之资格。各州均有农业专校与工业专校。为养成教员计,又均设有师范学校或高等师范学校。大概每州,均有一所大学。此等学校费用,全部或一部由州之财政机关支出。州立大学,州立农工专门学校,师范学校,本州人民合格者,可自由入学,不收学费。且多数之校,虽他州或他国人民来学者,亦一体待遇。但南部诸州,白种儿童与黑种儿童不能同校,是美国教育美中不足者。

迩来各州，均定有强迫就学法。其方法各州不同，有一年仅规定八十日乃至百日之就学者，其管理法亦甚宽。又有由六岁七岁起至十五岁十六岁止，所有儿童全年均强迫其就学者。各州对于不入公立学校而入私立学校或教会学校之儿童，均予以承认。此种私立教会立学校甚多，全美儿童百分之十二受其教育。此种学校大抵不受公共资金，因美国政策，公共资金仅给予公共管理之学校。又私立及教会立学校无适当之视学制度，其教育能否与公立学校教育同一步趋，同种程度，是一疑问。近来此种学校之责任者，亦甚注意此点，力求与公立学校有同等效果。不受公共资金之高等学校，大学校，亦缺乏视学制，但是等学校多为欲使其校毕业证书、学位，适用于公立学校，故常请求地方当局派遣视学指导之。

1910年合众国国势调查结果，十岁以上白人黑人（本国生及外国生）不能读写者，有五百五十万人。是占全国十岁以上人民百分之七点七。其中约七十五万人，为十岁至二十岁者。且多数为南欧、东欧之移民，及南部诸州之本国人。1917—1918年，征兵试验结果，美国人民二十一岁至三十一岁间，有百分之二十五不能写完全家信，亦不能读报纸。同时发现美国人中有五百万人以上，不会英语。此等事实发表后，国内对于成人之教育，失学者之教育，及不会英语者之教育，大加注意，且对于公立学校之办法不良，尤发生猛烈之攻击。

此等事实，及因大战而暴露之他种事实，使历来自诩为自由平等之美国民，发生责任之感。一般民众，以及有参政权以来自觉其权力及责任之妇女，对于教育，激增其热度。乐助资金于学校之风，增高继长。自合众国政府州政府市当局教会以及其他诸协会富豪等此后必为更有效之协动。唯教育固需要资金，而资金非教育唯一之条件，尚视利用此资金之方法如何。故近来美国教育改良运动之声浪甚高，且以着着见于实行，其注意之要点如下：

三、现在及未来之改革计划

（一）卫生及体育

美国征兵验查结果，发现二十一岁至三十一岁人民有三分之一因身体障碍，不能完全服务于军队。而其障碍大半可由适当之疗治或善良之体育卫生之习惯而避免。此等缺陷，不特战时，即日常生活，亦感莫大苦痛。因此各州各市对于学校体育及儿童卫生，大加注意。高等师范学校、师范学校等，将来为人师者，尤当有健全体格，均加课卫生之教授。美国国会中且提出应由合众国政府，年津贴二千万美金，协同各州，提倡改良卫生教授及体育之事。

（二）市民养成之改善

美国因人口与富力增加，产业与生活益密切，社会的政治的兴味，次第扩张，对于此等问题之知识的精神的改善，亦日感必要。近来美国学校，对于历史科公民科及其他社会学科，均特开新生面，力加实用色彩。此等学科教材及教法之研究，几遍全国教育界。

（三）职业教育之改进

美国自入现世纪初期以来，职业教育之兴味骤加。教育界对于调查国民之职业，及研究实施教育之方法，非常尽力。各种职业教育，次第进行，尤注重于农业家事等大多数国民所从事之职业。并以职业的教材为学科基础，而发挥其教育的价值。

（四）小村落儿童与都会儿童应有同等教育的便宜

美国各州农村学校颇不完全。因人口稀少，财力薄弱，不能支出充分之租税，而维持其学校。农村学校改善，是美国最困难而甚重要之问题。故近来一般颇注意及此。其着着进行要点，即改革乡村学校课本，使适合田园生活。增长学期，整理校舍，改良教授法，合并数学校而组织较良之学校。

（五）中学之普通教育化

最近二十年间，美国中学校及中学生之数大加。现在公私立合计约有一万八千之中学校，二百万以上之中学生，比较二十年前约增加五倍。美国男女儿童约三分之二修了小学校七年乃至八年之课程（东部北部西部诸州行八年制，南部诸州大抵用七年制），约三分之一入中学，约八分之一修了四年之中学课程。今日美国人士均感有规定中学普通教育，使青年初期及中期，受系统的教授训练之必要。盖为增进社会生活公民生活及产业生活计，此实为最低限之要求。近来各州新学制，拟改为六三三制，小学六年，初级中学三年，高级中学三年，即应此要求而起也。

（六）高等教育之组织改善

美国现在有六百之高等学校大学及工业学校。其中八校，经常费年有二百五十万美金以上之收入，十四校年有百万至二百万，三十校年有五十万至百万，五十校年有二十五万至五十万，约百校年有十万至二十五万，约三百校年仅有五万美金。此等学校之学生数虽各不同，然不如经常费差别之甚。约百校之高等学校及大学系州立及市立，受公共管理。其他皆教会立及私立。亦有数校经常费全部倚藉学生学费者。高等学校皆定四年课程，毕业给予学士学位。各州近有设立二年程度初级高等学校者。又多数学校设毕业院，授与硕士博士学位。毕业院学生之大部分，在三十校以内。近来年费不及七万五千美金之学校多改为初级高等学校。初级高等学校修了后，可再转入经费充足规模较大之高等学校，修习所余二年之课程。

（七）教育国家的统一之运动

1867年，美国曾设立教育部，为全国教育行政统一机关。仅二年即改为内务部之一局，专管全国教育之统计报告，及监督亚拉斯加本地之儿童学校，管理农业专门学校工业专门学校之基金而已。同时合众国政府各部五十乃至一百之局课，均与教育有关系。实业教育，与各局课关系尤多，劳动部中且列为一项。陆军部之岛务局，管理菲律宾群岛之教育。海军部管理固安及瓦真群岛之教育。印第安学校，属于印第安事务局之监督。学校卫生及体育归于财政部公众卫生事务局、劳动部儿童局、农部等之管理。而农部又掌管农村地之学校津贴及学校卫生，且管理儿童俱乐部。

欧洲大战影响，美国教育暴露种种弱点，感受种种不便。教育国家的统一之要求，因而骤现于全国舆论界。1917年，依斯密郁士之法令，创设合众国职业教育局，规划全国职业教育事宜。1918年1月，美国高等学校协会与他诸协会联合组织美国教育会议，为教育之国家的统一运动。其活动结果，引起旧制复活，再设立教育部之问题。同年10月，上院议员，教育及劳动委员长豪克斯密提出新设教育部案于上院，下院议员何礼思托奈在下院，为此案之赞成人，遂称为斯密托奈案。此案内容大意，即于总统内阁中，添一教育总长，创设合众国教育部。此部每年支出一亿美金，分配与各州。其中七百五十万为失学者教育费，七百五十万为移民教育费，五千万为谋都市与农村教育机会均等之费用，二千万为体育及卫生教育费用，千五百万为教员养成费。教育部部费定五十万，供各种视察费用。教育部掌管现教育局及其他诸局课所分管之一切教育职务。此计划与各州以种种利益，各州亦当解纳合众国政府以相当金额。又其案内对于全国教育主张有每年至少二十四星期之强迫教育，改进教员养成方法，及各州小学校教授绝对须用英语等，此案在国会中经过种种讨论，并经修正。然根本的反对者甚少。且经州市郡视学会议之赞成，美国教育协会之同意，州立高等师范学校及师范学校校长会议亦全体一致维持之。以外复有全国各地方商业会议所，美国劳动组合，妇人俱乐部联合会，美国图书馆协会，高等学校校友协会，美国妇人参政联盟等之后援。上届国会虽以会期迫促而停顿，不久必将见此案之通过实行。

(选自《教育丛刊》1923年第3卷第7—8期)

改革女学制度议

男女教育，理论上，实际上，均不应为严格之区别。况共和国家，男女皆有受平等教育之权利，教育者，不宜歧视之。特以社会习惯、制度未能骤更，兹一面遵教育原理；一面应世界潮流；一面参酌国内情况；拟改革女学制度数端，谨列于下：

一、国民学校

男女应绝对共学。女子国民学校，女子师范附设女子国民学校，及国民学校中之女子班等，分校分班之编制，当即废止。

二、高等小学校

应地方情形，及学生人数多少，或绝对共学；或同校分班；或部分的分班；唯须废止分校之制。

三、中学校

应地方情形，或同校分班；或部分的分班；亦须废止分校之制。

四、师范学校

同为养成小学教师，不宜有男女之分。其特别关于女子专习科者，可为部分的分班。

五、高等师范学校

应同校同班，唯须为女子特设家事等特别部门。

六、大学及专门学校

应同校同班。

七、甲乙种实业学校及补习学校

是为职业目的而设，男女自各不同，宜分校。

以上各节，国民学校及大学，宜共学；职业学校宜分校。法令舆论，均已一致。此后是在执政者及教育家督促之力如何？所应说明者，高小，及中学、师范耳。我国学制，高小乃国民学校，及中学间之过渡，而为义务教育延长之准备者；是高小不啻为国民学校之后半期。前四年即可共学，后三年无特设女校之理由；亦非国家经济能力之所许。中学一面为升学准备，一面为完成人格，并修养社会上必需之智识技能，男子女子正同。其因注意分业原则，女子须特修家事科；男子应并修手工及他种职业课程等，部分的分班，是最正当。继为社会习惯所限，暂行同校分班，亦系变通之良法。必欲分校，不但教育原理，社会经济，均不许，师资问题，恐亦甚难解决。是提倡中学分校,不啻反对女学。至师范学校,尤非于在学中养成男女共同治事之习惯不可。盖我国情势,小学校中必须采男女教员兼用之制。而男女教员所任职务,又毫无彼此之分,使根本所受教育不同,恐于教授训练上,均将生种种争执。高等师范为统一教育思想之中心,而文理诸科,绝对的无男女之区别,尤无可分校之理由也。

(选自《教育丛刊》1919年第1期)

改革学制问题

——邓芝园先生在第一师范为省垣各校教职员讲演辞

今天承凌厅长的招待,教我谈教育问题,并且教我谈学制改革问题。这个问题,在中国已酝酿多年,今年教育部为此问题,特开一学制会议,现在业已闭会。所议决的问题,教育部固然尊重,但实行时必加一番考虑,所以尚未公布。在这未公布的时候,我只能以个人资格,和诸位讨论,是不能代表教育部的。

讲这个问题以前,要问为什么要改革?自然答说因学制有诸多毛病;但改革后有毛病没毛病?这是一大问题。因学制改革,固然重要,但非唯一的条件。此外,还有许多当讨论的问题。有人看此问题太轻,固然不对,若看此问题太重,亦属误谬。自前清到现在,学制改革已数次。在欧美各国,没有这样的。日本维新四五十年,学制还没大改过。他们以学制,非经长久的试验,不能看出好坏,朝令夕改,是不行的。中国不足二十年,学制已改了好几次。小学初为四年,高小四年,后高小改为三年。袁氏时代,又把初等学校,改为国民学校。中学初为五年,民国元年,改为四年,中学初为普通科,后改为文实分科。民国元年,又改为普通科。从前各省设大学,后改为高等,后来又不许设。现在又想设高级中学普通科,和从前的高等,也差不多。反来复去，数改不鲜。经一番改革，不生好果，就生坏果，所以这次的改革，教育部是很慎重的，愿许多教育家，在这将革未革之际，出来研究，最怕的是教育家缄默无言。各国改革学制，先由课程至年限，中国乃由年限至课程，这是不对的。希望大家，由课程至年限，研究一番，和从前的由年限至课程，调和而折中之，或者不至蹈从前的覆辙。

学制改革的问题很多，今先提出几个重要的，和大家讨论：

一、就制度上

（一）小学问题

1. 年限。

有人主张六年，有人主张七年，后来议决以六年为原则，不升学的可上七年小学，但上过七年小学后，如果还想升学的，可以直入中学二年级。依我的意见看来，这层还好，因为专行七年制，有的嫌太长；专行六年制，不升学的牺牲太大。唯二者并行，可以稍为补充。

2. 小学初级高级并设好呢？还是单设好呢？

此次通过以并设为原则，不得已时，亦可单设，为什么不赞成单设呢？因小学课程应相连续，从前初高的课程，分得太清，是很不对的，但实际上因有经济人才种种的困难，也有不能并设，所以亦可分设，定为前四年，后两年。但更当注意的，就是年限既改革，课本也要跟着改革。若仅改革年限，不改革课本，依然没有什么益处。

3. 义务教育的年限

有主张定为六年，因普通智识技能，非六年不能养成。但事实上，现在四年尚办不到，若定六年太属理想，故结果定为四年，经济充裕的地方，亦得酌量自由增加。

（二）中学问题

这个问题，是这次改革中，争执最烈的问题。有人主张三三制，有人主张四二制，主张三三制的理由：

（1）高级中学没有三年，则高级的功课，学不完全。

（2）初级中学普通功课如教法改良，学三年就可以够了。

（3）教育界惰性太大，由四年改为三年，可以使教师改变方法。

主张四二制的理由：

（1）普通智识完全与否，和文化大有关系，普通中学从前已由五年改为四年，今小学既改为六年，若中学再由四年改为三年，实在太短。

（2）中国文字，较各国文字困难，中国中小学国语钟点，较欧美各国加一倍。

（3）中国历史悠久，地域广大，物产繁多；加以人民普通智识缺乏，普通教育宜长些。

（4）高级中学二年已足。

以上二说各有理由，故此次通过以四二制为原则，同时也可施行三三制。但四二制和三三制并行，有流弊否？我想这二样不宜并行，因虽有标准，还不觉有例外的。要是没有系统标准，岂不更要纷乱么？美国学制原无一定的系统标准，后来觉得有许多困难，费了很大力量，各省才稍稍统一，现在他们尚思运动全国一致，以增进教育效率。我国在统一，故意使之分裂，岂不笑话。所以我想后来教育部如果以原案发表，教全国施行四二三三并行制，最好各省能自谋统一。如此省中主张四二制的多，则此省统行四二制；彼省中主张三三制的多，则彼省统行三三制。设一省之中，再分四二制三三制，那更危险了。

（三）师范学校问题

这次通过初级师范年限加一年，并立师范大学，讲习科可自由设之。为什么初级师范再加一年？因师范生与中学生不同，中学生只要能学，师范生还要能教。能学和能教的程度，相差很远，大家所要求于师范生的，就是能教。但以现在师范生看来，多数只能做国民科级任，不能做高小之分科教员，还有许多为国民校级任，也未必能称职的。第一就是因为年短，第二就是学科支配不好。今加上一年，并酌行选科制度，使师范生既能做级任，又能做分科教员，不仅能做高小分科教员，就是中学一二年级，也可以对付，然后培养师范生的目的，才算达到。近来五年师范，自定选科制度者，教育部无不照准，但五年的年限总嫌太短。

（四）职业学校问题

中国自办学而来，最失败的，就为职业教育。正系学校，如小学中学大学，还没很大的失败。黄任之先生等，近来对于职业教育，极力提倡，是很好的现象。唯是职业教育失败的原因虽多，最要紧的是缺乏指导，指导要两层意思：

（1）告学生欲就某职业，须具备某种条件。

（2）按学生家庭状况和个人能力，告以学某种职业适当。

这两层是办职业教育者所当切实注意。

（五）专门学校问题

我年来的见解，总是不赞成现行专门学校，一因想培养领袖人物，靠现时之专门学校，是不行的。想培养实用人材，甲种实业学校，也就可以了。二因有专门往往与大学生起门户之见，但此次会议结果，系留专门学校，我也不甚反对。何以故呢？因为经再三讨论结果，觉得：

（1）就手段言之，现在的专门学校都改成大学，程度不足，实行取消，势有不能。

（2）就目的言之，中国现在国家社会的经济困难的情形，全国一样，专门较大学省经费，且大学毕业生耗费多，所要求的报酬也大，与社会经济和个人经济两点，均不相宜。

（六）大学问题

大学在外国，称为university，是包罗许多学科的意思，所以单设一科的名专门，设许多的名大学。但无什么阶级，大学和专门相同，且有专门的程度，较大学还高的。我国此次学制会议，多数主张中国大学意义，不必照外国解释,即单设一科,也可以称大学的。

二、就教科上

教法和教材——我以为这一层比制度更要紧。如能改良教材和教法,制度虽不能改革,也没要紧,纵改革制度,要是不改良教法教材,也无什么益处。现在既改革制度,教法教材也当快快改良;不然则这次制度的改革,效力一定很小。且改革教法教材,益多害少,因教法教材的改革,为教师自己的改革,是很切实的。若制度的改革,是人家替教师去改革,难以处处适合的。所以学制要改革,教法教材,固当改革,就是学制不改革的地方,教法教材,也应变换。现在教法教材,应改良的很多,兹就其要者言之。

(一)公民教育

公民科在中国部章上,现在还没规定。美国前十年的公民科,和现在不同。从前的公民科,是养成仅能选举,知法律的人民,自杜威倡广义公民教育以来,公民科几乎无所不包了!

1. 公民教授的要素

要使学生有充分的智慧,无好动机,学适足以济奸,所以又必有好动机。若现有的动机,件件事都用心去想,未免太劳苦,故又必养成好习惯。许多当为的事情,不知不觉,就能做出来,这是最经济的。

2. 公民教授的方法

(1)当使学生和社会多接触。

(2)学校内须有种种社会的生活。

(3)当给学生以明确的观念,所以自治会童子军,都是学校内很必要的。

但公民科有设科的必要没有?还是一大问题。有人言设科始有明确的观念,故必须设公民科。有人言无论何科,都应负公民教授的责任,故不必特设公民科。我想初级小学不必设公民科,可随各科去教,高级小学可酌加。至中学分科较详,各科教员难负公民教授的责任,非特设一科,不易使学生有系统的明确的观念。

（二）体育教育—健康教育

暂且撇开理论，单言我个人的主张，我想教育部当设健康教育司，教育厅亦当设此科，请几个体育家医生和保姆，专管其事。大学中学，也应有体育家校医及保姆。小学校至少须有一保姆，或者几个学校联络请一医生，轮替检查学生身体，每年至少举行一次大检查，普通检查，可每星期一次，级任又可随时随地去注意学生身体。如检查出学生有什么疾病，有校医可在校内疗治，无校医可通知家庭疗治，对于卫生事宜，应时加留心，又必常常演讲，告学生以卫生之方法。

（三）科学教育

中国科学教育二十年来，可算没有什么进步，科学教育好不好，不必专在学校里看，社会家庭，在在可以看出。试看我国能应用科学方法去过生活的家庭，真可谓凤毛麟角。这种弊端，不能不归罪于行政官和教育者之不留意提倡了。去年孟禄博士到中国调查教育，最不满意的地方，就是科学教育。我们仔细想我国科学教育的不好，实在是无可讳言。理科教员，本应为社会高看，而中国一班人，以为官僚政治等，都轮不到他们身上，常蔑视之。办学者又多忽视理科设备，这实在错误到万分了。日本近来提出三千多万教育费，完全加在理科方面，他的科学那样发达，还极力提倡，况中国科学萌芽还无，岂可坐视不问？希望大家对于科学，教员切实注意，提倡学生试验，学生试验的次数多，自然可以渐渐感觉趣味，养成习惯，传到家庭及社会里去，赶到家庭及社会内有科学式的生活的时候，然后科学教育才算有了成效。

（四）国文教授

大家都承认教授国文最为困难，最为麻烦，这一则是文字艰深的缘故，再就是教法不好，教材不好。现在书局里所编的教本，故不论内容的好坏与适宜与否，高等小学与中学的国文课本，绝不连贯，教育部令国民学校用国语教科书，高小就不管了，中等以上各学校均系教员自选。似此不接连的，片断的，自然使学生不容易领会。至于教法，最好本于自然。虽给学生以自然环境,使他耳濡目染,于不知不觉中得之,在原先科举时代,很容易造就出学者了,那正因为有好环境,所谓生于书香世家,所接触的都是读书之人、读书之事,而且家藏有极多的书籍,自然是容易学成。此在学古人尚然,学白话文也是一样。所以教授国文的人,要注意教材和环境才行。

今天讲了两点多钟,没有什么好意思,不过提出这些重要问题,望诸位切实研究研究。

(选自《河南教育公报》1922年第2卷第3期)

邓校长就职演说词

我今天与诸同学聚首一堂,生有两个矛盾的感触:一个是"不幸",就是上个月我出京,到了上海,学校中发生重大问题,种种忧患,竟相逼而来,此层现不必多说;一个是"幸",就是今天来到这里,高师还是旧日的高师,同学还是旧日的同学,同事亦大半还是旧日的同事:样样如常,并未改观。此次我直接受总长再四的委托,间接承大家的好意,按理早就应当赶来就职;所以迟回审顾,实因为公私两方,都有些重大的困难,横于前面,所以今天才来。今天有一事,请诸君不要误会:就是"兼代"非不负责任的意思,我这个人不是不负责任的人,是大家所知道的。我虽不能永久在本校服务,但是在职一日,总负一日的责任,而且愿负由此一日行事所发生将来种种影响之责任。我方才说负责任,这是很平常的话;不过负责任有先决问题:就是"怎样负责任"?要研究这个问题,要先明白我们所办这高等师范学校,到底是甚么学校?我今天姑且把这个问题,和大家说说。

一、高师之本旨

第一大家要知高师在教育界所占的地位,与普通大学有甚么区别?因为有一种组织,必有一种组织的权威与意义;必先明白高师所具有的权威和它的意义，而后才有独立可言。世界普通大学，分为数派：德国式的大学，偏重培养专门学者；英国式的大学，则偏重造就绅士（Gentleman）；美国大学的体裁，极其复杂，大抵英德两式都有，其目的称为养成实际社会上最有效的人材。但从欧洲大战以后，英美各国，觉得专门人材的重要性，现在颇有效法欧陆的趋势。日本及我国大学制度，大部分是根据欧陆式的。这些是世界大学的大概情形。现在我要问一问，高师是不是拿这些个目的作为目的？全都不是！高师是一种广义的职业学校（Professional School），所造就的是中等学校校长教员，和教育界相当之各种职务；也就是应国内教育界实际之要求，分科准备，拿教育青年做终身职业的人材，与大学目的完全不同。所以高师同大学的差异，不在年限的长短，或程度高低，而在根本上目的不同。若用美国式有效（Efficiency）一语来说，高师就是造就有普通教育最有效的人材。

二、高师之分科趣旨与学修态度

高师的目的与意义已明，第二步我们须研究高师的分科情形，和学修的态度，与普通小学，究竟有什么区别？先就分科说说：高师就是一种职业学校，其分科自应按职业界实际的要求。故中等教育需要甚么教材，就给它培植甚么教材。中等教育最经济而有效的计划，是要一个人教那几种功课，高师就给它预备能教那几种功课的人。所以高师分为国文、英语、史地等部别，全是对照中学需要来的。转过来看看大学，它的正鹄，是专研究学术，发明真理的；故其分科可全按诸学术的系统和个人的趣味，其分系愈精细愈妙，于将来实际社会上有用无用，或于社会经济上合适不合适，极端言之，均可不顾。至就学修态度言：高师一方面研究学科，一面须顾到此种材料于人生社会有何等价值，在普通教育上必要程度若何，以何种方式及程序教授方为有效。普通大学则不然，其用功专在发明真理上着想。譬如稀有元素，于人世可谓无甚关系，然而为发明计，应拼全力研究之。至于怎样教授，更不在它的心目中了。总而言之，高师以职业的需要为主，它的着眼点，在社会的经济；普通大学，以真理的发明为主，它的着眼点，在个人趣味。（我不是说高师不必注意个人兴味，大学不必顾社会的经济；但为学校自身目的计，这确是次要的）所以大学同高师虽然都设文理各科，实在各有目的：各大其大，各高其高，高师年限虽增加，虽改称为师范大学，其特有性质，还是存在；普通大学年限虽缩短，还是普通大学；根本上是不一致的，也不相侵害的。高师是有特立的目的，有它的不可不有的意义，有它的不能不存立的权威，所以不可不独立存在的。

三、高师之教育的精神

以上高师与普通大学不同的地方，大概已可明白了；现在再就高师特有的教育的精神，再为说说：高师虽然也分设各科，其间有共通的精神，就是"教育"！高师各部教育科教授时数，固然有限，然而它的学校弥漫教育的空气；它里边的人，富有教育的兴味，抱终身服务教育的决心；入其中者，可于不知不觉间，耳濡目染，潜移默化；所以就不特设此专科教授，它的教育精神，较诸他校，已有霄壤之差；况且四年中间，既就教育学科，系统的学习，复各就其科的教授方法，特别研究：其效果非他种学校，所可企及，是当然的道理。吾校设拟各种研究科，先由教育研究科入手，尤为正当办法。教育学科，从前多半置于哲学科之内，到近来渐渐独立起来。其所以独立的，就是因为世界文化日进，教育成了人类唯一的大事业，教育学术，一天增进一天，不能不分工来研究。如上述高师有特种精神，又具有研究教育之种种设备（如附属中小学等）；集有志研究高深教育学术者，探讨教育真理，讲究教育方法，事半功倍。成绩之优于寻常自可操券。普通大学，亦非不可设教育科，尤非不可研究教育。我国人教育常识之低下，教育兴味之缺乏，正宜奖励各大学均添设此种部门，以鼓舞之；不过为研究上便宜，并将来影响之大，自以高师为最。

四、高师与世界各国之制度

再就世界各国说：有设立高师的，如法，如日本，如美国之一部；有不设立高师的，如德，如英等；但不设的，也有相当方法，替代高师教育；例如德国从大学毕业的，必经过许多教育的修养；一面研究，一面练习，才能当中学教育责任；不是一从大学毕业就算行的。又就美国说，哥伦比亚（Columbia）大学，早先并没有师范院，仅有几个教授，教授教育学科。后来一点一点的发展，渐成了一个学院；现在名义上因为从哥伦比亚产出来的，仍冠上哥伦比亚大学一个名词；但实质上经济与办事，是完全独立的。该师范院所以有今日之隆盛，完全是独立之赐。这样看来，人家原来合的，因进步的原故，渐渐分开独立。我们学校，本来是独立的，反可以退步，失掉独立吗？提高是应时势需求，是应当的；独立是随着分工进化的原则，更是应当的。

五、高师与我国教育界要需

就中国现在情形说，非教育不能救国，而教育界人材，又非常缺乏；若实行普及教育，师资一节，首感困难，经济尚在其次，山西各省已有实例：是不但就数量上言，即就性质上言之，其中亦大有问题。南方某处有一个中学校，校长是大学毕业的，他是我的朋友。他从前非常反对高师，以为是不必要的。但是现在他大觉悟高师的好处了！他看出高师毕业的；于教育者的精神，教育的方法，确有见长处。至学科担任之经济，尤比他种学校毕业的，特别相宜。他现在不但新请了许多高师毕业生，来当教员；他不久要去外国游历，并且想将校长地位，亦让与高师毕业生去当了。我这个证例，不是说大学毕业的不好，大学毕业的，自另外有他的好处；他的好处，高师学生是没有的；但高师学生的好处，大学学生，也是一样没有的；高师学生，是为教育的职业而学，学即为的是应用，学是学其所用，用是用其所学。所以我们要把高师发扬光大起来，多造就些教育专门人材，来适应这个需要。

综合以上这些理由，所以知道高师的独立与提高，有它的稳固的根据，与充分的理由。我们主张高师的独立与提高，就是本着这个根据与原理，并不是我们自身同高师有关系，就以感情用事，主张独立与提高，来虚糜国家的款项。知道这些道理懂得高师有高师的权威意义；我们的主张，才是合理的，有意识的，有权威的。

六、北京高师改良进步之注意点

以上说的，是高师不能不独立，不能不提高，是泛论的。现在就我们本校说：我们的学校，在全国教育界中，也许是数一数二的学校，但缺点很多，非好好的把它改良不可。负这个重大责任，不专是校长同各位职教员的事，乃是大家全体的事，各尽各自的责任，学校一定会发扬光大的，现在我把我的计划，说一说，就是说我与大家怎样去负责任。

（一）使我们高师的精神，向外发展，使别的人也承认我们高师的价值。但是发展有步调，有手续：第一，内部组织要完全，校长能把身子脱开，拿全副的精神去对外。第二，和别的学校与教育界中别的部分，要有亲密的联络；因为一个陷于孤立地位的学校，是不会发展的。第三，毕业生服务的分配，必拿最经济最有效作标准，就个人材质之所宜，向外边介绍去。校长固然是要向这目标努力，教职员学生得着机会，也应当同向这目标做去。

（二）学则改良，应按照实际情形，努力改去。但未行之先，应有先决的条件，就是我们要改革，我们要有见地，有主张，有把握，就是说我们要仔仔细细查看我们学校自己的状况，哪个当改，哪个不当改，而后可切切实实的改去。改革要拿自身作主，万不应当随着外力，作无意义的模仿；所以我希望我们学校全体人员，都理会这个根本要义，协力一致，向理想的改革路径走去。

（三）我们大家，要有一个宽大的态度，深远的眼光。因为我们的学校，现今所处的孤立地位，固然外面负若干责任，但我们自己实在也不能辞其咎；社会上政治上此疆彼界，党派纷争，所以中国现在才有目前这样危险的现象；一线的生机，就在我们教育界，所以我们应当开诚布公，应当协力互助。眼光态度要深远博大。例如拿人材说，我们应当以他的才能为去取，不应当以他留学甚么地方为去取。他的才能若好，留学日本可，留学欧美可，即不留学亦无不可！他的才能若不好，就是留学遍于世界各国，还是不可。真正的优秀人材，一百人中也不过数人；就我自身经验说，我在美国时候，受本校与他方面的委托，代聘各种教员：东求西找，觉得真正全备的人材，实在很少。我们取人，应当略其所短，取其所长，往四面八方寻去，或欧美，或日本，或本地，尚恐怕得不到许多意中人材。若是先假定一个偶像，限定一个地方，去取人材，恐怕人材是更少了。这是与大家择师取友上，有直接关系。间接于我国的学术独立，也大有关系。因为谋学术独立，必得取各方面的长处，拿我自身作本位，去消化他。若心目中，先有成见，先有个偶像，学术就变成个死的机械了；怎能会发展独立呢？照现在一般肤浅的心理，崇拜这国，崇拜那国，说来，则杜威博士，幸不生在中国；杜威若是生在中国，绝不会成为今日的杜威。因为他并没有留学过外国，没留学过的人恐怕是教书尚不准他，怎能许他成今日的杜威呢？岂不可笑！又日本人固为吾人所不喜，但他们的精神，实有些比我们好的地方，我们教育制度，翻译自他，他们的教育制度，倒是本着自家情形，定出来的。又我国派往外国留学生，是文凭主义的，文凭到手，即心满意足，社会中人也就夸奖他；他们派往外国的留学生，是研究真正学术。他做社会所崇尚的人，不是专有外国留学头衔的，是在他本国社会上最有贡献的，最有用的。以国情为标准，以本国学术界为标准而评定人物，所以他们的学术，能进步。可见得偶像的见解，是要绝对除掉的！

  以上是我的大概意思。我的最大决心，就是向这些计划，不惮牺牲的做去。我的最诚恳盼望，就是盼望大家把我的意思，好好研究一番，也一起努力向前做去。

（选自《教育丛刊》1921年第2卷第1期）

北京师范大学开校感言

教育多年渴望之师范大学校，已正式开学矣。忆春间北高纪念日，余以师大已在妊娠中，曾为回顾的演说，略叙年来校内外惨淡经营之历史。曾几何时，今已诞生矣。际此诞生之顷，吾人放眼前程，不禁有无穷之希望。所希望唯何？即新诞生之师大，与吾人理想的师大，日相接近是已。

吾人所谓理想的师大，非师范，非大学；亦师范，亦大学也。何谓非师范？世人所谓师范，多指初级师范，高等师范等，专培养中小学校师资，不含有研究专门学术之意。师大则兼担任研究学术，创造教材，不得谓为纯粹师范也。何谓非大学？世界所谓大学，或为训练高尚有为之绅士，或则养成专门学者。师大既非纯粹训练绅士机关，又非完全培养学者之所，其目的别有在，故不得谓为纯粹大学。何谓亦师范？师大主要目的，乃在养成中等教育师资，自可称为师范。何谓亦大学？师大程度，与普通大学相等，其设科，包含文理教育诸科，与普通所谓大学亦略同，故可称为大学。既可称为师范，复可称为大学，故名为师范大学。

师范大学，又因读音音调之抑扬，发生意义之差异。如读"师范大学"时，重读"师范"二字，则注重在性质，表明师范大学，非普通大学。若重读"大学"二字，则着眼在程度，表明师范大学，非初级师范，亦非高等师范。余愿国人先重读前二字，表明师大之性质，性质既明，趋向自定，然后再重读后二字，以求程度之高深。

师范大学之意义，如上述略已明了。兹再就师大之使命，及师大学生应具之要件，略陈所见如下。

一、师大之使命

（一）培养中等教育必要之师资

世界各国，培养中等教育之师资，大别有二种方式：其一，学术的训练与职业的训练分开者，即就普通大学或专门学校，为学术的训练。其志愿为中等学校教师者，再与以相当机会，或设特种学院，或指定中等学校，使学习教育教授之知识技能。如德国之实地学习期、实地授业期，英国之教员养成所，美国之教师院，其办法虽各不同，要皆分学术的训练与职业的训练为二事，分别前后而行之。其二，学术的训练与职业的训练合为一者，即设立高等师范或相当之学校，同时授与专门学术与为教师所必要之教育教授知能。如日本及中国旧制之高等师范，法国之师范大学（或称高等师范），其程度虽不同，要皆为特设高师教育者。今吾国根据新学制所产生之师大，即就旧制高师刷新而提高程度者，故养成中等教员之全责，即在于是。

（二）训练教育界学术界领袖之人物

师大既以教育为生命，则教育界领袖人物之产出，自属望于是。又师大亦为专门研究学术机关，且学术之文化的社会的意味较为明了，于养成学术界之领袖人物上，亦甚相宜。盖其基础，较确固也。

二、师大学生应具之要件

欲达成前列师大之使命，师大学生应具之要件如下。

（一）中等教育之完成

中等教员，若未受过完全之中等教育，对于学生所学习各项功课，不甚明了，教授上必发生种种障碍。虽其人或修了专门教育，而其基础不完固，所得之专门学术，难期进步发展，其弊一。中等教育各学科，须合成浑一体，若教员对普通知识各学科不能融会贯通，则学科之浑一，无由致，亦即中等教育之浑一，无由成也，其弊二。普通教育为养成常识之教育法，中等普通教育，为养成中等阶级所必需之常识。若专门学术之教师，缺乏中等常识，直为技师，非教师也，其弊三。中等学生，正在于最富怀疑思想之青年时代，其对于教师，常大胆而试批评。若彼辈视为寻常茶饭之浅近知识，其师竟茫然无知，教育者权威失坠，亦即中等教育权威失坠，其弊四。故中等教员之素养，必以完成中等教育为第一要件，师大入学试验之重要亦为此也。

（二）专门学术之研究

中等教员所担任之学科，须有充分之专门的修养。唯专门的修养，有范围与程度二要件。师大专科范围之决定，（1）应以学科性质上不可分割者，为细分之限度。（2）应着眼中等学校经济，就一人所能担任学科时数，为兼修他科目之标准。

师大学科程度之决定，应以普通大学毕业为最低之标准，使具备该科之一般的知识，并开发其将来能继续发展进步之端绪。

（三）教育教授之心得

教育教授之在师范大学中，于陶冶品性、制造校风外，应具有二种性质：（1）列于各学科之外，视为一种学科。如四年中应学习若干单位之教育科功课。（2）含于各学科中，视为原理或方法。如某科之教育的价值何在？某科之教授方法如何？

（四）文化观念及公民知识之修养

无文化观念，则不知社会之意义。无公民知识，则不明国家之为何物。二者皆近代谈普通教育者所极端倡导。师大为普通教育之渊源，其需要此类修养尤切。故社会学、政治学、法制、经济等诸种知识，皆师大学生所不可缺者也。

（选自《教育丛刊》1923年第4卷第7期）

欧阳洋编撰

郑贞文

【题解】

郑贞文（1891—1969），福建长乐人，中国近代著名的化学家、编译家、改革家和教育家。早年留学于日本东北帝国大学理科专业攻读化学，学成归国后曾先后出任商务印书馆编译所理化部部长、"中华学艺社"总干事、厦门大学教务长、新中国自然科学协会筹办委员会发起人等。1932年被荐举为福建省教育厅厅长，从政11年间，厉行改革、敦风化俗，振兴了闽地的教育事业。新中国成立后，他热心于重要历史文献资料的考究与保护，为新中国的文化教育事业发挥余热。郑贞文的一生经历了半殖民地半封建社会、新民主主义社会和社会主义社会三大历史阶段，其教育思想有着鲜明的时代特征。

民国初年，饱受战乱之苦的中国文教事业式微，国人的科学素养落后，更不知科学教育之于民族兴亡的重大意义。《科学教育的意义》一文，撰写于福建省教育厅《教育周刊》杂志发行150期之际，旨在"提倡科学救国于公开展览中"。文章首先对"自然"的概念进行辨析，接着引出"自然科学"的核心意涵，以德国心理学家冯特的理论为依据阐明了自然科学的分类及特征，进而指出"自然科学发达，常常可以使人类的思想界起了一大革命，使人类的人生观大起变化"。郑贞文认为，要培育我国青年以顺应时代潮流，"非有相当的科学知识不可，非用科学的方法来训练自己不可，非进而以科学的理想为自己的理想不可"。因此，若要施以科学教育，"一方面应当发扬民族固有的文化来吸取西方的新智识，一方面应常注意具体的现实生活"，须促成儿童"心灵的奋发"，来培植"科学观念的基础"，以谋求"中国民族精神的发扬"，希冀"以科学精神的普灌，方能唤起民众，本学术的智能，应付严重的国难"。

华夏文明源远流长，勤劳、乐于创造的中华儿女在劳动中为"化学"这门学问的发展作出了伟大的贡献，彰显出高明的实践智慧。颇为遗憾的是，在民国时期，谈及化学发展史，似乎只有声名显赫的西方科学家及其成就备受瞩目，却鲜有人知晓中国古代化学的辉煌成就。在《中国化学史的一瞥》一文中，郑贞文基于循证追溯了中国化学的历史渊源，发现"我国炼丹术的起源和进步，俱早于他国"，并简要呈现了我国历朝历代的化学研究成果。然自道教堕落后，后世教徒"只言经典科教"，却不问"炼养服食"之学，致使先辈化学之造诣"湮没而无传"。郑贞文每念"欧洲的炼金术，能产生今日的化学；而我国较早较进步的炼丹术，不过产生哞经拜忏和时代逆流的道士"，便"不禁为之掩卷痛哭"，遂撰文发声，告诫青年学子"速奋然兴起，同来唤醒国魂"。

《对于福建教育之意见》一文则是集中体现郑贞文的教育改革智慧。面对福建的险恶环境，他坚持"应时势而施教育"。在进行"审前任之方略，采专家之意见，更体察福建人平时之缺点，合诸当之需要"的改革预备后，郑贞文在分析了闽地人民的"贫、陋、散、弱"四大病症的基础上，初步提出"注意生产教育以救贫，注意科学教育以救陋，注意公民训练以救散，注意体育以救身体之弱"的改革构想，以求"对症下药"。郑贞文期望"办理教育同人，实事求是，共奋精神，以策成效"，并呼吁省内"父老兄弟，诸姑姊妹，发抒意见"，合力推动福建教育的振兴。

文章《闽教十年总序》，是对郑贞文投笔从政十年来兴办闽地教育事业的历程的回望。文章先介绍了福建省"植基深厚"的历史文化底蕴，后揭露自民国以来省内"军阀专政，盗匪充斥，教费支绌，学风嚣张，弦歌不绝者如缕",以致教育衰落的乱象。基于此,郑贞文从"学校数量之应均衡发展""教育素质之应提高改进""各方合作之应密切联系""训导工作之应切实施行"与"意志力量之应团结集中"五个方面具体阐述了十年来的教育改革措施,总结出发展闽地之教育事业应将"培植优良学风,转移社会风气"作为重心的规律,通过致力于"心理与伦理之建设",再现闽省"教化之盛"。

科学教育的意义

福建省教育厅自发行周刊以来,到这一次已是第一百五十期了,在过去的第五十期,一百期都有特殊的著述,充分的记载,以表纪念,本期恰值全省自然科学成绩展览会开幕,在此国难严重的期间,提倡科学救国于公开展览中,这是值得注意的。我写这一篇时,不仅为纪念本刊发行第一百五十期而已。

"自然"这两个字,是我们常说的名词,然而我们说这个名词时,随时随地意义不同,在十七世纪时,奥国的教育家夸美纽斯(Comenius)提倡"教授的原则专取法于自然";和十八世纪时法国的哲学家卢梭所说"人要返于自然",其主义截然两异。

再一考察,"自然"的语源,英语(Nature)、德语(Natur)却是由拉丁语的"Nascor"而来,原是"生"的意思,即是说毫无人工的技巧,完全由自身生成出来的,我们直译作自然也就是这个意思。不过一般习惯上所用的自然,却有两种意义,一是实质方面的,如我们所住的世界称为自然界,一是形式方面的,如不为人力所左右的顺序也称为自然。

至于自然科学的所谓自然,是指我们感官作用可以辨别其存在的事物,换句话说,就是立于客观的地位,一切由经验认识其存在的物体,统称做自然。

就实质方面而言,科学是有组织有系统的知识,如果再就形式方面来说,即为科学的方法,利用科学方法将自然界中的森罗万象组织整理使成为有秩序有系统的知识,这便是自然科学。

德人冯特(Wundt)分科学为实质及形式两部分,实质之中仅研究以客观为经验的内容的叫做自然科学,其中求现象之规则的结合而加解释的,叫做现象论的科学;从对象之接近的性质,而试排列的,叫做组织论的科学,适用现象过程的法则,而研究其生成发达的,叫做发生论的科学,列表如下:

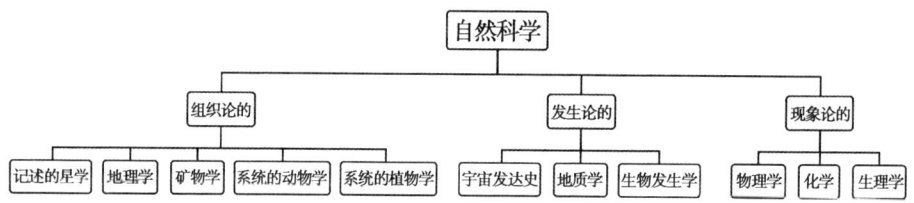

上面所说,是自然科学的意义和分类,至于自然科学的目的,是在探求真理,其性质在形式方面属于完美的逻辑,在实质方面,属于精密的探索,近世自然科学,还有一种较重要的使命,即是科学的教育的意义。生在现在的社会,要想成为一种适应潮流的人物,非有相当的科学知识不可,非用科学的方法来训练自己不可,非进而以科学的理想为自己的理想不可。

自然科学发达,常常可以使人类的思想界起了一大革命,使人类的人生观大起变化。牛顿的宇宙引力论,达尔文的生物进化论和挽近爱因斯坦(Einstein)的相对原理等,都能在人类思想中引起成立新的人生观使人们逐渐脱却迷信的境界而进入理性的范围。

总理有言:"我们现在要学欧洲,是要学中国没有的东西,中国没有的东西是科学,不是政治哲学。"科学的四大要素是时间,空间,物质,能力,自然科学是研究时间空间中物质和能力变化的程序与结果,不独打破从前玄学家的空洞理论,而且把从前哲学上所不能解的奥妙,一一用事实证明出来。

自然科学的重要,既然如上所述,现在应当注意的,就是用哪一种方法来提倡这种教育。有许多的青年智识界,对于外国文化的方法和实质,尤其是关于科学方面,徒为形式上的摹仿,不想到几千年来中国的传统文化和生活上的近代化,都与中国民族的特性有密切的关联,所以一方面应当发扬民族固有的文化来吸取西方的新智识,一方面应当注重具体的现实生活,在一切设施阶段的中间,应造成自动的训练。

据我个人的愿望,与其凭藉盲目的摹仿,无宁凭藉心灵的奋发,此种观察如果适当,此后应先注意的就是小学关于自然科的教育。儿童的心灵发展,比较成年的较有次序,应当使其注意自然界的观察,认识,了解,判断,养成科学观念的基础。

从前本省曾经举行过两次自然科学竞赛会,这次举行全省自然科学成绩展览会,出品差不多达到数万件以上,各地方的热烈参加,至少也可以见到福建民众对于科学已有相当的认识了。今后的努力,应该本固有的德性,以求中国民族精神的发扬,应世界的潮流,以科学精神的普灌,方能唤起民众,本学术的智能,应付严重的国难,这就是我对于本省教育的希望了。

(选自《教育周刊》1933年第150期)

中国化学史的一瞥

一切的学术,都是由人生的欲望而起。好生而恶死,好富而恶贫,是人类的常情,所以长生不死,长富不贫,可以说是人生的两个最大欲望。古时化学的启蒙,便由此两大欲望而发轫;即今日化学的开展,还循此两大欲望而进行。这不特在外国的化学史上可以得到切实的证明,即在我国的历史过程,也可以发现这些证据。

化学这一科,比较的是后起的学术。到了十八世纪以后,才确立它的基础。但追究其起源,却归到希腊的炼金术。所以化学(Chemistry)一语,由炼金术(Alchemy)孳乳而生。炼金术最盛时代,是公元四世纪左右,而我国道教的发达,却在于汉晋之间。美国人约翰逊氏著《中国炼丹术考》,谓中国的炼丹术,早于希腊的炼丹术四五百年,由此推论及希腊的学问,是由我国输出。此说的根据虽还嫌薄弱,然而我国炼丹术的起源和进步,俱早于他国则可断言。

Chemistry 一字,译作"化学",固然是偶然的事。然考"化"的字义,则和道家的学说,却有极大关系。宋郑樵的《通志》① 内六书篇"人物之形"说:"七,今作化,《说文》② 变也。从到人。臣按道家谓顺行则为人,逆行则为道,人死则归于土,道则离人,故能变化而上升。"大意似乎说人是要死的,而道则不死,要死的是顺自然,故为顺行;不死的是逆自然,故为逆行。道家能变化而上升为仙,和普通的人不同,故"七"从颠倒的"人"字。这样说来,化学字源的"七"字,和 Chemistry 字源的 Alchemy 字,不期然而然,也有对当的关系,这不是极奇妙而有兴趣的事么?

道家的元祖,世称黄老。《广黄帝本行记》③ 说:

遂炼九鼎丹服之,以丹法传于玄子,重盟而付之,丹经藏于九嶷之东委羽之山,承以文玉,覆以磐石,金简玉字刻其文。

注云:"夏禹得其书合丹成道,藏于会稽之山;张道陵得其书合丹升天,藏于云台之山。"年湮代远,此说虽不可稽考,然而研究"丹"的字义,据《通志》说:

---

① 《通志》南宋郑樵著纪传体中国通史,当今称其为以人物为中心的纪传体中国通史,但中国传统史学将其归入典章制度的政书,列为三通之一。
② 《说文解字》,简称《说文》,是由东汉经学家、文字学家许慎编著的语文工具书著作,是中国乃至世界第一部字典、中国最早的系统分析汉字字形和考究字源的语文辞书,被誉为"天下第一种书"。
③ 《广黄帝本行记》,道教书名。唐代王瓘撰。原书三卷,上、中二卷述黄帝成长及治理天下之事,此二卷已亡佚。今仅存一卷,即下卷,叙述黄帝修道成真之事,因收入《道藏》得以保存。

丹,《说文》巴越之赤石也。像采丹井。其中之点,象丹形。

由此看来,先有"丹"然后有字,可以证明炼丹是甚古的事。

老子之道,本于清静无为,《道德经》① 五千余言,不越此旨。不曾说到炼养服食的事。《青岩丛录》② 论道教,说:

自其学一变而为神仙方技之术,再变而为米巫祭酒之教,遂流为异端矣。然而神仙方技之术又有二焉。曰:炼养也;曰:服食也。此二者今全真之教是已。……炼养之事,黄帝之书虽颇及之,而皆后人依仿而托之者。及赤松子魏伯阳出,实始为之。至于卢生李少君栾大之徒,则又变炼养为服食,其术愈偏矣。

由此看来,道家的炼养服食,当以汉代为始盛,约在公元一二百年之前,和亚剌伯的炼金术全盛时代比较,约早五六百年无疑。

我国最古而有价值的炼丹书,当推魏伯阳的《周易参同契》。魏伯阳是后汉会稽上虞人,性好道术,和弟子三人入山作神丹,丹成服之成仙。据说他得了《古文龙虎经》尽获妙旨,乃约《周易》,撰《参同契》三篇。所述多以寓言借事隐显异文,其初密示青州徐从事,桓帝时传授同郡淳于叔通,遂行于世。这书所以叫作"参同契"的意义,也有种种说法。有的说:"参杂也。同通也。契合也。谓与《周易》理通而义合也。"

朱熹称赞这书文章极好,是后汉能文的人做的。并且托名空同道士邹䜣

---

① 《道德经》,又称《道德真经》《老子》《五千言》《老子五千文》,是中国古代先秦诸子分家前的一部著作,为其时诸子所共仰,传说是春秋时期的老子(李耳)所撰写,是道家哲学思想的重要来源。

② 明王祎撰。此书一卷,分五篇,内容主要论述纬书及释、道两家的源流,与《医书》相同异,原已收入王祎文集之中,曹溶编《学海类编》时将其摘出别行,并改为此名。

郑贞文

来注此书。不过朱子还误认此书的本旨，而附于《周易》。其实此书是说道家炼养的方法，也可以说是我国最古的化学书。现在举显明的几段如下：

金入于猛火，色不夺精光。自开辟以来，日月不亏明。金不失其重，日月形如常。金本从月生，朔旦日受符。金返复其母，月晦日相包。隐藏其匡廓，沉沦于洞虚。金复其故性，威光鼎乃熺。

黄土金之父，流珠木之子。水以土为鬼，土镇水不起。朱雀为火精，蓺平调胜负。水盛火消灭，俱死归厚土。三性既合会，本性共宗祖。巨胜尚延年，还丹可入口。金性不败朽，故为万物实。术士伏食之，寿命得长久。

胡粉投火中，色坏还为铅。冰雪得温汤，解释成太虚。金以砂为主，禀和于水银。变化由其真，始终自相依。欲作伏食仙，宜以同类者。植禾当以谷，覆鸡用其卵。以类辅自然，物成易陶冶。

捣治羌石胆，云母及礜磁。硫黄烧豫章，泥汞相炼持。鼓下五石铜，以之为辅枢。

以金为堤防，水入乃优游。金计有十五，水数亦如之。临炉定铢两，五分水有余。二者以为真，金重如本初。其三遂不入，火二与之俱。三物相合受，变化状若神。下有太阳气，伏蒸须臾间。先液而后凝，号曰黄舆焉。

以上所举都是五言诗体，中有许多物质名词和数量，虽不经解释，真意不能明了，但其表示炼养的方法，则可断言。又有四言韵语如下：

太阳流珠，常欲去人。卒得金华，转而相因。化为白液，凝而至坚。金华先唱，有顷之间。解化为水，马齿阑干。

丹砂木精，得金乃并。金水合处，木火为侣。四者混沌，则为龙虎。

河上姹女，灵而最神。得火则飞，不见埃尘。鬼隐龙匿，莫测所存。将欲制之，黄芽为根。

这里所用的"日""月""母""子""龙""虎""太阳""流珠""河上姹女""金华""黄芽"等字都是物质的代名词。如果知道这些名词，则丹经中的化学作用，便可以思过半。

为甚么丹经要用这些隐语呢？因为这都是仙术，如果明白说破，便不成其为玄妙神奇了。而且进一步来说，这些炼丹的方法，不见得都能实验得出。即使炼成了丹，不见得服了便能长生不老。反不如含混其辞，可以留下辩解的余地。所以化学者著书，只怕说得不明白，而术士著书，却只怕说得太明白。我为要研究我国古代的炼金术，读了不少道家的丹经，其初觉得五花八门莫名其妙，后来用科学的方法，把它略加整理，渐渐的觉得可读。单就代名词这一方面来说，丹经上最主要的物品，是铅和汞两种，称为至宝。铅的代名词，有

月、虎、白虎、太阴、金公、河车、黄芽、金华、水锡、黑金、青金等。

汞的代名词，有

日、龙、青龙、太阳、姹女、玄水、神水、玄珠、流珠、砂汞、金汞、铅精、白虎脑、玄明龙膏等。

至水银和汞等字，那更不消说了。

而且这些代名词的限界，没有分明。锡有时也名为"河车""太阴"，酢有时也名为"玄水""神水"。有的说黄芽是硫黄，实在不易理解呵！

我们知道"姹女"和"龙"都是水银的别名，"黄芽"是铅的别名，那么"河上姹女"的一段，便容易解释了。简单说来，水银遇热，易于升华飞去，和黄芽作用，则化合而留住不失。读者细玩其他各例，当知道和今日的化学现象多有暗合的地方。

郑贞文

《参同契》这一部书，可说是我国炼丹术的基本的记载，郑樵《通志》"道家一"里面，所举的都是关于《参同契》的书籍，共计有一十九部三十一卷。晋唐以后丹书出得不少，即就外丹一门而论，《通志》中所载的，已有二百十三部三百一十卷。我们试翻开《道藏》① 一看，专论炼丹的书现存的至少还有百部以上。混在各部中的，还不计其数。观其内容，大概以《参同契》为依归，在这些丹书里面，都以铅汞两物为炼丹的至宝。而硫黄、砒黄、雄黄、雌黄、朱砂、硇砂、鹏砂、曾青、空青、硝石、矾石、戎盐、卤盐、石灰、醯醋之类，都是常用的药品。说器具则有"炉""鼎""匦""坩埚""乳钵""铫子"等东西；说火候则有"文火温养""文火煎迫"等名词；说作用则有"制""伏""结""死""抽""干""柔""养""点化""浇淋"等术语。而且于丹以外，还制炼种种的药品，有的书并且载各药的产地性质，颇为详明，简直是具体而微的化学书了。

我觉得晋唐时代炼丹术的进步，必不让于同时代西洋的炼金术。那么何以我们的炼丹术，不进而成为今日的化学呢？这事的原因，必很复杂。但和道家的思想及道教的沿革，大有关系。道家以清净无为为体，炼养服食，其目的只在于升仙。换句话说，即在于求寿而不在于求富。所以道家虽也说炼金，但他们以为金成便是丹成的证据。有的以为炼成的黄金，如果用作饮食器可以益寿。仙人素来视富贵如敝屣，阿堵物本不在眼中，不若西人炼金的目的，便在于得金，所以他们的结果，虽不能由贱金属得到黄金，然而提炼金属的方法，便由此而进步了。而且道家后来受了五行理气等说的影响，无端生出内丹的理论，把具体的外丹，化作无形的内丹。于是炼外丹的方法愈不求其进步了。或许因为外丹到底不能成功，不得不借内丹以遁饰，也未可知。由这些的原因，竟把具体而微的化学，完全葬送于不可摸捉的玄想里去，实在可惜得很。朱熹说：

---

① 《道藏》是道教经籍的总集，包括周秦以下道家子书及汉魏六朝以来道教经典，是按照一定的编纂意图、收集范围和组织结构，将许多经典编排起来的大型道教丛书。

《参同契》所言坎离水火龙虎铅汞之属，只是互换其名，其实只是精气二者而已。精，水也，坎也，龙也，汞也。气，火也，离也，虎也，铅也。其法以神运精气结而为丹。阳气在下，初成水，以火炼之则凝成丹。其说甚异，内外异色，如鸭子卵，真个成此物。

如此说来，真冤枉魏伯阳了。日本化学大家近重真澄博士，以研究东洋化学史著名，最近所著《东洋炼金术》中也说，《参同契》固然是一部道书，但几乎全没有关于化学的记事，怕也是中朱熹的余毒了。

自道教堕落，张道陵寇谦之这一流人，只言符箓而不言炼养服食。及杜光庭以来，至近世黄冠，只言经典科教，并炼养服食的书也不曾过问。致我国具体而微的化学，遂湮没而无传。我尝读西洋化学史，每一念欧洲的炼金术，能产生今日的化学；而我国较早较进步的炼丹术，不过产生哱经拜忏和时代逆流的道士，不禁为之掩卷痛哭。青年志士，读我国古时光荣的历史，其速奋然兴起，同来唤醒国魂！

(选自《中学生》杂志1930年第6期)

对于福建教育之意见

贞文承当局任命，及父老督促，于国难方殷之中，回桑梓主持教育，多承乡人及新闻记者询问意见，爰记数语，以代答复。

贞文在外二十年，从事学术及著作事业，原期终身笔耕，不问政事。乃自国难发生，沪变继起，身处战区，刺激尤大，益感匹夫有责之义，不容独善其身。并亲见国军奋勇抗敌，为国家存正气，以为民族一线生机，胥系于此。今者蒋主席蔡主任，来闽绥靖，组织省府，贞文幸得备员末席，更属责

郑贞文

无旁贷。所以不顾浅陋，暂弃文字生涯，来任教育职务。

就目下福建情形而论，东南滨海，西北多山，论时则国难未已，论地则形势宜防，应时势而施教育，为救国切要之图。贞文之意，承部省之指示，审前任之方略，采专家之意见，更体察福建人平时之缺点，合诸当之需要，计划研究，按步推行，冀收实效。

福建民情风俗，与各省略有不同。一曰贫：贫固中国通病，然在产业落后之福建，较他省为尤甚。二曰陋：福建交通不便，风气闭塞，一般人素乏研究。最近调查中外各种书报之销路，在各省中，福建辄居人后。三曰散：福建各地言语不齐，意见难于沟通，致个人主义发达，缺乏团体之结合。四曰弱：中国人体格北方比南方为强，南方粤桂诸省比福建人又强。无健全之身体，难有健全之精神。闽人以此之故，致意志易成薄弱。甚至利令智昏，出关谋事，为乡人之玷。

综上四点，对症下药。

（一）注意生产教育以救贫：全省地方，上游山地产茶及木，平原产米，龙岩建瓯各地多矿产，沿海有三大渔场；他如漳泉之糖，邵汀之纸，福州之漆器，德化之瓷业，皆为福建特产，诚能因地制宜，使本地学生各就地方生利。利不嫌小，必求普遍；业不嫌微，必求自立。大者培成专门学问，以备农工商矿之人才，庶尽闽省面海负山之地利。果能家给人足，自然土匪不生，国防巩固，施行方法，先查各地之需要，分设各种职业学校，注重实习功课。至于小学，亦授以生产之技能，学生毕业，方不至学非所用，流为游民。

（二）注意科学教育以救陋：自然科学，所以探求宇宙之真理。教育方法，要使学生注意观察与实验；更佐以新式之仪器，诱其自动之能力；各能整理知识，明了事物，由是渐启发明之机，驯进致用之路。即在小学生，亦应就切近事物，导以系统的组织，客观的观察，养成科学之精神。庶能改进社会之生活，训练适合时代之人格，树立新的人生观，使人类逐渐脱离迷信境界，而进入理性世界。

（三）注意公民训练以救散：时势至此，决不容福建人再有散沙之现象，过去已矣，如何凝集力量，是在青年。故宜以学校为社会之缩影，学生为乡村之集团，寓民权初步于训育之中，行守望相助于工作之下。社会教育，尤当团结精神，共同操作。庶人心一致，再无省会上游下府之分，械斗倾排之习。平时合建事业，养成宪政时代之良民。一旦有事，前锋敌忾，后方同仇。以此救亡，望我同人勖之。

（四）注意体育以救身体之弱，注意人格教育以救意志之弱：体育方面，准生理卫生之法则，练习运动，使体力均齐发达。大小学校普遍训练，不偏重于一部分比赛之人；课内课外有恒动作，不激奋于一时间竞争之际。一方实施学校训练，一方提倡民众体育。至于人格教育，忠孝仁爱信义和平，今已悬为道德标准。教育者尤宜以身作则，为学生之良范。学生心悦诚服，化行一校。体力强壮，意志坚强；毕业以后，富贵不能淫，贫贱不能移，威武不能屈，庶几海滨犹存道德之风。准此方案，切实施行。至于义务教育，民众教育，更应尽量推行，以臻完备。

以上所列，犹就理论言之。至于实施方法，贞文亦有具体计划；俟观察情形，数月后，举出措施。一方集力省内外教育界人才，随时就正。望我办理教育同人，实事求是，共奋精神，以策成效。尤望我父老兄弟，诸姑姊妹，发抒意见，以时匡济为幸！

（选自《厦大周刊》第 12 卷第 15 期）

闽教十年总序

吾闽僻处海陬，中原文化自六朝始渐输入。隋唐之际，南湖三公开莆来

郑贞文

学①，至今莆阳人文甲全省。宋代理学，闽独称盛，有海滨邹鲁之誉。宋明末叶，节义之士蔚起，树民族革命之先声。辛亥广州之役，埋骨黄花岗者凡一十九人，泰半为硕学志士。回溯吾闽历史，虽开化较晚，而植基则不为不深且厚也。

逊清季年，沈文肃公感国势之陵夷，创海军学校于马江，遣派学生游学海外，于是严复魏瀚等人才辈出，为吾闽新教育之发轫，继而有全闽大学堂及全闽师范学堂之设；唯斯时交通未便，就学者率限于省会及沿海一隅。民元以还，军阀专政，盗匪充斥，教费支绌，学风嚣张，弦歌不绝者如缕。十六年党军入闽，始从筹措固定教费着手，附加盐税，年可得壹百式拾万元，乃于旧府治设中学，道治设师范及职业学校，顾当时政治未上轨道，二十年一月六日之变，主管教育行政长官羁留于延津者将一载。二十一年冬贞文奉命旋里，忝典教政，增筹经费，力谋更张，而七七变起，金厦沦陷，省治内迁，高中以上学校学生相率下乡从事民教工作。迨民国二十八年中央宣布国策，抗建并进，政教合一，吾闽率先推行国民教育，并致力于高等人才之培育及基本学术之研究。三十年今主席刘公莅闽，尤注意于发展中等教育，提高学校素质，创立国教特种基金，推行学生公费制度，近且调查各项资料，准备实施计划教育，以完成政治经济建设，而实现民族独立民权普遍民生发展之理想。

贞文敬恭桑梓，虽已逾树木之期，而雏诵菁莪，尚未著作人之效，抚躬循省，弥深愧惭！顾此十年，虽在国难严重之中，然秉中央之方针，承长官之指示，赖社会贤达与教界同仁之匡襄，差幸免于大过。感奋之余，益当有以自励，谨陈数义，期与同仁共勉：

一、闽省学校分布，素感偏颇，十载以来，创办及恢复省立中等学校凡二十一所，均分设于各区。抗战军兴，更令中等以上学校迁移内地，并遍设

---

① 郑露、郑庄、郑淑三公于隋唐之际，来闽兴学，今莆邑北门有"开莆来学"匾额。学者称南湖三先生。

县立初中，而国民教育则以乡保为设校单位，教育机关之分布，较前已见合理。但边远贫瘠县区，因师资经费两感困难，尚有未达两保一校之标准者，而中学师范与职业学校之比例犹未能与部定理想相符，均有待于扩充调整，此学校数量之应均衡发展者一也。

二、闽省文化落后，抗战以来，交通阻梗，教具输入困难。年来虽自行制造数学教具及自然科学仪器标本并编印补充教材，然终感供不应求。近来物价高涨，教员复多改业，师资既缺，设备未完，而教学效率自蒙影响。亟宜培植师资，充实设备，增进教学效能，此教育素质之应提高改进者二也。

三、学校培植人才，原应社会需要，但社会事业之进展，每随环境而变迁，遂致时或供不应求，而用非所学，时或所供过剩，而学反不得其用。本省近来师范教育发展颇速，然因服务期间之师范生多改就他业，遂呈师资不足之现象；而农工职业学校毕业生，则因该部门之事业，不能如期发展，竟有出路困难之感。今后人才之储备调节，固有赖于统筹，而尤重于配合，此各方合作之应密切联系者三也。

四、士习学风，至足影响社会风气与国民道德，年来极力提倡质朴、勤劳、庄严、公正、勇敢之学风，偏激嚣张与颓废消沉之积习，因而稍杀。乃近以物价高涨，环境益趋困难，一部分青年心理稍受激荡，而学校管训复感不易，亟宜加强军训。善导学风，进而转移社会风气，此训导工作之应切实施行者四也。

五、闽省山峦起伏、交通多阻、方言复杂，不特府县之间，情感隔阂，即同邑之内，亦复意见分歧。十年以来，历行国语教育，以互通情感，培植协作精神，在青年学生间颇收成效。然社会人士对于区域观念，不特未尽消除，反有逐渐强化之势。今后更宜加紧公民训练，促进社会教育，使能推诚相与，公而忘私，而具有现代国民风度，此意志力量之应团结集中者五也。

综上所述，则本省今后教育之重点，应从培植优良学风，转移社会风气，以致力于心理与伦理之建设，增强公民训练，团结意志，集中力量，以努力于社会之建设,发展学校数量,并提高其素质,依照实业计划,储备人才,以完成政治与经济之建设。至于统筹配合,谋供求之相应,则以实现教育军事与经济三者之合一。

溯自抗战军兴,闽省赖军事政治措施之得宜,国防巩固,文化乃能滋长,近来邻省公私立大学相继迁闽,而青年学子之来自东南诸省者日众,朱文公有言:"天旋地转,福建反居天下之中",宋代吾闽教化之盛,或将重见。故今日作育人才,固宜针对本省各项建设之所需,而尤有以应东南各地南洋群岛及台澎等收复区之需求。贞文追维既往,瞻瞩未来,益感职责之重大,愿竭至诚,与我教界同人奋其最大之努力,以期完成教育建国之使命。

中华民国三十二年八月郑贞文序于永安吉山笠剑轩

附录

十年来本省首先创办重要教育事业一览

省立师范学校毕业生会考(二十二年六月)

实施健康教育(二十二年七月)

确立省立教育机关省派会计制度(二十二年八月)

创办省立科学馆—公私立中等学校学生联合实验(二十二年十月)

组织特种教育流动施教团(二十四年一月)

中学校长教员暑期讲习会集中举行施行军事管理(二十五年十月)

高中以上学校学生办理民训(二十七年一月)

创立专科视导制度(二十七年二月)

办理战时民众教育(二十七年五月)

创制中学数学科教具(二十七年四月)

创制中学自然科教具(二十八年七月)

办理国民教育(二十九年一月)

设立省立研究院（二十八年一月）

创制初中师范劳作教具（二十九年六月）

会考与统一招生合并举行（二十九年七月）

创办省立师范专科学校（三十年六月）

（选自《郑贞文诗文选集》，福建省文史研究馆 2017 年版；原件藏福建省档案馆）

王世铎编撰

欧元怀

【题解】

欧元怀（1893—1978），字愧安，福建莆田人。1915年留学美国，先后求学美国西南大学和哥伦比亚大学师范学院。回国后在厦门大学担任教育科总务长。1924年参与创办大夏大学，总理学校行政事务。因其办学成绩显著，1932年获得母校美国西南大学荣誉法学博士学位。抗日战争期间，与大夏师生历经三次西迁，并于1940年到1945年间，担任贵州省教育厅厅长。新中国成立后，担任大夏大学校长、华东师范大学副总务长和校务委员会委员。欧元怀矢志于教育事业，发表多篇教育文章，探讨当时教育发展变化及存在问题，其在高等教育、师范教育、职业教育和体育教育等方面均有深入研究。

欧元怀在《对于学校体育之意见》中指出，学校体育实施以来流弊滋生，"就体育目标言，是养成少数选手的"，一般学生体育训练被忽视，学生体力衰弱；"就体育实施方法言，是浪费财力的"，体育费用供给少数人使用，"每一次比赛，耗全校体育教师之时间精力以指导少数人的运动技能"。基于此，欧元怀认为学校体育"有根本改革之必要"。"一曰普及体育机会"，规定体育为必修科目，厘定标准；"二曰培植体育美德"，即"公正、合作、守纪律、努力奋斗、胜不骄傲、败不气馁诸美德"，使学生养成"优美之德性，善良之习惯"；"三曰注重经济效率"，在"学校财力，学生精力，以及运动本质上之持久性、普遍性"方面，均应特别注意；"四曰提倡生产劳作"，"寓体育于生产劳作之中",不仅锻炼体格,还可获得经济效益。欧元怀深觉民族复兴的伟大事业,还依赖国民的强健体格,倡导普及体育教育。

在《中国职业教育的出路》中,欧元怀强调,"手脑不能并用的人物固无裨益于国家,似是而非的职校,更非社会所需求",职业教育的发展应具备几个先决的条件:"要使客观环境安定",减少建设事业的前途障碍;努力打破错误观念,"要使社会心理改造",建立一个"职业有种类而无阶级""事无大小因人而异"的健全思想;职业教育的首要条件,"贵有充足的设备和专业人才的延揽",故而"要使教育经费宽筹";"要使职教师资健全",培养具有"娴熟职业知识技能而又富于教学经验"的职业师资队伍;"一方面借教育力量来准备个人的职业",使人发展其所长,"一方面以职业供给教育设施的机会",使得教育更为丰富,使职校设施合理。职教专家应精确统筹全局,根据社会需要,"采用科学方法,厘定方案,不作骤增学校的数量,而力求切实有效的训练",使得"学有所用,用本所学,工以助学,学以助工",达到职教的真正目的。

欧元怀在《训育是教育的中心》中指出,训育应当为教育中的中心工作,"教育以造成善良的人为第一要义"。在一般的学校机构,主要为教务与训育两大部门,涉及教学与训管两个轨道。在教育过程中,教学的失败,"不过养成无才的人",但训育的失败,"则养成坏人"。"一切教学之实施,应以智慧为根据,一切训管之实施,应以情绪为根据。"新时代的教育,"不应当再视教学为中心,而把训管工作忽略了"。训与管二者目的相同,"皆在培养学生优美品德",但在方法上略有不同,两者"一刚一柔,相辅为用,然后可竟全功"。

在《师资训练的根本方针》一文中,欧元怀指出,"师范教育是一切教育的基础,凡欲振兴国民教育的,莫不以训练优良师资为其先决条件"。针对师范教育"弊质滋多",提出师资训练三大方针:一为"提振政治意识",教师不再陷入职业的近视眼,改变过去"误认教育可以脱离政治经济而独立,以不谈论政治为风尚"的错误观念;二为"充实专业",教育是百年树人的大计,"如要国民教育发达,以为民族复兴的根本方针,则实有充实师资专业训练的必要";三为"涵濡高尚人格","以身作则,感化社会,改革人心,维护道德,转移习尚,是教育者应尽的天职"。欧元怀特举德意志、法兰西、美利坚等国重视师范教育的实例,"说明师范教育与一国国民精神文化的密切关系",实现民族复兴,顺应世界潮流,"对师范教育,皆不能不望朝野人士特别注意"。

对于学校体育之意见

我国自清季创办新教育以来,学校课程中即设有体操一门,教学生以强身之各种技术。民国纪元初年,感于外侮日迫,教育部明令规定军国民教育为教育宗旨之一项。于是各级学校学生荷枪军操,俨然一兵士式之学生。民四颁定教育宗旨第二项尚武一段之令文谓:"国何以强?强于民;民何以强?强于民之身;民之身何以强?强于尚武。尚武之道分为二:曰卫身,曰卫国;合之则为一,卫身即卫国,卫国即卫身也。何谓卫身?风寒暑湿,有时为病,莫不求医。然医于既病之后,毋宁医于未病之先,未病而医,莫若尚武……故今之言国民教育者,于德育智育外,并重体育;使幼稚从事游戏,活泼其精神;稍长进习兵操,锻炼其体格;极至掷球角力,习为常课,运动竞走,时开大会,凡所以图国民之发育者无所不至,此民之所以能卫其身也。何谓卫国?吾国古者寓兵于农,有事为兵,无事为农,蒐苗狝狩,乘农隙以讲武事,已隐寓全国皆兵之意……幼在学校,习闻忠勇爱国之训;长入社会,养成坚忍耐劳之风,所谓少成若天性,习惯成自然,非一朝一夕之故,其由来也渐,此民之所以能卫其国也……"当时政府提倡国民体育,实施军国民训练之意旨,活跃言表。

曾几何时，掀动全世界之欧战告终，教育思潮因之变迁，认学校体育注重军国民训练，为穷兵黩武之祸源。民八教育调查会在北京集会，提出教育宗旨研究案，拟"以养成健全人格，发展共和精神"为宗旨。其列述改革教育宗旨理由第一项即抨击军国民教育。略谓：查民国元年部令公布教育宗旨："注重道德教育，以实利教育军国民教育辅之，更以美感教育完成其道德。"自欧战终了后，军国民教育一节，与世界潮流容有未合……关于体育方面者，改为一、强健活泼之身体，二、优美和乐之感情。于是学校体育实施，骤然改变，田径赛与球类运动，应运而起。十数年来施行之结果流弊滋生，就个人观感所及，约有两端。第一，就体育目标言，是养成少数选手的；第二，就体育实施方法言，是浪费财力的。

学校体育每由少数选手包办，致大多数学生均有向隅之感。而一般学校当局，以少数选手夺得锦标，为无上光荣；报章为之推誉，学校为之捧台。平日对于选手之优待，无所不至。发给津贴，任其随意缺课，甚至考试不及格亦可通融。于是使此少数选手，形成校中之特殊阶级。虽其中不乏优秀分子，然就一般而论，其轻举妄动，漠视课业，实为优良学风之障碍。客岁江南各大学体育联合会假上海某大学比赛足球，发生殴打裁判之武剧，至诉诸法律。斯诚体育界之耻辱，而充分表现学生道德之堕落。又某某大学，因比赛胜利，随意放假，举行庆祝，更是家常便饭。选手包办制之反面，便是大部分学生对于体育漠不关心，故排球选手为此少数人，篮球足球选手亦莫非此少数人担任。尚某种校队出发比赛，其他项各比赛，只好停顿。至于春秋两季校中举行之运动会，学校放假，全体学生固应踊跃参加，然而事实上参加者往往不及十分之一，其余则以为学校举行例假，渡其纵游娱乐之生活矣。

何以言现行学校体育为浪费财力？盖以全校的体育费用，供给少数人之竞技斗胜，每一次比赛，耗全校体育教师之时间精力以指导少数人的运动技能。至于旅行外埠比赛或参加外埠运动会，所耗之时间金钱尤巨。就体育行政与教学效率论，其不经济，不待吾人指摘，固昭然若揭也。

尚有关于体育设备方面，场所不能容纳全体学生活动，器械不敷多数学生应用。学校所竞相致力者，仅购一小部分选手应用之器械，一若使一部分学生据为私有者。此种现象，实与学校提倡体育原意，大相径庭。

由于上述两种流弊，一般学生体育之训练全被忽视，学生不能参加运动，精神萎靡，体力衰弱，一己之健康不保，安论担负复兴民族与挽救国难之重任？故个人认为今后学校体育，有根本改革之必要。

改革之道，一曰普及体育机会。即规定体育为全校学生必修科目，并厘订体育及格标准，严厉施行。若体育不及格，虽学科及格，亦不得升级或毕业。体育器械场所，应尽量增加。向之铺张校队奖励选手之经费，应作扩充体育设备之需。务期打破从前选手包办之积弊，使全体均有参加运动机会。

二曰培植体育道德。即公正、合作、守纪律、努力奋斗、胜不骄傲、败不气馁诸美德。今后学校体育，务期对于现代化国民所需之道德，于平日团体运动场中所加以切实的训练，使其不知不觉间，培养优美之德性，善良之习惯。

三曰注重经济效率。吾人常觉现在学校式之体育，率多重视球术田径赛诸项。每布置一种场所，须耗巨量金钱。他如添置篮球、网球球拍、铁饼、标枪等等，又非数元或数十元莫举。而此种运动设备仅限于学校，一旦离开学校，便鲜有与在校时所习之体育接触。似此一曝十寒之体育，对于国民体育前途，裨益殊少。故今后学校应特别注意徒手运动、长途跑步、柔软体操。去岁严冬清晨，我曾经梵王渡车站附近，目见英兵营士兵，着短单衫于路旁操练各项柔软操，态度活泼，挥汗如雨，而身披皮袍、坐人力车者，尚缩瑟畏寒。两相比较，吾人体格之衰弱，对此帝国主义之士兵，诚有愧色。但彼辈施行各种运动之设备，可谓全无。运动场所设备，仅是路旁空地，而其精神极为可佩。又某次上海各大学联合会举行全体大会时，敦请国术家表演踢毽游戏，前后左右，上下旋转，各极其妙。此又为户内轻而易举之游戏，而其所费仅值数钱之毽子一枚而已，窃谓各级学校学生，任何人经费力量均能备办，决不如网球拍、网球等之难于购置。此外如中国固有之扯铃、石锤等运动器具，亦复普遍通俗。至于国术中之太极拳等，更可以随时随地练习。今后之学校体育，对于学校财力，学生精力，以及运动本质上之持久性、普遍性，均应特别注意经济效率。

四曰提倡生产劳作。吾国往昔所谓士大夫阶级，悉抱"劳心者治人，劳力者治于人"之观念，形成畸形之知识发展，手脑不能并用。此种风尚，积习已深，故学校增加一求学之学生，即家庭与社会减少一有力之生产分子。今学校所施行之体育活动悉系休闲阶级之运动游戏，对于生产事业，毫无裨益，识者病之。我校现有校地辽阔，正拟计划办理生产教育师资训练班。吾人主张寓体育于生产劳作之中，一方面固可锻炼体格，他方面又可收经济生产之效，一举两得。

综上所述各点，系个人平日对于学校体育之观感。深觉民族复兴之伟业，实赖于树立国民强健体格以为基础。愿有卓见之教育家和觉悟之体育专家，亟起力追，倡导普及体育。学校体育幸甚！国家教育前途幸甚！

（选自《大夏周报》1934 年第 11 卷第 2 期）

中国职业教育的出路

中国近几十年来，外受帝国主义经济的侵略，内呈农村破产民生凋敝的现象，因而职业教育运动成为被全国朝野人士积极倡行的标的。就最近政府方面来说，则有十九年全国教育会议确定改革方案，注重高中农工商及家事各科所占的百分比；二十年国民会议，确定教育设施之趋向案，教育部颁布限制中学尽量办职校的办法，拟定中等农工学校的实施方案；二十二年职业学校法，职业学校及职业补习学校规程的公布，各省市设置中等教育职业学校的办法及标准，推行职业教育程序，职业师资等级检定和训练方法，职业学校科目几十数纲要，以及中小学实施职业指导办法等的颁行，并分派专员到各省市实地观察指导，以求全国职业教育的一致前进。近来教育部更组织教育设计委员会，并召开全国职业教育会议，讨论职教行政上和组织上的各项问题，以及推进职教、实行职业指导、训练职业师资等办法，可说在法令政策的推行上，确已尽其最大的力量。不过我们晓得任何一种事业的推行，只有策动的重心，而不兼顾周围的环境，只有枝节的提倡，而不肯从根本方针得有把握，终难显出成效。我们过去职业教育的失败，大部分就种祸在外忧内患和士大夫阶级深中封建遗毒与劳动生产远离的客观环境上，倘使现在不能针对这根本病原的症结努力设法去改造它、铲除它，则中国生产事业仍然不会发达，职业教育永无出路的希望！反过来说，我们欲求职业教育的出路，我个人以为应该具备下列几个先决条件，就是：

（一）要使客观环境安定。目前中国是在各列强政治经济侵略之下的一个半殖民地的国家，是土匪天灾人祸交迫之下的一个纷扰不堪的社会，政治则变乱频仍，不上轨道，经济则农村崩溃，十室九空，民生则赤地千里，饿殍载道，道德则廉耻道丧，毒狠奸诈。在这样的客观环境之下，所谓国愈乱而民愈贫，民愈贫而国愈乱，外货充斥，实业益不发达，民生凋敝，失业日渐严重，故每年大中小各级学校少数毕业生，也以社会消纳力的不良，而引起人浮于事的现象。倘使社会环境能够安定，建设事业逐渐发达，则中国有两千县，假定每县有十个新设的森林区，每区用五人，便需十万人。每县有创办五所工艺厂，每厂用五人，便需五万人，每县再添设义务学校和农村合作社各十所，每所用二人，便需八万人，又何至于学生无出路呢？记得一二年前广西省政府就拟定兴办事业与社会人才的估计，便感觉缺少三十万人（？）左右。可见今日职教的不能显著成绩，是因职教毕业生的无出路；职教毕业生的无出路，乃由于社会事业的不发达；而社会事业之所以不能发达，则又由于外侮内乱的交迫，和政治之不上轨道。盖社会历程复杂错综，教育为其一端，政治扼其纲领，教育出路的问题尤其是职教出路，决不能单从教育圈里求解决，必须客观环境安定，政治有出路，然后职教始有办法。故居今日而倡办职业教育，必须先了解现在环境的情形，未来社会的变化，而多方设法促进社会环境的安定，以减少建设事业前途的障碍，则农工商业既然逐渐发达，人民需要程度增加，职业种类日见扩张，职业教育自可兴盛起来了。

（二）要使社会心理改造。中国承袭数千年来的封建思想，至今尚未达到完全肃清的时期，国人还多迷信于"正途出身"的传统观念，谬认读书以外无学问，作官以外无事业，只知学校为仕进的阶梯，而不明了教育为人生的养料。各望其子弟显亲扬名，荣宗耀祖做大官、发大财。就是号称现代化的人，也希望子弟学成问世，可做公务人员，不肯轻易令其学做"辛苦而不大赚钱"的职业，或从事于劳动生产工作。至于一般商店工场墨守成规，不求改良，又宁愿维持其旧式的徒弟制度，绝不重视新式的职业教育，以为在学校里去学簿记、学打铁、学种田，千学万学，学点"三不像"的小手艺，倒不如学徒出身来得熟练而实用。因此职业学校招生远不及普通学校的数目，即报名投考的学生，也多缺乏职业教育的认识，询其将来志愿，则曰读书、曰升学。可见其心目中所认定的学校，非当前投考的职业学校，实误认为普通学校啊！无怪其中途以志愿不合退学、转学者比比皆是。且就农工的职业强那不能胼手胝足的纨绔子弟去学习，他日学业，又安得使其返田间去操守手工业或做农夫呢？抑进一步言之，凡受职教的青年学子，确有觉悟而乐意回乡去，除了缺乏相当园地供其开辟建设外，也势必为亲戚朋友所讥笑而不能安居乐业了。故今日欲求职教的出路，对于社会心理的改造，实是一个最迫切莫过的工作。具体来说，我人今日必须努力打破其错误观念，建设一个"职业有种类而无阶级""事无大小因人而异"的健全思想，各按其智力、愿望和兴趣，予以充分的选择职业及服务社会的机会，借使得个人的特异才能与他在事业上的机遇均等，以寻出个人所宜做的事业，并获得实行的机会，是为人生最快乐的事情，而有"良田千顷不如薄技随身"的正确认识。深愿立志做大事，劳而后食，"绝不怨天尤人"，如是则职业虽有劳逸的不同，而各人精神上已不发生问题,各种职业教育也得平均而合理化的发展了。

(三)要使教育经费宽筹。职业教育的首要条件,贵有充足的设备和专业人才的延揽,故职业学校的用费常较普通为大。据1929年全国中等教育概况统计,在中等教育中的中学生每生岁占经费数126元,初级中学生77元,师范生110元,而职业学生为155元,便是明例。乃今提倡职业教育者,似徒唱高调不顾事实,如谓"各省市应尽量扩充职业学校,私人捐资兴学,由公家给予补助。公私立中学成绩不佳,或地方无此需要者,一律改办职业学校"。又"职业学校以不收学费为原则"。(见三中全会议决案)在这教育经费万分困难之现况下,政府能否补助成绩优良的职业学校,既属疑问,而无成绩的公私立中学,强半即为缺乏经费的,今反使改办花钱最多又不收费的职业学校,岂非滑稽之极?虽最近中央为努力推行职业教育起见,规定中等学校的设置及经费支配标准,其中中学约占百分之四十,师范约占25%,职业学校不能低于35%,并限于民国二十六年达到此项标准。立法固甚完善,但今各省市教育经费全部之支配,究竟中等教育应占何等地位,尚未有详确而合理的规定,则职教经费支配标准,又将取何者为根据呢?且查二十二年度中央财政支出分配表,中央财务支出总数为828921964元,军务费当为415600000元,占居总额50.14%,债务费为241841804元,占居29.18%,政务费为155450350元,占居18.70%,教育文化费为16618184元,仅占2%。(见二十三年度申报年鉴财政篇)至于各省市教育经费更多由零星杂捐,东拉西扯,聊以充数,人民既病于苛杂,全额又无成数。较之国联教育考察团所提议:"在中央预算内教育经费之比例,应增加百分之十五以上,在省预算方面,应增加百分之十五至二十,县预算应增加百分之二十五至三十。"(见《中国教育之改进》四七页)相差实在太远!似此整个教育经费的微乎其微,即使把全数拿去创办和补充职业学校,尚恐不见得大宽裕,更何论止限于中等教育阶段内的百分之三十五呢?巧妇难为无米之炊,空口提倡,究有何益?今后不顾职教发展罢了,如须积极整顿职教,似宜集中全国教育界人员，力促政府一方面确定中央及各省县市教育费应占全部财政支出的百分比，将教育经费总数增加数倍；一方面还要由庚款项下提出巨额，专作各省市办理职教的补助基金。而对于补助经费的支配，以充实公私立职校设备及职业科教员薪水和研究调查费用。当某校请求补助时，也必须呈核详细计划与说明书，如有设施不符标准的或无成绩的职校，得随时酌减其补助费的全部或一部，如此厉行数年，则职教的发展自可拭目以待了。

（四）要使职教师资健全。职业教育师资人才，约分三类：一为职业学校重要行政人员，二为非职业科教师，三为职业科教师。第一、第二两类人才，因其与普通中学或师范学校所需要的无大差异，尚容易找到相当人才。唯职业科教师极难得适当人选，其条件必须：（1）对于所担任的专门学科，要有职业的经验、实际的技能与专门的学识；（2）对于教育原理及方法，尤其职教原理，宜有明晰的理解及实施技能。而今职校教师待遇菲薄，一般学有专长又精通工艺农事商情的人，多跑到工厂农场和公司里去做技师或工程师，不愿意来学校执教鞭。至于缺乏学识的工头或普通教员，又不能胜任。换句话说，就是偏于技术或偏于学理的人，均不能为造就有效果的学生的教师。据现在一般人的主张，在就富有职业知识技能者，予以教学方法的陶冶及职业生产经营的常识是为较有效的办法。次之，对于有职业知识者补充其充分经验，或对于有技能经验者补充其相当学识，同时并增进其教育方法和经营的常识。倘使这种仅具偏面能力的而都不可得时，则招取中学生、师范学生分别予以三四年的专业及教育的训练。唯此种职业师资的训练，又在何种机关为适宜？去年教育部曾有委托各大学代办职教师资养成科的计划，某校办工科，某校办农科，某校办商科等，都有合理而切实的方针。不过现在一般大学，其预定目标和课程，都以训练普通学校师资为重心，每凭书本讲义作知识的灌输者。今后将取何种方法，使其校址设备，课程和实习等项都合标准而不至蹈过去空虚的覆辙？更将向何处求得那能娴熟某种职业知识技能而又富于教学经验足以游刃有余的所谓"职业师资的师资"呢？诸如此种问题，均为当今解决职教师资的先决条件,也即职业教育能否发达的重大关键,都有待于通盘统一的计划。若徒知有名无实的改换门面,而不详加考虑其可能范围,那是仍旧不能养成健全而合用的职教师资,对于职业教育前途还是不能乐观的。至于已经实地服务的职教师资,其技能学识,每有"与日俱亡,终成废材"的趋势,即使未尽忘失其所学,而年以陈旧的技能与学识,传授于学生,也何能促进职教的发展呢?故除赖有专家继续指导其研究和试验外,应由教育行政机关规定:凡职业教师对于某种工艺制作确有研究,且为社会急切需要或与担任学科的教学上有密切关系的,得将所研究的工作内容,试验应有的设备器具,及其可成功的方法和完毕期限等等,详细拟定计划书,呈请政府核发补助经费。如试验成功,则公布社会采用,并得保送到有名工厂农场去考察实习,以资深造,如是则不独职业界受其利益,职教人才也可自知奋勉了。

(五)要使职校设施合理。近来各省县公私立中学,因受设置中学的限制,不得已改办职业学校,而查其实际,则不特没有训练专业技能应有设施,而所开办的职业学科也完全未顾及当地社会实际的需要。往往在通都大邑设置农林等科,农村栉比的区域开办商业学校,既不能适应原有职业去设施教育,安得不使受教育者无职业而使有职业者无教育呢?这种职业学校所造就的学生,自不免变成学校式的职业人才,只配做书生工匠,又哪里谈得到直接生产呢?为今之计,凡办理职业教育者,必须明了一方面是借教育力量来准备个人的职业,使人各得发展其所长,一方面更以职业供给教育设施的机会,使得教育更为丰富而有意义,可以适应社会性。如此职业教育的理论与实践上,充分与一切主要生产部分联系起来,使得每个受教育的特殊才能,可以和他日后在社会的服务相适应,充分自觉地要参加社会工作而明白自己所任工作及其对国家全部经济中的地位和意义。同时学校与生产机关打成一片,除了在经济上有莫大利益外,生产机关成为学校实验室,学校又成为生产机关理论研究部,寓教育于生产的环境中,在生产中去训练职业,本社会事业实际所需要的人才而造就学生，学生毕业后也直接可由实业机关去分配工作，此就是所谓"学有所用，用本所学，工以助学，学以助工"的真正职教目的。最近全国职业教育讨论会在江西开年会时，曾有提议设学校于生产机关，其意亦复如是。广西省政府拟定的职业教育计划，即欲先成立造纸、制油等省营工厂，再附设同类的职业学校；安徽省政府就农林蚕桑试验场中设置农桑训练班，即本实业教育合作的意义，而求养成实际生产的人才。准上观察，可知现在将原有的普通中学，换汤不换药地改成职业学校，无宁集中财力和人才，设置一二完备的职业学校，重质不重量，以求切实合用。至盼教育行政当局应力求原有职校改良充实，其新设立者先以设备完善为第一着。如农业学校必须有充分的农田、园地、农具与农业化学场、实验工场；职业学校必须有充分的工场、机械、原料及实习试验设备；助产护士学校必须有完整的附属医院、诊察所及教学上应有的工具；其他图书标本为各类职业学校共同的要素。此外如调查当地工厂农场的设备，社会生活的状况，一般营业的情形等等，以为设施学科和预定学生出路的方针。至某校应以何种制造为主体，如何利用乡土教育，以及最低限度的技能训练，课程的分配，学科时数的拟定，主要材料的采集，招生的方法等等，均宜预先制成详尽方案，作为职校行政的根据，则职教前途，定能大放异彩啦。

以上几点，为中国职业教育出路的最重要问题，也为今日实施职业教育者最易忽略的先决条件。就过去事实上的观察，因此先决条件的未具，已表现显著的缺陷。今后若不认定重心切实做去，整个动员力图改革，无论关于环境安定问题，社会心理建设问题，以及教育经费增筹办法，师资积极训练办法，和怎样适应实际设施学科，扩充其应有设备，增加人民职业种类等等，均应由职教专家精细详确地统筹全局，根据现在社会，调查人民需要，采用科学方法，厘定方案，不作骤增学校的数量，而力求切实有效的训练。手脑不能并用的人物固无裨益于国家，似是而非的职校，更非社会所需求。作者对于职教方面，愧无深刻而有系统的研究，但鉴于往昔职教第一次的总崩溃，谨在此上下紧缩中学改办职校之际，敢贡一得愚见，以供谋求职教出路者的参考。

二十三年十二月九日于大夏

（选自《教育与职业》1935 年第 162 期）

训育是教育的中心

一

一切教育方法，都必须根据教育心理学研究的结果决定。因为教育心理学阐明人性之中有些什么可以受教的因素，再进而研究施教的方法。

人性之中有两个因素为教育心理学所认为最重要的施教的根据：一是情绪，一是智慧。此两因素，若施教得宜，得充分将教育而正确的发展，则可以建树一个完美的人格；若施教失宜，任其错乱发展，则其贻患亦将有不堪设想者。

一般学校机构，主要不外两大部门：一为教务，一为训育。此亦足以表示教育历程之中，主要不外二大轨道：一为教学，一为训管。此种制度，适与教育心理学研究的结果相吻合：教育心理学中认为智慧与情绪为人性中最可施教亦最需施教的二因素，而关于智慧之施教即为教学之活动，关于情绪之施教即为训管之活动。也可以说，一切教学之实施，应以智慧为根据，一切训管之实施，应以情绪为根据。

对于智慧的施教，结果若成功，则造成一个有才有智的人，结果若失败，则造成一个愚鲁无状的人；对于情绪的施教，结果若成功，则造成一个方正平和的人，失败则造成一个暴乱乖僻的人。智慧的发展，则个人对于任何问题的兴趣增加，因而趋于热烈，甚至冒失。智慧供给人以生活方法，情绪则供给人以推动此方法的动力,如宇宙中推动一切的能(energy)一样。智慧教育的失败,决定一个人才的才庸,情绪教育的成败,决定一个人的善恶。于是,教育的效果,可以造成四类的人:

(一)教学与训育,俱告成功,则其人必才德兼备,具有完美的人格。此种人,仁且智,可称之曰圣人。

(二)教学失败,训育成功,则其人愚而善,无才而有德。对于国家社会难有积极的贡献,但亦不为破坏公共福利的行为。此等人,可以称之曰庸人。

(三)教学训育,俱告失败,则其人必既愚而复恶。但此等人对于国家社会并不足为害,因其品德虽卑,然为恶的才干亦有限。适其诡谋尚未成熟时,早已被人发觉。故此等人,可以称之为妄人。

(四)教学成功,训育失败,则其人必既智而复恶。此等人最为可怕。其对人则可以笑里藏刀,对国家,则治世为能臣,乱世为奸雄。《史记》言纣:"知足以拒谏,言足以饰非。"[1] 正是此类之人。历史上、现社会上的元凶大恶,都为此类奸人。

由上面四类人看来,教育当然以造成第一类人为理想,以造成第四类人为最失败。教育之中,教学失败,不过养成无才的人,训育失败,则养成坏人。但无才不过为社会上的消极分子,而坏人则为一社会的破坏分子。教学失败,所关尚小,而训育则千万不能失败!故我们以为训育应当是教育中的中心工作。办理教育者,应认清目标,教育以造成善良的人为第一要义,至于天文地理、博闻强记,不过次要工作。此种作风的教育正是中国固有教育的特征。孔子曾勉励弟子为学,应"入则孝,出则弟,谨而信,泛爱众,而亲仁。行有余力,则以学文"[2] 云云,正是此证。

---

[1] 出自《史记·殷本纪》。
[2] 出自《论语·学而》。

二

不幸，我国近代新教育，完全与此旨相远了！因在创办新式学校之初，原以研究西洋学艺为目的，故仅重在教学之改进，将教学视为教育工作的中心，而于训育则不免疏忽。其先社会安定，士风尚觉纯良，及至民国以来，若干传统思想道德皆随政治情况之变迁而被摧毁，思想行为尽情释然，于是学生自从在北平赵家楼痛殴国贼以后，认为随时随地，无不可用团体的力量打教师、打校长、打政府的管理，破坏国家法纪，了无顾忌。至于教师，则以能唱高调、攻击政府负责人、宣传超时代不合国情而更不切实际的主义以投合血气方刚的青年的心而最受人崇敬。曾有某名大学中某教授，因行为不检受社会责难，该校校长竟谓："学校聘请教授，只视其学问优劣，至于教授的其他行为，学校无暇过问。"此种荒谬言论，正可以代表此种潮流的一般。

中国社会，读书讲学的士大夫教授，恒居社会领导地位，今学风沦罔如此，则其影响所及，当然也达到社会的各方面和各阶层。从前的士大夫，以服官为其正当出路；近代的学校毕业生，又何尝不相同？因社会新兴事物有限，故无论其学矿、学商，都莫不趋于仕宦一途。更因以前读书人之较少，国家复有统一考选制度之调节，故不感候补公务员与政府官职双方供需不相平衡的情形。近代学校，则大量制造毕业生，国家考试制度，又复废弛。于是公务员候选人之数，遂大量超过需求。公务员的供需关系，既因而大行混乱，于是钻营请托之事，亦即层出不穷。既获得一官，即对于职守任务、民族国家种种观念，一齐置诸脑后，但求如何可以营私自肥，以图一逞而已。我们读到曾文正公所说："无兵不足深忧，无饷不足痛哭，独举目斯世，求一攘利不先、赴义恐后、忠愤耿耿者，不可亟得。或仅得之，又屈居卑下，往往抑郁不伸，以挫以去以死。而贪饕退缩者，果骧首而上腾，而富贵，而名誉，而老健不死，此其可为浩叹者也。"仿佛正为此时代写照的话。

读史至晋，晋代士风颓废，国势凌夷，当时所谓清谈者，毁弃名节，恣意放荡。其士风、士习之骤下，正与近代情形相类。《晋书·怀愍帝纪》云："学者以老庄为宗而黜六经，谈者以虚荡为辨而贱名俭，行身者以放浊为通而狭节信，进仕者以苟得为贵而鄙居正，当官者以望空为高而笑勤恪。……其依仗虚旷，依阿无心者，皆名重海内。"又裴頠传云："立言藉于虚无，谓之玄妙；处官不亲所司，谓之雅远；奉身散其廉操，谓之旷达。故砥砺之风，弥以陵迟。放者因斯，或悖吉凶之礼，而忽容止之表，渎弃长幼之序，混漫贵贱之级。其甚者至于裸裎，言笑……"① 此种情形，又何尝非近近数十年来的写照呢？

三

近十余年来，我们的国家，一天一天走上觉醒更生的道途。新兴的政治，需要新兴的人才。由于此种新的需要，也就促成教育界自身的猛省：教育若再不能造就新的人才，以适应此需要，即将不免走到被淘汰的境地。黄埔军官学校，造就富有新精神的军事干部，因而造成雄厚的党军，有北伐的迅速成功。正是教育与政治需要相互配合，以达成一种新的使命的例证。

新时代不需要仅有才干而无品德的人了！新时代的教育，不应当再视教学为中心，而把训管工作忽略了！

近十余年来，国内教育界，有两种新训育制度产生：一是导师制，一是军事训管。此两制度之产生与普遍推行，足以表征教育界一个大转换的潮流。数十年来，国内教育界的新创建，多不外课程标准、教科书或新教学法之实验。总而言之，皆不外教学方面之问题，至于训育方面，无论监学、学监或训育员等制度，名目虽略有不同，而实质则多换汤不换药者。由此更见此两种新制度之确立，意义尤为重大！

论及教育方法，训与管似略有不同：训仿佛慈母的态度，管则仿佛严父的态度；训的方法为柔性的、启发式的，管则为刚性的、锻炼式的；训重视

---

① 出自《晋书·裴頠传》。

学生行为动机的善恶，管则重视学生行为结果之优劣。若问在教育工作上何者更为有效，是无异问管教儿童，母亲或父亲孰更为重要更为有效，一样不合理。若谓二者或且互相冲突，以为训管有何根本不同，更如以为父亲母亲之教管儿童，有何根本之不同，一样不合理了。故训与管二者，目的完全一致，皆在培养学生优美品德。唯于方法上，置重点略有不同，一刚一柔，相辅为用，然后可竟全功。

导师制之基本精神，乃在采取教训合一之方式，以施行导师对于学生人格感化之教育。前此教训分立，教师对学生，仅传授知识，学生对教师，仅在要求分数；教师不必明了学生之品德性情，学生不必问及教师之修养人格。至于训育人员，所理皆为饮食起居之琐事，学生恒以为入校只在读书，至于管理此等琐事之人员，自然无足轻重。于是素守校规之学生，对之漠不相关，不守校规者，则视之若厌物。在此种情况之下，尚何人格感化之可言？于是学生在校数年，对于为人处世之道理，固茫然无知，即论书本知识，除熟读几本教科书，得毕业，得升学，即可称之为高材生而外，也因教师与学生生活之毫无联系，故学生于真正的为学门径，亦茫然无知，而不得不自己完全在黑巷子里钻。此等教育，误子弟、误社会、误国家，其罪真不胜枚举！总裁于二十七年（1938）对湖北师生训话，尝论我国近代教育之失败，谓："我们中国近几十年来倡行所谓新教育，在表面上似乎是理论方法，应有尽有；实际上除这种新教育，只是盲从粉饰凌乱空乏，无计划、无目的的教育，教出来的一般学生，大部分都不知道怎样做人，也没有立志要做怎样一种人，更不知道做人的道理。所以有许多学生，什么事情都不能做。生在世界上，于社会、于国家、于个人，都毫无益处。其结果，使我们国家民族，到今天要受到敌人无止境的侵略，蒙受现在这样奇重的耻辱！老实说一句，最近这二十七年来的教育，几乎多是糊涂的教育，其影响所及，不仅足以亡国，而且将致灭种！这种无目的的无方针的教育，简直就是亡国的教育，是灭种的教育！我们现在要救国家，复兴民族，首先就是打破过去亡国灭种的教育，来实行抗战建国的教育。"

二十七年三月，教育部颁布《中等以上学校导师制纲要》，通行全国。导师制在训教合一的方针下产生，然导师却非仅为以前的教师与训育员相加之和。以前的教育，无论教师或训育员，均仅偏重于消极的工作——教师仅在消极地灌输知识，训育员仅在消极地维持秩序。导师则于教学之外，必须积极指导学生以深造的方法、为学的门径。对于训育工作，更当身为楷模，树立风气，以作学生领导。试问教育事业，设使缺乏此种蓬勃生气，则尽可令学生各备一部字典，以解决书本中的疑难，更制一行为手则，以指示日常生活的方式，何贵乎有师？故导师制最根本之精义，即在以人类特有一点性变，以为施教之依据。教育之方法为人格感化，教育之目的在教"学为人"。

军事训管，亦为训育方法之一。总裁于二十八年在中央党政训练班训话，称军事训练之要领，尝谓："军事训练是我们一切训练的基本训练，因为军事实在是我们一切学问事业的基础，而为我们国家与个人生存所必具的要件。"又说到军事管理，是"贯彻军事教育的中心科目"，说："所谓军事管理，就是以军事的组织和部动，以武德——智信仁勇敢的精神，以战争的纪律——军纪，来节制受训人员，管理受训人员，而使他们的生活行动思想体格，凡所以构成人的品格之要素者，都要由管理者负其责任，使之遵循新生活六项原则——整齐、清洁、简单、朴素、迅速、确实——与礼义廉耻四种的训练标准……之外，还要使他能够养成负责任守纪律的习惯。如果一般受训人员，对于这几种人格要素，有一缺憾，那就是他做人的品格没有完彻，这也就是军训管理人员，没有尽到责任。所以军训管理要职，亦就是这个道理。"又说："总之，军事管理，应以管理日常生活行道和工作细微切近的事务为起点，以管理'人''事''物''地''时'为要项，而以整齐、清洁、简单、迅速、确实为管理的标准，更要以对受训人员德智群体各种之训育为重心。"

由这些话，我们可以明了：第一，军事训管之主要目的，不在使受训者习得军事智识和技能，而实以品德涵养为根本。第二，军事训练之方法，在由日常生活之细微处着手，以逐渐养成全部生活之新精神。由此两点来看，可知我们视军事训管为训育上的重要制度之一，完全无误。

教育部于民国十八年颁行《修正高中以上学校军事教育方案》，规定"军事教育之目的，在锻炼学生身心，涵养纪律服从负责耐劳诸观念，提高国民献身殉国之精神，以增进国防之能力"。其后续颁《高中以上学校军事管理办法》，亦有类似之规定。十余年来，现在也遍行于全国高中以上学校了。

四

制度的优劣，不能自制度本身评判，而当视实施所得的效果。而制度之推行，则在乎人也。以为制度是死的，人是活的，活的人自有使死制度通融办理的余地。所以坏制度也因得好人而收大效，良法美意也可因不得其人而变为具文。特别是教育事业，虽有同一制度，而其成效因人而异之可能性更大。例如就导师指导自修言：导师静坐已位，以待学生前来质疑，和导师巡视全室，以查学生温习，二者均为合法，而后者所得的反应，则必较之前者为优。就共同生活言：导师与学生共寝同食，固已合法；倘若能共同黄昏散步，假日远足，则所得反应，必又不同。凡此类事，皆足以证明，教育效果，随在因人而异。有了优良的新教育制度还不够，还须得具有正确的新教育观念的人来实施。

导师制与军事管训制，十余年来，确已收到不少的效果，可是距我们的理想标准，还相当遥远。其中困难之所在，不在制度，而在乎人。

推行导师制，主要责任在导师，可是现在担任导师的人，正是十年、二十年前，在自由主义气氛中熏陶出来的。我们不敢谓他们都不能够胜任现代导师，我们却不能否认，他们从前养成的若干思想习惯，未必尽能与我们目前的需要相适应。尤以对于军事管训生活，他们大多数不一定熟悉，以致不但不能有所襄助，有时或且使学校增加困难。至于推行军事管训，则主要责任，在军训教官。然一般现任教官，多自专门的军事学校毕业。他们的修养，成为优良军人或有余,成为优良军训教官则不足,尤以关于若干教育或训育原理与方法,他们也不一定熟悉,因而他们若干自觉十分优良的设计,有时或适为导师所反对。导师与教官,见解各殊,步调不一,于是轻则不合作,重则龃龉纠纷。一家之内,设父母双方因对儿童训育态度不同而时相争吵,则儿童的习气必愈训愈劣。导师与教官,若有同样情形,则其对于全部训育之恶劣影响,亦必与此相类。

一般讨论导师制或军事训管问题者,多将两事分别视之。实则二制之互赖,正如人足:缺一固不能行,不缺而步调不一,亦必倾踬。今后任务,在一面培养了解军事训练官,能协助军训教官的优良导师。这任务,应当常贡之师范学院;另一面则须培养了解教育,能协助导师的优良教官。则于此,二十八年第三次全国教育会议中,曾有决议,建议政府,创立一专门训练军训教官的学校。现各省多一面调训现任导师,补充其关于军事训管之智识,并即使亲历军事训管的生活。为调训教官,使能多多了解教育者,则行之尚少,似亟应施行。将来更进一步,使双方共同受训,则收效或可更大。至于师范学院之中,是否可以增设一军事训管系,或在公民训育系中增设一组,须待国内名家从长计议了。

(选自《贵州教育》1943年第7、8期合刊)

师资训练的根本方针

吕浦士(Lipps)教授说:"若比较起教师职业的重要来,那末,师范教育,比任何高的程度之教育,都不能说是高过它。一国国民精神文化的高低,可以借其国民评价教师职业的高低而定之。"由吕氏的几句话,已可充分说明师道尊严和师范教育的重要性。盖师范教育,为国民教育的保姆,国民教育发达与否,全系乎师范教育的推进。我国今日国民教育之不普及,公民道德之不讲求，固有政治经济的背景，亦强半由于师范教育不能尽其天职。四十年来教育制度的变更，不一而足；然教育制度的变更，不能获得其教育的真正改革。因为前者仅是一种学制上的变迁，而真正推行教育者，则为教师。有良好的教师，纵使教育经费窘乏，设备不大完美，他也能制胜环境，建立树人的事业。故为国家文化的振兴，民族精神的发扬，社会道德的提高，与夫国民教育的普及，都要赖于优良教师的努力。而欲教师的克尽厥职，尤须事先注意师资的训练，这是最显明的道理。

我国师范教育，自创办迄今，不下四十年；而成效未著，弊质滋多。简明说来，过去师资的缺点：第一是政治意识的缺乏，第二是专业训练的不足，第三是忽视高尚人格的陶冶。故就今日民族复兴运动中的现阶段教育来说，我个人对于师资训练问题，认为必须注意下列三大方针。

（一）提振政治意识。我国国难，不自九一八事变始。乃数十年来，身为儿童与青年师表的教师，大抵缺乏民族自救时期应有的精神与志趣，对被教者，不能予以如何救亡图存的指导。往往教师自身陷入于职业的近视眼，误认教育可以脱离政治经济而独立，以不谈论政治为风尚；故所造就的学生，或不知国家为何物，或因国事烦闷走入歧途。一旦国家有变，号称智识阶级，竟不能负起匹夫之责。顾今太平洋风云日紧一日，国际情形的变化，国内政治的变迁，农村经济的破产，社会普遍的不景气，都直接间接足以影响个人的生命事业。纵欲如太古时代的人民，抱守"不在其位不谋其政"的态度，实为环境所不允许！尤其最近强邻并吞东北，德国扩展军备，引起全世界的不安。再在欧美资本主义支配下的国家，与在苏俄劳动阶级统治下的国家，人民生活方式截然不同，明攻暗斗日趋尖锐化。总之，在二十世纪的人们，谁敢说没有政治的意识，而能应付这复杂的社会环境与世界的汹涌潮流？至若身负教育后代国民的教师，那自然更不待言了。姑退一步说，不问国际环境如何，即在我国以党治国的训政时期，关于四权的运用，平均地权、节制资本的办法，以及一切自治事业，如交通发达与文化关系，合作事业与农村建设，均宜研究有素，彻底明了，始能针对环境的需要，而为树人工作的目标。

（二）充实专业。居今二十世纪社会，无论从事哪种职业，对其业务所必要的知识、技能、态度、习惯，都宜有充分的准备；我们称之为专业训练。教育是百年树人的大计，其师资的专业训练，尤为迫切。乃今社会一般人士误认教育就是"教书"。以为教小孩子念几句书，是顶容易的一件事。一个从未受过师资训练的人，也能口讲指画，娓娓动听，何必要懂教育原理、教育方法和教育心理呢；不过我们晓得教育方法，不是凭空产生，一方要根据教育哲学做理论的基础，一方以科学的研究结果为改进的凭借。我们需要的教师，系能以教育为终身事业，有服务教育的热忱与责任心，明了教育原理，熟练教学技术，对于各学科的教材组织，有充分的知识和技能；并能运用最经济的方法，指导儿童学习；同时了解儿童身心发达的事实，善用问题贯聚其研究精神，随时随地本和恳的态度去教导，制作适宜的环境，以鼓舞其心理上、生理上继续不断的生长。以如此复杂艰巨的工作，安可不赖平日有丰厚的学养呢？乃今各地不合格的教师，为数甚多。据陈东原统计，无锡小学教师登记的资格，在全县1071人中，中学毕业者人数最多，占21.85%，次为中学肄业者占15.87%强，再次为旧制师范及高中师范毕业生占14.84%。在教育素称发达的无锡，其不合格的教师，尚有如此之多，则在教育素落人后的穷乡僻壤，那就更不待言了。似此优良教师的缺乏，国民教育安得有发达的希望？我们今日不欲国民教育发达则已，如要国民教育发达，以为民族复兴的根本方针，则实有充实师资专业训练的必要。

（三）涵濡高尚人格。我国现在弄到这样糟，一般人没有道德心，实是一大原因。虚伪、敷衍、寡廉、鲜耻诸现象，几乎笼罩全部的人生！往往一个人办事认真，不吹拍，不妥协，不为恶势力所压服，不为权利心所诱惑，一本个人应尽的责任，向着大公无私的道路走去，结果反受尽人间的欺侮怨忌。反之，做事只求虚表，不顾实际，只事敷衍，不去认真，平日注重宣传和交际，专作谄上欺下的勾当，结果是名利两得。在这种社会环境之下，就没有外患，国家前途也是万分危险。孟子早已说过："城郭不完，兵甲不多，非国之灾也；田野不辟，货财不聚，非国之害也。上无礼，下无学，贼民兴，丧无日矣！"现在亡国条件，差不多都完备，我人偶一念及，真觉不寒而栗！教育是心理建设事业。以身作则，感化社会，改革人心，维护道德，转移习尚，是教育者应尽的天职，也即中华民族复兴的关键。韩文公说："师者所以传道授业解惑也。"凡欲为人师者，其平日对于学术的研究，固属重要，而高尚人格的涵濡，尤不可缺。我人细察现今社会的积弊，与一般士大夫的堕落，认为今日实施人格教育的标的：第一在崇尚气节，淡泊势利；第二在负责任心，奉公守法；第三在纪律化，明耻教战；第四在勤俭化，坚苦耐劳。务使青年学子及时猛省于修身正心、克己复礼功夫上痛下针砭，一洗过去虚嚣浪漫、荒嬉奢侈的恶习，培养优美淳朴的学风，树立自治协助的生活，明辨义利，认定是非，砥砺志气，坚定节操，造次必如是，颠沛必如是，朝斯夕斯，一不苟且，所以进德敦品者在此，所以教育树人者亦在此。

  师范教育是一切教育基础，凡欲振兴国民教育的，莫不以训练优良师资为其先决条件。德意志在普法战败国运凌夷的时候，大家都想把物质的损失，以精神去恢复之；因此提高国民教育，遂成为根本问题，而师范学校的改善，乃不惜倾全力以赴之。法兰西在欲图谋国运发展当中，也以提高国民文化为急务，虽当国内动乱之时，亦不为阻，而以非常的抱负，创设师范学校。美利坚则自开国时起，即视师范学校为民众教化的中心，而力谋发达，联邦各州，莫不设有州立师范大学。凡此诸例，均足以说明师范教育与一国国民精神文化的密切关系。我国今日为民族复兴前途计，为适应世界潮流计，对师范教育，皆不能不望朝野人士特别注意。本篇所述，仅就个人年来观感所及，略提一二师资训练的意见，尚希读者指教。

（选自《教育杂志》1935年第25卷第7号）

霍雅君编撰

周淑安

【题解】

周淑安（1894—1974），曾用名胡周淑安，福建厦门人，中国音乐教育家、作曲家。曾就读于厦门女子高等师范学校，1914年作为庚款留美的首批女留学生，先后在哈佛大学、新英格兰音乐学校、纽约音乐学院攻读音乐相关科目，获哈佛大学艺术学士学位。1921年回国后，先后任教于上海中西女塾、厦门大学、上海国立音乐专科学校、沈阳音乐学院。周淑安是中国最早学习和研究欧洲传统声乐艺术的音乐教育家之一，她的音乐作品、论文著作集中体现了她在声乐教学民族化方面的探索，并系统地阐述了她对于声乐教学方法、艺术的作用等方面的看法，是了解我国音乐发展历史、音乐教育艺术的重要资料。

在《声乐问题的随感录》一文中，周淑安指出声乐的成就与个体先天的咽喉结构、正确的练习和后天的努力训练有密切关系，纠正了声乐练习要趁早的误区。她指出先天的咽喉构造决定了个体适合的音乐风格；也决定了其声乐练习的方向和方法。可见，周淑安在声乐教学中，非常注重因材施教。她强调声乐教学并非教给学生歌唱技巧，而是引导、开发学生本就具有的音乐才能。需强调的是，周淑安不是先天决定论者，她认为每个人的声音各有不同、各有特色，只要有正确练习、刻苦努力，每个人都能在适合自己的音乐领域有所成就。

作为最早留美的声乐教育家之一，周淑安的难能可贵之处在于注意到了儿童音乐教育的重要性。在其撰写的《儿童与音乐》一文中，周淑安明确提出儿童音乐教育与中国音乐教育事业发展密切相关的观点。

针对当时音乐教育不正规、音乐教师不专业的问题，周淑安撰写了《中小学唱歌教师之责任》一文，强调中小学音乐教师之于我国音乐事业发展的重要性，对我国中小学教师的责任和基本素质提出了具体要求。

《我的声乐教学经验》是周淑安在中华人民共和国成立后的1960年代初所撰写的专业论文，是对自己近四十年来声乐教学经验的总结，系统全面地对声乐发声的生理结构、发声原理，声乐教学法、练习技巧等方面进行论述，充分展现了她在声乐教学方面的良工苦心和诲人不倦的优良教学品格，至今仍然具有较高的学术研究价值和实践意义。

声乐问题的随感录

人的声音，大小不同，是因为发音器官里头回响的空隙，大小不同的缘故。无论什么发音机关，回响的空隙大，发出的音，也必又大又宽；回响的空隙小，发出的音也小，低音的提琴，比大提琴的音大，因他的发音箱，比大提琴还大；大提琴的音，比小提琴的音大，也是一样的缘故。低音提琴，大提琴，小提琴，长笛等等回响的空隙，大小各有不同，所以他们发出的声音大小，品性也各有不同。低音提琴的音最大，长笛的音最小，但是两样东西发出的音，都能听得很远。其实长笛的音，虽是很小，可以比低音提琴最大的音，听得更远。乐器发音的大小如此，人类或唱歌家发音的大小，也是一样的理。唱最低音的，其发音的机关结构最大，喉咙大，里头空隙也最大；唱较低音的，发音较高，他的发音的构造也就略小；唱稍高音的，也是这样；唱中音的，歌音较前略高，他的发音机关结构，也就较前略小；唱更高音的，发音结构也就更小；女音由低到高，也是这样。我们不能把长笛的音变成小提琴的音，也不能把大提琴的音变成低音提琴的音。比方就是能变，也不必变，因为各种的音，各有好处，假如所有乐器，发音都是一律，这样，便无各种乐器的分别。人类声音，各有不同，也与乐器一样。有的人声音的品性像笛式的（Lyric Voice），有人像大提琴式的（Mellow），歌师的本分，是先把学生本来最好的声音的品性引导出来，不是要依照自己或学生所喜欢的声音去叫他。先生所当做的，就是领着学生走正当的路，用正确的法子，去唱一个音。若照着正确的法子发出来，那音自然会较大，也会听得远。但先生总不能把笛式的声音变成戏剧的声音（Dramatic）。笛式的声音比戏剧的声音小。通达的学生，应当知道各种不同的声音的性质，是各有好处，也各有用处。我们不能说大提琴比小提琴好，也不能说小提琴比大提琴好。笛式的声音虽比戏剧的声音小，但不能说他算为次等。一个声音大，也不一定属于高等。若说声音优劣，是靠大小，那么，牛叫必胜于鸟唱，鼓声必胜于笛韵，岂不是大大不通么？有人以为声音大，便是好的，所以唱时，极力叫嚷，其实在好音乐家听着，真真不愿意听啦。明达的音乐家，他所注重的，是看人调度声音的法子。譬如一个人的声音，生来只算中等，但是他的法子好，又有天然音乐的能干，唱时含有美术的意味，他又肯用功，天性又令人可爱，这种人一定可以成功。

年纪太小，声音不可过用。

学小提琴和钢琴，须趁幼小时，越早越好。差不多所有著名的小提琴家钢琴家，都由五六岁学起，有的四岁学起。但唱歌家不是这样。唱歌家的音乐教育，应该早学钢琴或提琴，或不吃力的合唱，或听好的音乐，总之，教育要早。但严格的练习声音，一定要等十六岁或十八岁才好，因此时声音才定，就到十六岁，声音也要小心使用，把他声音练好，声音的品性，也可以保存。有人有福气，天生绝好的声音，然因幼时学唱太早，用力太过，以致声音很粗很沙，不久便归无用。有一位世界最著名的歌唱家林德女士（Jenny

Lind），十八岁时，声音极好，就在戏剧里歌唱。但因唱得太早，用力太过，就把声音弄坏了，以致不能歌唱。休息多年，经多方调养和练习，方始恢复。但仍不如从前本来的好。当林德氏声音毁坏时，有人劝他到巴黎从戛其雅氏（Manuel Garcia）学唱，戛氏是当时最著名的歌唱教师。林德女士到先生那里，先生使他唱一短歌，便对他说："姑娘，你的声音完全丧失了。"

林德说："先生可以教我么？"

戛氏说："这件事要慢慢的看，因为你的声音须休息好久，以后才可慢慢的从头用功，渐渐恢复呢。"

林德说："那怎样可以等呢？你现在教我罢！"

戛氏说："对不起，做不到！"

林德说："千万恳求你教我！"

戛氏说："这是万难做到的。"又说："你且从今以后，一字莫唱，说话也须极轻，一月之后，再来见我！"

林德过了一月，回来又会见先生，先生仍摇头说："仍须休息，声音虽略好些，未可就唱，等一月再来！"戛氏又说："年纪太小，起头就唱他不能胜任的唱，以致声音变坏，自己吃苦，足可使世界唱歌家得一教训，免把喉咙弄坏，自己也不平安。"

又过了一月，林德回来，又试唱一遍，这回喉咙较好，先生起头教他，以后渐渐进步。

林德于一千八百四十一年写信给朋友说："我已从戛其雅先生学过五次唱，乃从最初步学起，从前的法子，一概不对，以前所学，多半练习高音的一部分，竟使我的声音，变成不自然，现在才知道真的进步，要依照自然的呼吸，和天然发音的原则，如此，音的品性，才会好听，才能自然。这位先生常说：'练声音须用耳朵去练，脑子不要想到肌肉作用（用气唱而不是用肌肉唱）。'现在我唱我的功课，都是很容易的，要慢慢唱，小心唱，才可使那用力太过而致粗沙的声音，渐渐变好。"

音乐的教育，一定要从早实施，才可养成超等唱歌家，但人的声音，若不到二十五岁以上，虽有美术意味，也不会表演最美的情感。唱歌比别样的音乐表演情感，更是较为直接，所以一个人必须有身历其境的经验，才能够表显人心的真情感。

一个人要学到能成功的唱歌家，却有四种要素：

（一）天生美妙的声音，和音乐的天才；

（二）健康的身体；

（三）正确的训练；

（四）自己的努力，精密的工夫。

四者缺一，便不能成为一等的歌唱家。所以人当决志以唱歌为一生职业之前，应把以上各种问题，自问一问说："我的声音果然好否？果有音乐天才否？身体能胜任否？我肯真真用功否？"自问已有把握，然后可以学习唱歌。

总而言之，人的声音的大小，须看他发音部自然的构造的大小而定。所以一个人，天然发声的结构小，乃偏要发出大声，便是愚拙。但是每人可以练习，使声音很有进步，也能唱得含有美术的意味。教师所最要注意的，不在声音的大，只要他有进步。最要紧的，学生不可学唱太早，不可唱得太吃力，以致声音变坏反而无希望了。

总之，一个人要想用唱歌为他一生的途径，便当自问如下：

（一）天生声音果然好否？

（二）耳朵灵敏不灵敏？

（三）身体能胜任么？

以上三种问题，可以圆满的答复，便可选唱歌为一生的职业，其次还要选择最高明的先生，和有利于音乐的环境。并须勤加用功，恒心到底，这样，自然可以成功了。

（选自《乐艺》1930年第1卷第1期）

儿童与音乐

我们考察世界音乐史，便知道古来著名的音乐家，大多数从幼时就得到很好的音乐教育，甚至未出母胎之前，便受了一种的胎教；所以能够出类拔萃演出空前的绝技，现在举出几个最著名的例来证明一下：

（一）巴克（Bach，1688—1750）　巴克的先人一连十代都是有名的音乐家，所以他自出世之日，便常常听见好的音乐，而不知不觉受了许多音乐的教育和训练。所以他不到十岁便能在大礼拜堂中奏琴，并领导唱歌班。

（二）培托芬（Beethoven，1770—1827）　培托芬系一有名唱歌及琴谱著作家的儿子。他年纪很小的时候，便已精通当时的音乐学。虽是有名的乐师，也觉得技穷术尽无法再教他了。

（三）莫闸德（Mozart，1756—1791）　莫闸德四岁便能作乐谱。十岁时能在广堂大众之前登台奏琴。十二岁时作一出大剧谱，精妙无比。人都不相信是他的作品，且疑惑系他的父亲所作的，故意假说是他作的，要令人惊倒赞叹。后来有人在大众面前出歌辞一首，令他制谱，他一挥而就，众人方才叹服他的天才。莫的父母亦是当代有名的音乐家。

（四）苏巴德（Schubert，1797—1828）　苏巴德的父母兄弟姊妹都酷好音乐，每逢星期日，必在家中举行音乐会所用的乐谱大半系苏所作的。苏不但善于作谱，也是当时不可多得的唱家。

（五）徐曼（Schumann，1810—1856）　徐曼很小的时候，便能弹奏很多种的乐器。他在小学念书的时候，常常召集同学合奏他的著作品。

（六）斐耳的（Verdi，1813—1901）　斐耳的系近代最有名的大戏曲谱著作家。他年才十岁，便能继续他的先生在大礼拜堂任风琴师。

（七）布拉姆（Brahms，1833—1897）　布拉姆的父亲能奏七种乐器，所以他自小便得到很好的训练，不到十岁，已成了一位大名鼎鼎的钢琴家。

此外还有许多同样的例，不必一一举出来。总而言之，世界最有名的音乐大家，几乎没有一人不是从小就受了最好的音乐教育的。这是可以断言的。中国的音乐还是幼稚得很，虽然在三千年前，西人文化未开的时候，中国已经很注意音乐；但是直到今日，因为无人提倡的缘故，我国音乐不但毫无进步，反而退化了。日常所听的大半是一班没有学问的戏子及剃头匠所唱奏的单调，和西人科学化的复音歌乐相比，实有天渊之别。国内儿童耳朵所听的尽是这类下等的音乐，脑中全无上等音乐的印象，这样的儿童要他们日后在音乐上登峰造极，岂不是很难吗？我们不求中国音乐的进步则已；如果要求进步，非从儿童之音乐教育入手不可。现在将改良的办法提出几条来大家研究研究：

（一）中央及地方政府应当设法提倡，在公共场所多奏上等音乐；并用电机广布，使国内儿童得听好的音乐。

（二）教育当局，尤其是音乐教育家，应当多设音乐师范班，竭力训练师资，以便日后在国内各小学，授儿童以科学化的音乐训练。

（三）各学校各家庭应该购置留声机器，及上等留声片，便学生子女无论在校在家都可以多听世界的好音乐。

（四）鼓励乐谱著作家，多作儿童适用的歌乐谱，以便儿童练习。

（五）提倡儿童音乐大会，及音乐比赛会，使儿童一面可多听上等的音乐，一面可以激发他们的天才。

（选自《乐艺》1930年第1卷第2期）

中小学唱歌教师之责任

据美国音乐商会干事田尼司君的调查，近数年来，美国人用在音乐上的金钱，每年不下二十万万美金。其用途大略分配如下：用在电传音乐上的，三万五千万；用在钢琴及他种乐器上的，二万二千万；其余十四万三千万，系用在歌剧、音乐演奏会、音乐教育，及礼拜堂各种音乐上。由此看来，音乐已成为美国人民的日用必需品了。

试问我国每年用在音乐上的究竟有多少？我们因为没有统计，不得而知。但是每年所用的音乐费，是极少极少，这是可以断言的。现在国内音乐教员的需要，一年却多似一年。无论何人只要懂些音乐，便可同时在四五个学校里兼任音乐教员。这是什么缘故呢？因为唱歌一科已经定为必修科目，各学里就对于此科不得不教，自然就不能不聘请一个音乐教师了，上等的教师请不到，只得拉些中等或下等的来教教。我们常看到小学生唱歌的时候，张口大喊，喉咙几乎喊得要破了。这种的音乐教师，简直是摧残小孩的天然好声音，哪里配称为音乐教师呢？不过，国内既然缺乏合格的音乐教师，也是无可如何的。

唱歌教师的责任，大约有以下三点：

（一）唱歌教师必须会教发音的方法；因为发音的方法若是错了，把小孩的声音最容易教坏，欢喜大声高唱的学生所受的害更大，若发音教得不好，学生的喉咙竟会变哑，永远不能回复本来的好声音。

（二）唱歌教员应当把诗歌的真意表演出来，未经充分训练的教员往往将最好诗歌，唱得令人厌恶，实在无异将一个巧妙的歌曲活活地宣告死刑。

（三）唱歌教员应当要引起儿童对于音乐的兴趣，教他们喜欢音乐并且用各种方法，鼓励他们使得他们自己努力。专为金钱而教学的音乐教员，断无激励学生的能力。就是学生本来有爱音乐的倾向，因为先生教得太无精神，还要把他们固有的兴趣完全丧失！

好的音乐教师要具下列的几个条件：

（一）酷爱唱歌，对于音乐教育具有极大的热心及兴趣。

（二）有四五年的发音训练，并经过专家按时教授，同时练习视唱、辨音、发音及复音和声的大纲。

（三）会奏钢琴，教唱时能自己伴奏。

（四）长于视唱，能随时研究新诗，又善于辨音，能听出学生的错音。

（五）有忍耐性，对于鲁钝的学生，循循善诱，一再解释，常抱乐观，深知学生的性情，应严则严，应宽则宽。

（六）对于各学生应用的歌谱，务须选择得合用。

（七）诚意虚心，一切有益的忠告，都尽量嘉纳。随时随地对于自己的学问上，能自求进益。

（八）注意卫生，保护健康。（身体健康，然后做事才能耐劳持久，有毅力，抱乐观。）

中国音乐尚在萌芽的时代，各学校的音乐教员，应当团结起来，大家共同计划促进音乐的具体办法，此种方法，自然是很复杂的，但是最要紧的不外以下的几点：

（一）鼓励清越的发音及准确的音度。

（二）幼稚园里教学生唱歌，应当有复音的伴奏；不可弹的和唱的全是一样的调。单调是最幼稚的音乐，若无和声伴奏是一点不美的。例如美国红人及黑人的歌，本来是很幼稚，很平常的单调，不甚好听；一经音乐家加以和声伴奏，便成为世界极好听的歌了。

（三）还有一点，就是各学校应该提倡复音合唱；必须有分音合唱，然后可以养成唱歌的独立性及辨音准确的能力。

近来国立音乐专门学校考试新生的结果，无伴奏而能将音阶唱得准确的很少很少。这许多学生可算是国内有音乐界的上选了，然而程度尚且这样低，国内幼稚园及中小学校对于唱歌的教授可以想见。我们若要中国音乐的程度快快的进步，非从幼稚园及小学中学入手不可。培养准确音度的耳朵，复音伴奏的喜好，及和声合唱的习惯。以上三点做到了，然后再入音专学校，才可讲到美音及表情的意义。再研究发音的方法，以及其他紧要的细功夫。这样专门唱歌的进步一定要快得多了！

各位音乐教员呀！中国音乐的前途，全在你们的手里，大家努力地向前走，中国音乐的前途，才会有望！

（选自《儿童教育》1930 年第 3 卷第 2 期）

我的声乐教学经验

呼　吸

学生：老师，请教我怎样呼吸。

老师：现在你不是在呼吸吗？你如果不会呼吸，根本就没有声音来对我讲话了，现在安静下来，看你怎样呼吸？

学生：我感觉气从鼻孔吸入的时候，腹部略鼓起来；气呼出的时候，腹部略为收缩。呼吸时腹部一鼓一缩，循环不已。

老师：对，当你安静，不紧张的时候，就如睡觉、说话、坐立的时候，一般的呼吸不需要很多的空气，只需用横膈膜慢慢地作收缩和松弛的动作就行了。这种动作单靠神经反射的作用，自动进行。但是遇到重的劳动或情绪紧张的时候，就不能单靠横膈膜上下的动作，也要运用胸部和腹部的肌肉把所有的肋骨提高，向外扩展。这一来胸腔的容量就大大增加而吸取大量的空气了。扩大胸廓及提高肋骨的各肌肉叫作"吸气肌肉群"。把气息呼出只要把横膈膜和呼气肌肉群一起放松，胸部原有的弹性，就会把空气压送出来。但是单靠胸廓的自然弹性，收缩的速度比较慢，所以也要靠呼气的肌肉群一起压缩，才会很快的恢复原状。上面所讲的两种安静与紧张的呼吸都是靠天然的动作，无需靠意识去管制它。

歌唱时的呼吸，一大部分是用天然的呼吸动作，特别是唱中、低音及中强、中弱音的时候都无需特别的动作。呼吸的技巧在乎能使气均匀平稳的呼出，快、慢、多、少，都能控制得好，才能把歌声随意操纵。所以唱歌的呼吸有两方面的动作，就是：（1）技巧地使用吸气肌肉群；（2）灵活地运用呼气肌肉群，使两套肌肉群的技能，能够紧密地和谐地合作。

学生：老师，请告诉我怎样才能使两方面的肌肉群有紧密地和谐地合作？

老师：现在作一点呼吸练习就更能说明这个问题。

1. 先作安静时的呼吸：把肌肉放松，右手轻放在腹部上。注意观察腹部上下的动作，并注意胸部没有多大的动作。

2. 紧张时的呼吸：把情绪激动起来，注意呼吸的加快加深，横膈膜往下扩张，肋骨提高并向外展开，胸廓扩大，同时呼吸肌群收缩也加快。可见紧张时呼吸的速度加快、分量加多，收缩力也加倍活跃。从一个赛跑喘吁吁的人可以看见紧张时的呼吸。以上两种呼吸都是靠神经反射的作用，无需用意志去管理的。

3. 歌唱时的呼吸：立正！把肌肉放松。先把气吐清，然后由鼻吸气，直到肺的最深处。注意横膈膜的逐渐扩张，肋骨及腰部周围的肌肉逐渐膨胀起来。现在把横膈膜往上提，就必感到腹部往里收缩。继续吸气，这时候横膈膜以上的肋肌往上提起，背部与腰的两侧也扩张了，胸廓更加扩大了，气推向两侧与背后就贮在这里几秒钟。这就是吸气到最深最透之处，最全面的吸气。现在将保持的气息慢慢放出，气流必须平稳均匀。胸廓的膨胀随着气息的吐出逐渐缩小。注意！不可将横膈膜往下放松，要等到气吐完了，才把横膈膜放下，恢复原状。这种练习必须每天用五至十分钟操练。

学生：为什么唱高音和强音总觉气不够用？

老师：主要的原因是因为气力不足。呼吸方面必须在胸腔里造成强有力的气势。除吸气肌肉群必须竭力支持胸廓外，还要使呼气肌肉群坚强有力，且能稳劲地与吸气肌群合作。倘若呼气肌群欠力，特别是腹肌的收缩力不够，或是动作不够稳劲，气势当然薄弱。补救办法，除训练吸气肌群，还要练习呼气肌群，尤其是腹部肌肉的收缩力与稳劲性。

要很好的唱一个音，要靠呼吸肌群能够运用得法。至于需用多少张力，全看音准的高低和音量的大小而定。音越高音量越大，需用的张力越多。先抓住第一个音，唱得愈高张力愈增加，换音时不可有一点松弛的现象，气势充沛的唱上去，一点不可放松，直到歌声停止之后。

学生：老师，为什么我唱长一些的词句，气息老是不够用，总是要换两三次气，才能把整个句子唱完？

老师：有很多原因，1. 因为你有顾虑，担心气不够用。这就消耗了很多气息。2. 词句没有背熟，唱歌时要动脑筋去想，这又消耗了一部分的气。3. 唱法不对，喉头紧张，浪费气息。4. 呼吸方法没有训练到家，不敢大胆运用气息。5. 有时因为身体过于疲劳，呼吸肌群无力支持，以致气息短促。有好多位科学家曾作过一系列的试验，得到结果如下：一般人的肺活量平均是 3000cc，其数量在 2200—5000cc 之间。如果发声方法对的话，有平均肺活量的人唱中强音，每秒钟只用 36cc 的气。算起来 3000cc 可以用 83 秒之久。假定歌者只能用一半的气来发音，还能维持 41.5 秒之久。这比歌词里最长的句子所需的时间长得多。可见一般未经操练的肺活量已经很够应付最大的需要。但是歌声尚未得到训练和发展的人，每秒钟往往浪费 280cc 的气，只能支持六秒钟，可见歌声发展得好的，比未发展的，可以支持到七倍之久。最要紧的是学生应该学会正确的呼吸方法。唱歌一开始，就不去想呼吸的方法。多唱多用，持久力就会增加，最要紧是老师随时改正，不让不正确的方法继续下去。

学生：老师，怎样才能知道每一个音应该用多少气息？因为气息用得不够音量软弱无力；气息用得太急或过多就造成漏气的现象以致声音沙沙的响，一点不结实。

老师：歌唱时运用呼吸，要作到唱什么音就供给多少气的高度技巧，这需要长期的苦练。梅兰芳、卡卢索、夏里亚平刻苦锻炼他们的技巧，才能达到这个高峰。我们要拿定主意加紧研究、专心苦练，非达到这高峰不罢休，虚心听从老师及群众的意见才会进步。

学生：老师，横膈膜是什么？

老师：横膈膜是隔开胸腔和腹腔的一片约二三分厚的肌肉。它的四周边缘和胸腹腔交界的组织相连接，它的中部是结缔组织组成的，位置比周围略高，状如圆屋顶。横膈膜下面的右边是和肝及右肾相连，在左边它和胃、胰及左肾相接近；上面和心及肺相接近。穿过横膈膜有食管，大动脉、下腔静脉及一些小血管及神经。

在呼吸上，特别是在吸气时横膈膜起很大的作用。在作深呼吸时，约十分之六的空气是靠横膈膜的动作送入肺的。

学生：老师，请教我作呼吸的练习。

老师：练习呼吸的方法很多。现在就给你三个基本的练习使你明确三个要点：

1. 一般用气的练习：把气息深深地由鼻吸入，保持数秒钟，然后慢慢吐出。开始学习，吸气 5 秒，保持住 5 秒，吐气 5 秒。天天练习几次，直到能吸气 12 秒，保持住 12 秒，吐气 12 秒。

2. 加强腹部及横膈膜之弹力的练习：作一呼一吸的运动。首先的动作很慢，呼出时腹部和横膈膜收缩得又深又透，吸气时腹部和横膈膜尽量扩张。起头慢慢的练习，每次几分钟。后来逐渐加快腹部起落的速度。动作一定要深透。常常练习可以加强腹部及横膈膜的弹性及控制力。

3. 用气均匀平稳的练习：作最深的吸气。用轻声算 1、2、3、4、5、6、7、8、9、10，每算到 10 就屈一指，看你在一口气能数几个 10。数的时候横膈膜必须保持气满的状态，直到一口气用完方才可以放松。数的时候，声音要轻快、均匀、平稳，心境要镇定，切忌慌忙。

学生：老师，当我单独练习呼吸而不唱歌的时候，气息可以延长很久。练习发音的时候气息也可以愉快的应用，到唱歌时我就觉得气不够用。这是什么缘故？

老师：唱歌时你觉得气短，原因很多。

1. 你的注意力分散，既要顾到歌的旋律、节奏、词句、伴奏，又要顾到感情、表现等等。如果你对一个歌不熟识，一大半的气息就一定会消耗在种种的注意力上。俗语说："熟生巧，巧生妙！"所以唱歌不熟就不会巧，不巧哪里谈得上妙呢？

2. 发音方法没有学到手，总是觉得这里有一个音，那里有一个字不好唱。唱歌要练习到没有哪一个音不喜欢唱，（不论高、中或低）没有哪一个字不好唱，上下起落都能唱得通畅自如。唱歌技巧是从苦练学会的，要有恒心。但也必须有智慧，善于安排练习与休息的时间，才不至于过多过少，因为练习过度，如果方法错误，是很有害的。每次练声用 15 至 30 分钟，唱歌 30 至 45 分钟就当休息。休息的时候可以利用时间背歌词，弹伴奏，学习过门的音调和节奏。这样不但不会浪费时间且能使发声肌肉得到休息。

3. 气息不够用有一个大原因，就是不会用支持点。必须尽力多做试验，才能证明我所讲的究竟对不对。我们已经作过各种呼吸的练习。照我多年的试验，唱歌呼吸的支持点可以分作三部分，按照个人声音的高低分为中音支持点、低音支持点、高音支持点。

中音支持点，唱中音的时候，气吸满后，腹部和横膈膜都扩张，两边肋骨往上提高。当气息呼出时腹部慢慢的往里收缩，坚定保持两肋不降，直到歌声停止方才可以放松，让它恢复原状。

低音支持点，唱低音时，气吸满后，腹部及横膈膜都扩张。当气呼出时，必须坚定保持腹部气满的状态。腹部以上的部分可以随意呼出，腹部与上面的呼气肌群不断作斗争，好像跌坐似的极为稳劲，直到歌声停止，腹部才可以放松，而恢复原状。

高音支持点，唱高音的时候，气由鼻吸入横膈膜往下伸张，腹部膨胀，把横膈膜往上提，这时腹部往里收缩继续吸气，肋骨提高向外开展，两腰和背部也逐渐扩张膨胀。当歌声把气输出时，高提的横膈膜和紧缩的腹部一直撑着胸腔的下面，直到歌声停止，才放松而恢复原状。当歌声发出的时候，胸部挺起而不觉紧逼，但很有力的把嗓子打开，使气息有劲而自由的供应歌声的发扬。

等到三种的支持点熟练之后，歌者就会按歌声的需要随意调配应用了。

分 声 区

分声区是什么？没有受过正确训练的人，在练声时，常用天然声音从低音唱上去，或从高音唱下来。他们唱到某一个音不是唱不上去，就是唱不下来。有些人忽然改用细弱的声音勉强向上或向下唱。这个改换声音的阶段叫作"分声区"。声音没有受过训练的时候，分声区是很容易听出来的，听的人都觉得这区的声音非常难听；唱的人觉得嗓子很不舒服。如果歌者从小就爱用声音唱高音和低音，分声区就没有那样容易听出来了。

当我开始学唱的时候（1913），一般声乐教师都说声音分为三区，低音区、中音区和高音区。1933年，高中立先生在他写的《声乐研究法》一书里面也将声音分为三区，名为胸声区、中声区和头声区。高先生说："换声区的原理在生理上及科学上是一个无法说明的神秘。许多生理学家曾努力研究，目的在说明发声器官的神秘协同作用，并要说明其声区差别的原因。可是直到现在，除了作一些武断、假定的说明之外，对于发声器官神秘的运动，谁也没有给我们一个切实的解答（恐怕将来也不会有了）。"

但是在1900—1930年之间，已经有了声乐专家与生理学专家用二十多年的工夫研究声音的科学，并确定人声只有两个"分声区"，没有第三个分声区。（《声音的科学》，D. 斯丹尼著，第一版，1929年）

把声带拉紧的张肌共有二套，分为两群。在喉咙上端的一群叫作披裂肌，下端的肌群叫作环甲肌。披裂肌起主要作用时，所发的音叫作"上声区"；环甲肌起主要作用时所发的音叫作"下声区"，此外没有第三个分声区。研究分声区主要目的，就是学会披裂肌群及环甲肌群的共济运动。倘若上述的喉肌未经训练，或是训练不好，就不会作应有的共济运动。所以把两群喉肌分开来训练并发展是极其重要的。

不正常，或完全缺乏共济运动的声音可分为三类：

1. 单用下声区唱出的粗笨音。这种声音音域很狭窄，约一组之宽而已，毫无艺术的意味。

2. 单用上声区。这是很常听见的，特别是女声，因为直到不久以前，声乐老师不懂两个分声区的道理，所以女生唱到上、下分声区的交界，就开始露出破裂的音质。因此就不得不专一操练上声区的肌肉，即披裂肌。这样的学生音域不广，只能唱两组音，或略多一点。

披裂肌负担太重是声音受伤的主要原因，所以歌者觉得吃力的时候就当动用环甲肌。这就是共济运动的意思。环甲肌比较大，倘若给它充分的操练，就能胜任愉快。

3. 第三类的歌者会分用上下声区的喉肌，就是用披裂肌唱高音及中音；用环甲肌唱低音，但不会使两群的喉肌合作，以起共济的运动。这一类的歌者能唱三组音，或者更多一点。但是单用披裂肌唱中音和高音不够劲，发不出豪放动人的声音。要唱到有丰富的表情，必须先学会掌握完善的技巧直到能够完全控制音质及音量才行。要作到这个程度必须先学会使上下分声区的喉肌作共济的运动，并对咽喉的共鸣腔有完全的控制，就是说：不让它们萎陷，以免阻碍声浪的畅流。

以下是训练学生发音的正确方法：先把两分声区发现，并分别出来。在开头两分声区的音质完全不同，很听不惯；但是千万不可把上声区的音故意弄粗或参用下声区的音，以求两区的音质相似。经验告诉我们，操练下声区可以提高上声区的音，反是亦然。

老师上课应教学生将两群的喉肌尽量伸张，循序操练，直到上下声区的共济运动达到完全的地步。这时候歌者便分不出究竟他唱的是上声区或是下声区，两区音色一致，悦耳动听。只有使两个声区的音得到充分的发展，并能作共济运动，才有可能使高音扩大到最强度而不感觉吃力。有许多歌者爱哼柔细的音调，自以为甘甜悦耳，其实这样唱的时候咽喉萎陷，违反发音的原理。这种声音只是细巧，毫无伟大崇高的意味。

男声的所谓"假声"的重要性，对许多人还是一个谜。大歌唱家没有不利用从锻炼而得到充分发展的假声，它是声音的一部分，听来不像假声。大歌唱家的宏亮高音就是充分发展的假声。所以必须教学生用劲习唱假声，以操练高音的喉肌。最后我们还可以使假声从最高音达到最低音，只是低音的假声比较弱小罢了。

如果歌者的上下声区没有平均的发展，唱歌就不能随意上下，引人入胜，要唱音域宽大、音程繁难的歌曲，因歌声不能随意操纵，就无法胜任了。所以学生一定要把两个声区操练到音量能大能小，而音色要它像什么就能像什么，这样才有希望作一个好的歌手。

共　鸣

共鸣也叫作共振、反响、谐音。它的来源是从一个物体的振动和另一个有同样振动率的物体或物体里面的空间接触而起的影响。第一个物体的振动所发出的音响借着第二个物体的共振而加强了，这就是共鸣。如果一个音所发出的，除了基音之外，还有陪音或泛音，而陪音接近具有同样振动率的物体，就会引起共鸣，使原来的陪音更加响亮。但是两个物体必须有同样的振动率并靠近一定的距离，才能引起共鸣。凡是有共鸣的声音听起来比较宏亮美丽。没有共鸣的声音听起来粗糙逆耳。

能管制所发的音质的发音器包括下列三部分：

1. 供给空气的动力，就是发音的动力。这对于音质并无影响。

2. 振动物体：这一部分借着振动片的性质，即其位置及紧张的程度，以决定其基音及陪音。

3. 一套的共鸣器：这共鸣器的功用在选择某种陪音，增加其响亮并产生所要求的音质。

人类的发音器官也有三部分：

1. 包括肺、气管及分气管。这些部分合成空气的贮藏所，与胸部的肌肉联合动作，可以增加声带后面的空气压力。

2. 安在喉中的声带，这一部分就等于用人工发音的振动物体。

声带周围有肌肉，能使声带伸长或缩短。这肌肉能使两面的声带互相接近。在这个情形之下，空气一阵一阵的，从中间的裂缝吹出，有时两面的声带被肌肉拉开，在这个时候，空气就继续不断的流出，而被声带的振动激动成音。这种动作是因空气经过声带的边际而产生，很像提琴弓拉过弦的动作。这些肌肉又能分段管制声带而略定陪音的比例。换一句话说，除了声带全段振动之外，同时又能加上半段的振动而产生比基音高一层的陪音。声带也能分三段振动而产生比基音高三倍的陪音。其余可以类推。

我们可以管制从肺流过声带之空气的速度，而间接影响空气的压力。当声带分开的时候，空气的压力比较低，而空气或多或少地泄漏出去，因此所发的音不响亮，也不能持久。当声带拉紧而两边接近的时候，声带后面的空气的压力就大大增加，而发的音很响并且能够持久。

3. 共鸣腔：供给基音及陪音共鸣的主要腔洞，就是咽、喉、口腔、鼻腔及声带以下的气道，即气管及分气管。

共鸣腔洞有坚硬的墙壁的，效力最大。咽腔颇能应付这种需要，并且可以借着肌肉改变腔的大小及形状。声乐教育一大部分的技巧在训练这种肌肉，直到能够随意改变腔的形状而得到所要求的各种音质。

口腔不能成为理想的共鸣腔，因为两颊和舌头太软，并且因为常发子音而变动。据很多人的观察，在发母音的时候，如果作的得法，就无论如何改变口形，从大开到几乎紧闭的时候，差不多都可以不变其音质。从这一点看来，似乎可以证明虽然声音必须经过口腔，并因口腔形状的改变而多少受了一点影响；但是口腔影响共鸣究竟不多。提倡口腔共鸣者，未免言过其实。在发音正确时，口腔的共鸣比咽腔的共鸣少得多。至于基音和主要陪音的共鸣，最关紧要的因素要算是咽腔。

人身的主要共鸣腔如下：

1. 喉咽（在喉的上面）
2. 口咽（在口腔的后面）
3. 鼻咽（在软腭的后面）
4. 口腔
5. 鼻腔（在鼻子的里面）

音质是否美好全靠母音及基音在咽喉腔里的共鸣是否正确，就是说声带振动的频率及共鸣腔的大小及形式是否能适应每一个音。练习声音的目标就是要练到能把每个音应用的共鸣腔调济得恰好，使每一个音能得到应有的共鸣。这就是发声的重要技巧。

咽喉与唱歌

《人民音乐》1961年第7—8期刊登苏移同志的一篇论文，其标题是：《唱腔是画，嗓音是颜色》。现在略引它的要点如下："戏曲界有这样一句话：'唱腔是画，嗓音是颜色'。意思是：有了好的唱腔，还必须靠演员有各种不同的嗓音，才能表现各种不同的感情而激动人心。一个戏曲演员，必须把自己的嗓音锻炼得丰富多彩，运用自如，决不可唱什么腔都是一个味。……必须设计唱腔，随着剧中人物的喜、怒、哀、乐而变化。……戏曲前辈们在唱法上，在如何运用嗓音上，经常提到像：'哭音''炸音''脑后音''虎音''沙音'等，……用唱腔表现，刻画人物。……这些嗓音正如作画，不可缺少的颜色一样。"

"哭音"的特点是缓慢、低沉、悲惨、悲愤。"炸音"是厚实、粗宽而洪亮，表现性格耿直，粗犷、暴躁的人物。"脑后音"的特点是高亢、雄壮、浑圆厚实，表现愤恨和悲壮的感情。"虎音"的特点是音高、宽、亮而壮实，声似虎啸一样，表现少年跋扈、嫉妒和威严的感情。"沙音"表现柔软、细致、身患疾病、气虚力衰。"中国优秀的戏剧演员在悠久艺术实践中，对嗓音留下了宝贵的经验。"我们应该继承下来。

嗓音就是从咽喉发出的声音。今日中外声乐教员对于从咽喉发出来的声音有很多谬论，说"喉音"或"喉声"难听、不对。因此教学生说，要使声音轻松自由，必须远离喉咙，将音灌入头腔或口腔而避开咽喉。哪知叫学生松弛咽喉唱，结果反而产生鼻音、喉声、稀薄、叫喊的声音，或声音过白等毛病。歌者不能用咽喉作主要的共鸣腔就无法正确地调整共鸣，而产生喉肌各部互相矛盾的紧张而发出喉声。

咽喉是共鸣腔最重要的部分。它是容易敞开的腔，最近口腔，直通声带，是最理想的共鸣腔。训练声音的最重要因素，在发展管制开咽喉的肌肉系及学习准确调整这些肌肉的本领。在正常状态之下，音的正确共鸣是一件很简单的事。在唱低音的时候，喉或者喉再加上咽腔，为母音的主要共鸣器，而胸腔为主音共鸣器。音渐高的时候逐渐把喉缩短。歌者对于共鸣腔的调整起头觉得不容易，到经验多了就能习惯成自然；只凭高度及音色的感觉就能调整得好。

一个人的声音强度只能发展到一定的程度，而各人最大的音量要看他发音器官的构造如何而定。换言之，天然的能力与最大的音量是由共鸣腔的形状及喉与共鸣腔的大小而定。咽喉的肌肉系发展到完全的地步，便无劳损声音的可能。到了喉的力量完全发展之后，它的管制及紧张是完全自动而不知不觉的。所以到了喉肌完全发展之后，歌者在发音最紧张的时候，也不感觉有丝毫的费力。在喉里制造母音也习惯成自然了。到了这个时候，歌者便和天生有绝好声音者一样。他发音的一切动作就变成自然了。

对于每一个学生发音问题的解决方法各不相同，因为没有两个学生犯完全相同的错误。每一个学生是一个新的、特殊的问题，但是理想的标准是一样的。学生的进步可以从他停止思考某一方面的问题而看出，因为起头他之所以不能不思考者，是因为他的肌肉动作上的错误。这种错误一经克服，自然就没有问题了。

还有很要紧的一点，就是教师在某种程度，一定要给学生某种指导，例如将唇张开以增加声音的亮度，或是把口张大以唱高音等。但是以后就当停止这种特别的指导，甚至令学生作相反的动作，以改矫枉过正之蔽。教师往往患一种很普通的错误，就是坚持用某一种指导，这种指导在一个时期固然可以帮助学生，但是若把它看作是一种金科玉律而用于每一个学生，那就错了。

天下没有一条捷径可以达到完全的声音，也没有可以造成伟大歌者的妙诀。教师必须知道声乐技术的基本定律，并根据声学及正确的生理状态而努力操练，以达到完善的地步。应该使教师及学生知道：最难的工作，就是消除一切阻碍肌肉动作的错误，并将发音的肌肉系逐渐培植起来。

学生唱法对的时候，喉必下降，咽喉敞开，准备发音之用，口腔和下巴松弛。唱不对的时候，喉便上升而挡住咽口。用口腔发母音，下巴便紧张起来，无法把字咬清楚。唱法不对，把声音紧逼出来，咽喉很容易疲劳。在这里所说的咽喉敞开是指一般的开，舒服的开，适当的开，不是开到极大。有一派的歌者，咽喉总是开到极大，以致声音生硬，无法使音色变化。如果要掌握声乐技巧的最高峰，必须学会灵活地管理咽喉，按音度的强、弱、高、低运用咽喉。学习声乐者不可不痛下工夫练习、试验、研究。

讲话和唱歌、发音的原理是一样的。讲话有力而清楚的人都是用咽喉制造母音的。用咽、喉、胸部作共鸣腔，口腔专作咬字之用。咬字的时候，咽喉仍旧是开着不动。讲话声音的发动力是从横膈膜（就是所谓"小腹"、"丹田"或"中气"）的收缩及弹力来的。依靠口腔制造母音而用嗓子说话的人，不但说话听不清楚而且觉得非常吃力。

"以字行腔"的声乐教学法

解放后,我经常注意阅读关于民族声乐艺术的文章。例如《人民音乐》的《继承与发扬民族声乐艺术传统》《民族传统的声乐教学方法》《京戏的练声方法》及《文艺报》所登关于声乐的论文,得到很多的启发。我特别注意我民族传统"以字行腔"为中心的声乐教学方法。"字正腔圆","只有字正了,声音才能圆润、完整,唱起来动人"等结论,给我很深的印象。

1959年的秋天,我参加沈阳音乐学院的声乐系工作。在学期的第一次观摩会,我在听完学生唱歌之后得到以下的印象:1. 一般的声音弱小、稀薄。2. 拖长的音和高音多半无力支持。3. 音准跑调几乎是一个普遍的毛病。4. 咬字很不清楚,尤其是男同学。5. 缺少感情的表现。每次观摩会之后都有老师和同学的座谈会,大家提意见,批评演出节目的优点及缺点,帮助学生和教师。

到了第二学期,1960年的春天,党中央号召各院校搞教学改革。在本院党委领导之下,沈阳音乐学院附中的声乐学科举行几次的声乐表演赛,就是把有问题的学生用"以字行腔"的民族传统教法教学生,把改革的步骤,表演出来,证实了"字正腔圆"确是有效的教学方法。同时大学部声乐系在党的领导下,全体老师对声乐教法进行改革,充分利用民族的优点,遵照"西为中用""以字行腔""百花齐放,百家争鸣"的方针,把声乐教法彻底改革。到学期末,声乐系大考的时候,就看见各位老师的教学法有了明显的提高,学生的唱法也大有进步,声音比较宽畅,咬字比较清晰,口形及表现比以前雅观、自然。自从党中央领导各校院教学大改革以来,声乐系的质量一直在提高。这说明我们民族传统的声乐教法是能帮助声乐老师改进的。至于处理祖国的语言更不能不向我国的老艺人学习。

为什么"以字行腔"的教法能帮助学生进步呢?唱歌的中心意义就是要用声音把诗意传达给听众。倘若歌者只把声音唱出去,而对咬字却随随便便,听者不懂唱的是什么，那就不如唱"练声曲"给人听较为省事。声乐与器乐不相同的地方，就是它是音乐与诗词相结合的艺术。况且诗词占主导地位而音乐为辅导。乐音，包括人声，是为歌词服务。如果乐音掌握得好，就能大大提高词的作用。所以唱中国歌，先要掌握中国语言的规律；唱外国歌也是这样。"以字行腔"就能把字唱得清楚，像说话一般。字说得好，声音也跟着好起来。用"以字行腔"的教法教初学声乐学生更是合适，更能为唱歌打好基础。中国师傅教唱很少孤立的要求声音，而力求"字正""字出来"。经过训练的演员，声音的路线总是一线的，始终结实而圆润，其注意力都集中在词和感情上。有这样很出色的两句话："腔随字走，字领腔行。"这里的"腔"字包括声音和曲调二个部分。意思说，声音、曲调要根据字音，字音正确了，声音、曲调都会跟着正确而好听。

为什么用"以字行腔"的教法教唱歌很有效力？因为人都是先会说话。说话的技巧比较容易掌握。唱歌是从说话发展出来的。根据观察、经验和科学研究，讲话有技巧的人，有以下几个优点：1. 声音悦耳；2. 音高和音色有变化；3. 声音有劲；4. 小语与轻声说话都能传达很远；5. 字（包括母音和子音）说得十分清楚；6. 说话声音的快慢很顺耳；7. 声音的强弱有很大的对比；8. 讲话能持久不累；9. 耳朵灵敏；10. 记忆力强。这些条件恰恰是歌者最需要有的条件。但是因为讲话不需要音乐知识的训练，所以简单得多，很快就能掌握讲话的技巧。讲话声音要好，胸腔、喉腔、咽腔的肌肉群和唱歌一样要经过一番的锻炼。所以讲话好的人，声音已经得到锻炼了。从讲话的技巧加上乐音，有节奏，有旋律，就是唱歌了。所谓天然有好嗓子的人，没有受过有系统的声音训练，就能唱得很好。这是常见的事实。但是如果要唱更深更难的歌曲，就需要有特殊的训练，不只在音乐知识上，且要研究政治、语言、文学、自然科学、生理学、声响学、物理学、历史等学问。学声乐的学生总是以为我有好的嗓子，能唱就行，何必学习那么多门的功课？这是错误的思想。

周淑安

"以字行腔"作声乐入门的教学法，学生比较容易懂，容易接受。念白、朗诵、吐字、口形和表情的锻炼是为唱歌打好基础，然后继续进入基本练习技巧和音乐训练。前阶段作为打基础，再进一步把歌声发展，提高音乐知识的水平，扩大演奏节目，更进一步的深造表现与感情发扬的技能。至于对我国语言发音的练习，应当有系统的整理与编写。对于我国语言的母音及子音的练习，留待另一章讨论。在这里只讲到"以字行腔"的中国民族声乐方法。它是很有效力的教唱方法，我们应该深入研究并普遍采用。

关于唱歌的咬字吐字与语法

在唱歌的技术上，语言是重要因素之一。作为中国民族的歌者，一定要会掌握中国语言的规律和特点，才能表达歌曲的内容及感情。有正确的咬字吐字及语言的知识才能把歌词的内容清楚的、生动的送出去，给听众欣赏。所以掌握语法是唱歌最重要的一个关键，是歌者成功和失败的重要关头。

在中国古代声乐理论中有很多关于咬字和吐字的方法：所谓"五音"（发音部位有五个，即喉、舌、齿、牙、唇）"四呼"（开、齐、撮、合），"四声""归韵""收声""交代"等等。

"咬字"和"吐字"有什么分别呢？咬字是经过唇、舌、齿、牙、喉等器官，把字咬成不同的姿态。咬字不正，就要变成别的字。吐字是把唇、舌、齿、牙、喉等器官咬成的字，正确而清晰的送出来。有人虽然会咬字但唱起来不清楚，就是因为不懂"开、齐、撮、合"的吐字方法。

我国古代声乐理论书上说"开口"就是"开"，用力在喉，例如安、高、歌等字。"齐齿"就是"齐"，用力在"齿"，如坚、皆、基等字。"撮口"就是"撮"，用力在唇，如鱼、居、军等字。"合口"就是"合"，用力在满口，如公、红、同等字。每个字在口里的着力点和部位不相同，唯有照"开、齐、撮、合"的方法吐字，唱起来才会清楚。虽然每个字唱时有差别，但是唱出来要一样圆润好听，成为一线，每个字都像"珠走玉盘"。咬字、吐字、嘴张太大，声音就不容易统一，咬字时就会感到举动累赘。

歌唱艺术成功的主要因素就是要会处理语言，不仅是单单考虑语言的内容，情绪和特点，同时要注意曲调的进行和特点。歌曲的语言就是歌词与曲调结合起来表现歌曲的思想内容。应该把词句最重要的字突显出来，把每一段里主要的句子突出来，才能传达出词句的思想内容。笠翁《剧论》中说："……曲文中有正字，有衬字，每遇正字，必声高而气长；若遇衬字，必声低气短而疾忙带过，此分别主客之法也。一段有一段之主客，一句有一句之主客，主高而扬，客低而抑。"唱歌要好，一定要会正确的处理语言，就是通过准确清晰的咬字、吐字，恰当的语气、语调、语势，使语言和曲调密切结合起来，才能表达歌曲的思想、情绪和内容。

我们语言的构造主要可以分为：子音、母音、复合音。什么叫"子音"呢？肺里的气从声门冲出来受到口腔、唇、齿、舌、喉等某部分的阻碍，发出各种不同的音。子音发音时，声带大都是不振动的，或者振动得轻微，所以发出的音不响亮，既难念，也难听。

什么叫母音呢？就是肺里的气冲出声门，振动了声带，但通过发音器官的时候，畅通无阻，只是随着口腔的开合，舌头的升降而发出的各种不同的声音。

字调：什么叫声调呢？平常我们说一句话，或者单独念几个字，声音都会有高低强弱的变化，有时高，有时低，有时先高后低，也有时先低后高，声音的这种变化就叫声调。一个字的声调，我们叫它字调，一句话的声调，我们叫它句调或语调。

标准音里有四个字调，就是我们常说的阴、阳、上、去四声。全名应该叫阴平、阳平、上声、去声。

四声的区别大致是这样：阴平 1ˉ 高而平，阳平 1ˊ 由低而高，上声 1ˇ 由高而低再由低而高，去声 1ˋ 由高而低。语调：平常我们和别人谈话的时候，只要留神听就会发觉，每句话都有高低、强弱、快慢、缓急的变化，这种变化就叫"语调"。语调可以分成重音，重读，强调，语气四部分来讲。

1. 我们经常说话常要用到双音词和多音词，说的时候并不是每一个音节都一样重。有的比较轻些，有的就重些。例如"地方""明白""事情""东西"等。这些双音词的第二音节都要轻念，第一个音节就会比第二音节重念。念得重的就叫重音。但是汉语的轻重音节并不是很规律的，像"开会""报告""响应""电话"等这些双音词的第二音节就并不比第一音节轻。究竟哪个音应该重？哪个音应该轻？还得我们在日常生活中多听别人讲，才能慢慢学会。

2. 一个词里的某个音节重念叫重音。一句话里的某个词重念就叫重读。平常我们随便讲一句什么话，总要把意思比较重要的一个词说得重些，其他的词轻些。轻重适当人家才能听得清楚。例如（举例中字的下面有黑点的是重读）：太阳出来了。中国的面积很大。我真不知道。房子收拾干净了。这就是我新买的书。你说什么？谁来啦？从以上可以看出：一般的短句子里谓语往往比主语说得重些。

3. 一个句子，在不表示什么特殊的意思和感情时，只是把某个意思上比较重要的词念得重些是"重读"。如果是有意的把某个地方念得特别重来表示含蓄的意思或感情，那就是"强调"了"重读"重音在那个词上是有些规律的，"强调"就不同了，得看说话的人想强调哪一部分来决定。例如：

你借我一本书。（向你借不是向他借）

你借我一本书。（是借，不是要你送我）

你借我一本书。（借给我，不是借给别人）

你借我一本书。（借一本，不是两本）

你借我一本书。（借一本，不是一箱）

你借我一本书。（借的是书，不是笔记本）

从上面的例子，可以看到重音的地方不同，意思也就不同了。所以究竟把重音放在哪里，还得看你要表达的是什么意思来决定。

4. 说话的时候，为了表达自己的思想感情，除了要运用重音、重读和强调以外，还要有语气。语气可以表达人的喜、怒、哀、乐。从语气可以听得出，坚决或犹豫，诚恳或虚伪，或者是话中带有讽刺，或者是对人有所要求等。语气除了用高低、强弱、快慢和停顿等表示外，还要借助于"吧""了""吗""呢"等虚词来配合。我们平常说话，人人都能很自然的运用语气表达感情，很少有人把重音念错，或把某个词强调错。

以上所讲的是咬字、吐字、语法的大概。在唱歌的语言上要掌握得完备，必须深入学习语言的构造、语气、语调、语势、曲调和歌词的结合，生活语言的理解，文学修养，艺术修养，有丰富的想象力和创造力。

作为一个中国声乐艺术家，不但要掌握我国的国语，并需尽量学习其他的本地方言，以及外国语。这样在演唱节目上可以增加很多民族的曲调，如广东调，四川调，西藏调，河南，河北等调，用各地的方言唱；唱外国歌，如：苏、英、法、德、意等国的歌曲可以用原文唱。这样演出的曲目就能多彩多样。一个歌者能唱各种语言到正确的程度，必须下很大的决心，专心学习和钻研。青年同志们，趁早下工夫苦练、学习、研究，争取在全国及国际的声乐坛上，开一朵无可比拟美丽馨香的鲜花。

关于声乐教学的缺点、错误

在声乐教学上还存在着许多不科学的术语与理论，这是由于不少的教师所造成的。他们是大名鼎鼎的歌唱家，但是不懂声乐科学。当时声乐教师没有科学研究为根据，只凭个人的感觉而推出结论。例如要叫学生唱高音，就叫学生将声音往鼻腔或头颅里送，声音愈高送得愈近头顶。按感觉判断，歌者的高音很像在头顶上颤动。可是按照音响学和生理学的研究，音越高离开头顶越远，到最高的时候完全在咽喉里面振动，因为高音需要更短的共鸣腔。可见说："高音当在头顶上振动"是个错觉，不合共鸣的物理。对于唱音要在"面罩"（Mask，就是戴假面具的面部）振动；或说："声音靠前"才会浓厚动听；或叫学生唱"夯"音以求得圆润明亮的音色，好像声带生在鼻腔和脑壳里可以"夯"出动人的妙音似的。这也是错觉。我跟过几位有名的老师也有同样的说法。为什么有这么多"哼""夯"的练习呢？无非是因为老练的歌手有充沛的气息，唱时觉得整个面部，甚至全身，以及房间的玻璃窗都会振动起来。教师叫学生将声音往面部送，不但造成错觉而且对声带有害。为什么这许多错误和谬论会宣传得这样广泛呢？无非是因为过去有许多大歌唱家没有科学知识，声乐的科学研究在当时是一片荒地，所以教师只能按感觉教导学生。当人不知道的时候总是按着表面的现象解释，但是很多现象不是事实而是错觉。

声音训练的程序，一面是在解除错误，另一面是在加强与调剂发音肌肉的动作。在技术上的错误不外肌肉动作的互相矛盾，和发音时不应该用的与应该用的肌肉把共济运动搞乱了。这种错误的共济运动妨害了应该用的肌肉的发育，使歌者无法发展他的声音。

学声乐者最突出的缺点不外以下几种：

1. 缺少音乐感。这种学生无论他的天然声音怎样好也不能唱到完满的地步。要使他成为一个音乐家所必须作的工夫是非常繁重的。

2. 耳朵的缺点，例如对于音的强度、音色、音度不能确定，甚至完全没有感觉。自然这种错误有各种的差度，例如音度感，有的稍微不准，有的完全音聋。如果这种缺点不很显著的话，教师可以把它纠正过来。

3. 缺少节奏感。好的节奏感是很重要的。如果学生缺少这种天才，必须用很大的苦功，才能得到一点进步。如果学生还有一点节奏感，而教师和学生肯下功夫训练，也可以作到相当满意的地步。

4. 学生音调不准确。这有两种原因：就是耳朵不灵敏或是技术不良。如果学生可以把任何一个音唱得准确，便可决定错误是在技术上。反过来说，如果每一个音唱得不准，毛病就是在耳朵，这种人学唱是不相宜的。虽然学生有天才是重要的因素，但是天才高的学生最后不一定比天才差些而肯用功学习的学生好。因为天才高的学生往往不肯像天才较差的学生那样用功。从前大家都以为有天然的好声音是声乐学生必不可少的本钱，但是近代的经验，真真会训练声音的教师，往往会"创造声音"。唯一的条件就是学生有正常的耳朵，相当聪明而肯下工夫，有音乐和技术感，这样的条件比有高度唱歌技术更要紧。

教师必须认清学生的心理是否正常。有些学生喜欢注听自己的声音，常常试唱自以为好的音质，或是不敢大声唱，这都是妨碍声音进步的原因。胆怯的学生无法唱出一个正确的音，教师必须鼓励他们，使他们兴奋起来，解除胆怯拘束的心理。

学生在练声的初期，因为不习惯也不会用大声唱，所以当老师叫他用劲唱，他总觉得所发的音粗糙难听而不大愿意。但这是初学者不可避免的感觉，也是学唱必经的过程。所以叫学生大声唱，不管它好听不好听是完全必要的。

有些声乐老师因为学生不会放声大唱，就索性叫他用柔声。这是完全错误的，不但无法造就雄壮豪放的歌声，而且因为违反发音的天然规律而伤害了发音器。自然柔声是应该训练的，但是只可在正常的发音学会之后才开始训练而在必要的时候使用它，决不可千篇一律地乱用柔声。

有一些教唱老师犯了相反的错误。他们以为声音越大越好，就用很多繁琐的练习，借以操练发音的肌肉，这也是大可不必的。

"安放声音"（Voiceplacing）的谬论。有些声乐老师说应该把声音安放在头颅里、鼻腔里在口腔中推向硬腭或向小舌冲击。有的说应当安放在脸的背面，而在鼻腔里感到颤动，并说鼻孔及鼻腔是重要的共鸣器，硬腭乃是声音的"响极"。这些说法都不科学。屡次提出这些怪论的都是所谓声乐的"权威"，否则早被淘汰了。

也有人说："男人不应该用假声，因为假声不是真正声音的一部分。"这是错误的。或说："女人下音域，或叫胸音，也不可用，最多只在唱低音时用。"这也是错误的。男女发音的器官在生理上完全相同，男人与女人的咽喉，构造完全一样，唯一的例外就是男人的器官比较大些，因此男声比女声平均低八度，因此管制男女发音器的技术不应该用不相同的方法，这是很显然的事。

为什么有上述的荒谬主张？这主要是因为教师不懂声乐技术的科学，也不能使两个音域得到正常的发育及共济运动，他们以为两个音域即不能做共济运动，只好单用一个音域，因为两音域不能连接，容易被听众听出破绽，所以索性不用两个音域借以藏拙，这是很可惜的，因为不会使两个声区的肌肉的共济运动就不可能掌握广大的音域。

一般无知识的人容易受欺骗，以为所有著名的艺术家所说所作的都是对的。从前在英国伦敦曾有一位大唱家多年在舞台上演出，每场总是客满。后来这位歌唱家身体衰弱，唱起来声音发抖，大家以为这是他新发明的唱法，也就学他发抖的声音。直到他整个人垮下来，不能再上舞台，大家才知道声音发抖是因为歌者有病无力管理嗓子所致，不是什么新的唱法。从前的听众，比起今日的听众，缺乏教育和科学知识，容易被宣传及广告欺骗。现在因为毛主席教导我们要认清真理，不可乱抄袭，以为人说好就是好，必须探讨、研究，分别真假。所以今天的人就没有那样容易接受传说了。声乐上的错误传说很多。这里我只提出几项作读者的参考研究材料而已。

为什么要知道声乐教学上的缺点、错误和谬论？因为我们知道了才可以辨别真假认清现象和本质，不是人说什么好就照样抄袭，应该用智力去探讨研究，直到明白为止。我们必须把一切迷信、谬论、错误清除出去。这样才有可能把声乐教育推上高峰。

(选自《音乐论丛》1963年第4辑)

刘奕莲编撰

林语堂

【题解】

林语堂（1895—1976），福建漳州人，中国现代著名学者、作家、翻译家、语言学家，早年留学美国、德国，获哈佛大学文学硕士，莱比锡大学语言学博士，回国后在清华大学、北京大学、厦门大学任教。1975年被提名为诺贝尔文学奖候选人。林语堂散文所涉领域很广，其教育散文甚具特色，所蕴教育理念独辟蹊径，常含教育制度、学校使命、读书求识、师生关系等方面的真知灼见，以闲适切理为格调，以庄谐并用为意趣，以性灵超远为立场，以文化育人为旨归。

在《读书的艺术》一文中，林语堂指出真正的读书是"兴味到时，拿起书本来就读"，酣畅、淋漓、痛快地读。"世上决无看不懂的书"，"说学生书看不懂，在小学时可以说，在中学还可以说，但是在聪明学生，已经是一种诬蔑了"，"涉猎既久，自可融会贯通"，源源收获书本的知识原理。读书的方法，讲求博专结合，"一方面要几种精读，一方面也要尽量涉猎翻览"，因为学问是每每互相关连的，必定由一问题而引起其他问题，由看一本书而不得不去找关连的十几种书，"如此循序渐进，自然可以升堂入室，研磨既久，门径自熟"。秉持开卷有益的信念，掌握读书进学的方法，坚持不懈，久久为功，如此便能"不背读书之本意，不失读书的快乐，不昧于真正读书的艺术"。

《古书有毒辩》一文，林语堂从青年人受到的各式劝告过多但合理建议过少的现象入手，指出"现代青年的保姆太多了""良医也太多了"，甚至"青年自己也好做良医"。就像富家子弟在及时劝告下从没有尝过跌伤的苦头，许多白面书生未经风吹日晒雨打，只知道该做什么、不该做什么，却不知其中具体的缘由；没有切身的体会。林语堂指出，"一见古书，便视为毒品，未免有点晒不得太阳吹不得野风的嫌疑"；古书有毒，也要"让他们尝尝"；山路崎岖，也要让他们自己跑，"跑了跌，跌了又跑"；"皮肉筋骨是可以训练的，跌几回伤也不碍"。而现代人吃少了这类苦头，在读书上也缺少了鉴别之过程，往往直接把古书视作毒品而不加思考，将被劝告的话语"视为一种天经地义"，不批评也不思考，这不仅简单否定了许多经典古书的价值，更反映出青年的读书辨别力有待在潜心阅读和亲身实践中增强。

林语堂在《学风与教育》一文中，特别强调学风对于教育教学、学校管理和造就人才的重要性，提出"学是学问，风是风气"，学风是一种"学问的风气"，"讲学的空气"，如春风时雨之化泽，能熏陶出满身书香的气味，而"不至于处处露出俗气俗态"。学风是"教育的最大的动力"，要遵循并体现"人与人教育之本旨"，"在讲学的空气中，使人人见贤思齐，图自策励"，修养身心，矢志学问，把自己锤炼成能服务社会报效国家的有用之器。林语堂举例朱熹在白鹿洞书院讲学、顾宪成之主东林书院、康有为之掌万木草堂等，他们均已"得学问的神髓"，都"是最好的校长"，都是力挽社会"学风之颓败"的典范，"都足以起一代的风气"，培育、养成了一批批"跌宕的文人与旷达的学者"。

林语堂的《读书阶级的吃饭问题——中学生的出路问题》一文，先将中学生"极渺茫而又极切要"的出路问题放置于男女经济尚不平等的宏观社会背景下，分析男学生与女学生的出路差异，从经济的角度来讲，男学生的出路是吃饭，女学生的出路是出嫁，但女子"出嫁并非便算做人，固然，但是男子找到饭吃，又何尝便完了人生的真义？"所以，二者问题有相通之处，

"经济的出路是一事,做人的出路又是一事",需要进行清楚的划分。随着经济与科技发展,人们的生活水平提升,婚姻制度必然受到影响,女子出路问题会愈加复杂,其中有少数出路问题应与男学生的出路问题合并讨论。而普通中学生的出路问题可以分成全部的出路和个人的出路来讲,在"学而优则仕"观念影响下,"受教材者多,受教育者少"的现象屡见不鲜。从个人方面来讲,升大学,一则"是闲暇阶级用来取得社会上资格",二则"为求毕业后得每月较高的薪俸",三则"才是真正再求高深的学问"。从社会观点来看,这"断断不是个办法",若升大学只是为了换取文凭,大学生毕业后并无学问的实质长进,反而要推后学习做事经验,这远不能称得上是经济的制度。"各人有各人的出路"有其道理,其中机遇得"碰",涉及两方相碰,而不是单方的、被动的碰,因此机遇需要各人创造,中学生最要者是依照个性培养特长,不奢望做个"完人",在有自知之明的前提下能"以其所长,补其所短",便不怕没有出路。

曾亲临牛津大学的林语堂撰《谈牛津》一文,自叙"身临素所景仰怀慕世界著名的最高学府","听见有老人上楼的脚步,就疑是牛顿来访","心上有无穷的快乐",道出了对大学、大师、大社会和大科学贡献的倾慕之心。林语堂也谈及牛津大学的一些通常看来不合理、令人不能满意之处,如"似乎许多现代人生必需的物质条件都缺乏"、有不少看起来"支薪而不做事的研究员"等,但他郑重地提醒人们"所奇怪者,这种论理上很有毛病的组织,仍能使学者达到大学教育最纯正的目的,仍能产生一种谈吐风雅德学兼优的读书人",必然有其特别的做法和独特之秘境,如在学校氛围和文化的营建上,牛津墙壁上挂着的油画是本院先驱性"出色的人物。他们的眼睛下看这些学子,好像在保佑他们,同时在勖励他们上进",这种榜样的激励是贴近心灵、融进周身并统贯学脉的,其作用不可或缺亦无可替代。经权结合是社会性通则,牛津大学也没有例外,对学生中的"凡庸愚钝者","经过相当时期,牛津大学也赏一个学位","但是对于有天才的学生,牛津却给他很好的机会。

他无须踏着步等待最后的一双跛足羊跳过篱笆……可以随意所之，向前发展，不受牵制"，学生中"愿意用功的人，也可以用功，有书可看，有学者可以朝夕磋磨"，一众学者教师千方百计、倾囊相授地成就这些"有超凡的才调"的尖子学生，助力他们不断地拾级而上、越级而上，成长为卓越的学术才俊及至为国家为世界作出重要贡献的杰出人物——这就是牛津的大学教育，这就是牛津之所以伟大的缘故——牵系于沁心塑魂的大学育人机制，憧憬于触手可及或宏阔辽远的美好愿景，人们不会轻忘林语堂散文中流淌的教育底蕴。

读书的艺术

——光华大学演讲*

诸位，兄弟今日重游旧地，以前学生生活苦乐酸甜的滋味，都一一涌上心头。不但诸位所享弦诵的快乐，我能了解，就是诸位有时所受教员的委屈磨折，注册部的挑剔为难，我也能表同情。兄弟今日仍在读书时期，所不同者，不怕教员的考试，无虑分数之高低，更无注册部来定我的及格不及格，升级不升级而已。现就个人所认为理想的方法，与诸位学友通常的读书方法比较研究一下。

余积二十年读书治学的经验，深知大半的学生对于读书一事，已经走入错路，失了读书的本意。读书本来是至乐之事。杜威说，读书是一种探险，如探新大陆，如征新土壤；佛兰西也已说过，读书是"魂灵的壮游"，随时可以发现名山巨川，古迹名胜，深林幽谷，奇花异卉，到了现在，读书已变成仅求幸免扣分数留班级一种苦役而已。而且读书本来是个人自由的事，与任何人不相干。现在你们读书，已经不是你们的私事，而处处要受一些不相干的人的干涉，如注册部及你们的父母妻室之类。有人手里拿一书本，心里想

---

* 此为十月二十六日为圣约翰大学讲稿。后得光华大学之邀，为时仓促，无以应之，即将此篇于十一月四日在光华重讲一次。

我将何以赡养父母,俯给妻子,这实在是一桩罪过。试想你们看《红楼》《水浒》《三国志》《镜花缘》,是否你们一己的私事,何尝受人的干涉,何尝想到何以赡养父母,俯给妻子的问题?但是学问之事,是与看《红楼》《水浒》相同,完全是个人享乐的一件事。你们若不能用看《红楼》《水浒》的方法去看《哲学史》《经济学大纲》,你们就是不懂得读书之乐,不配读书,失了读书之本意,而终读不成书。你们能真用看《红楼》《水浒》的方法去看哲学,史学,科学的书,读书才能"成名"。若用注册部的方法读书,你们最多成了一个"秀士""博士",成了吴稚晖先生所谓"洋绅士""洋八股"。

我认为最理想的读书方法,最懂得读书之乐者,莫如中国第一女诗人李清照及其夫赵明诚。我们想象到他们夫妇典当衣服,买碑文水果,回来夫妻相对展玩咀嚼的情景,真使我们向往不已。你想他们两人一面剥水果,一面赏碑帖,或者一面品佳茗,一面校经籍,这是如何的清雅,如何得了读书的真味。易安居士于《金石录后序》自叙他们夫妇的读书生活,有一段极逼真极活跃的写照;她说"余性偶强记,每饭罢坐归来堂,烹茶指堆积书史,言某事在某书某卷第几页第几行,以中否角胜负,为饮茶先后。中即举杯大笑,至茶倾覆怀中,反不得饮而起,甘心老是乡矣!故虽处忧患困穷,而志不屈。……收藏既富,于是几案罗列,枕席狼藉,意会心谋,日往神授,乐在声色狗马之上……"你们能用李清照读书的方法来读书,能感到李清照读书的快乐,你们大概也就可以读书成名,可以感觉读书一事,比巴黎跳舞场的"声色",逸园的赛"狗",江湾的赛"马"有趣。不然,还是看逸园赛狗,江湾赛马比读书开心。

什么才叫做真正读书呢?这个问题很简单,一句话说,兴味到时,拿起书本来就读,这才叫做真正的读书,这才是不失读书之本意。这就是李清照的读书法。你们读书时,须放开心胸,仰视浮云,无酒且过,有烟更佳。现在课堂上读书连烟都不许你抽,这还能算为读书的正轨吗?或在暮春之夕,与你们的爱人,携手同行,共到野外读《离骚经》,或在风雪之夜,靠炉围坐，佳茗一壶，淡巴菰一盒，哲学经济诗文，史籍十数本狼藉横陈于沙发之上，然后随意所之，取而读之，这才得了读书的兴味。现在你们手里拿一书本，心里计算及格不及格，升级不升级，注册部对你态度如何，如何靠这书本骗一只较好的饭碗，娶一位较漂亮的老婆——这还能算为读书，还配称为"读书种子"吗？还不是沦为"读书谬种"吗？

有人说，如林先生这样读书方法，简单固然简单，但是读不懂如何，而且成效如何？须知世上决无看不懂的书，有之便是作者文笔艰涩，字句不通，不然便是读者的程度不合，见识未到。各人如能就兴味与程度相近的书选读，未有不可无师自通，或事偶有疑难，未能遽然了解，涉猎既久，自可融会贯通。试问诸位少时看《红楼》《水浒》何尝有人教，何尝翻字典，你们的侄儿少辈现在看《红楼》《西厢》，又何尝须要你们去教？许多人今日中文很好，都是由看小说史记得来的，而且都是背着师长，偷偷摸摸硬看下去。那些书中不懂的字，不懂的句，看惯了就自然明白。学问的书也是一样，常看下去，自然会明白，遇有专门名词，一次不懂，二次不懂，三次就懂了。只怕诸位不得读书之乐，没有耐心看下去。

所以我的假定是学生会看书，肯看书，现在教育制度是假定学生不会看书，不肯看书。说学生书看不懂，在小学时可以说，在中学还可以说，但是在聪明学生，已经是一种诬蔑了。至于已进大学还要说书看不懂，这真有点不好意思吧！大约一人的脸面要紧，年纪一大，即使不能自己喂饭，也得两手掰一只饭碗硬塞到口里去，似乎不便把你们的奶妈干娘一齐都带到学校来给你们喂饭，又不便把大学教授看做你们的奶妈干娘。

至于"成效"，我的方法可以包管比现在大学的方法强。现在大学教育的成效如何，大学是很明了的。一人从六岁一直读到二十六岁大学毕业，通共读过几本书？老实说，有限得很。普通大约总不会超过四五十本以上。这还不是跟以前的秀才举人相等？从前有一位中了举人，还没听见过《公羊传》的书名，传为笑话。现在大学毕业生就有许多近代名著未曾听过名字，即中国几种重要丛书也未曾见过。这是学堂的不是，假定你们不会看书，因此也不让你们有自由看书的机会。一天到晚，总是摇铃上课，摇铃吃饭，摇铃运动，摇铃睡觉。你想一人的精神是有限的，从八点上课一直到下午四五点，还要运动，拍球，哪里还有闲工夫自由看书呢？而且凡是摇铃，都是讨厌，即使摇铃游戏，我们也有不愿意之时，何况是摇铃上课？

因为学堂假定你们不会读书，不肯读书，所以把你们关在课堂，请你们静坐，用"注射""灌输"的形式，由教员将知识注射入你们的脑壳里。无如常人头颅都是不透水的，所以知识注射普遍不大成功。但是比如依我方法，假定你们是会看书，要看书，由被动式改为发动式的，给你们充分自由看书的机会，这个成效如何呢？间尝计算一下，假定上海光华、大夏或任何大学有一千名学生，每人每期交学费一百圆，这一千名学费已经合共有十万圆。将此十万圆拿去买书，由学校预备一间空屋置备书架，扣了五千圆做办公费（再多便是罪过），把这九万五千圆的书籍放在那间空屋，由你们随便胡闹去翻看，年底拈阄分配，各人拿回去九十五圆的书，只要所用的工夫与你们上课的时间相等，一年之中，你们学问的进步，必非一年上课的成绩所可比。现在这十万圆用到哪里去，大概一成买书，而九成去养教授，及教授的妻子，教授的奶妈，奶妈又拿去买奶妈的马桶，这还可以说是把你们的"读书"看做一件正经事吗？

假定你们进了这十万圆书籍的图书馆，依我的方法，随兴所之去看书，成效如何呢？有人要疑心，没有教员的指导，必定是不得要领，杂乱无章，涉猎不精，不求甚解。这自然是一种极端的假定，但是成绩还是比现在大学教育好。关于指导，自可编成指导书及种种书目。如此读了两年可以抵过在大学上课四年。

第一样，我们须知道读书的方法，一方面要几种精读，一方面也要尽量涉猎翻览。两年之中能大概把二十万圆的书籍，随意翻览。知其书名作者内容大概，也就不愧为一读书人了。

林语堂

第二样,我们要明白,学问的事,决不是如此呆板。读书必求深入,而欲求深入,非由兴趣相近者入手不可。学问是每每互相关连的。一人找到一种有趣味的书,必定由一问题而引起其他问题,由看一本书而不得不去找关连的十几种书,如此循序渐进,自然可以升堂入室,研磨既久,门径自熟;或是发现问题,发明新义,更可触类旁通,广求博引,以证己说,如此一步一步的深入,自可成名。这是自动的读书方法,较之现在上课听讲被动的方法,如东风过耳,这里听一点,那里听一点,结果不得其门而入,一无所获,强似多多了。

第三,我们要明白,大学教育的宗旨,对于毕业的期望,不过要他博览群籍而已(be a well-readman)。并不是如课中所规定,一定非逻辑八十分,心理七十五分不可;也不是说心理看了一百八十三页讲义,逻辑看了二百零三页讲义,便算完事。这种的读书,便是犯了孔子所谓"今汝画"的毛病。所谓博览群籍,无从定义,最多不过说某人"书看得不少"某人"差一点"而已,哪里去定什么限制?说某人"学问不错",也不过这么一句话而已,哪里可以说某书一定非读不可,某种科目是"必修科目"。一人在两年中翻览这二十万圆的书籍,大概他对于学问的内容途径,什么名著杰作版本、笺注,总多少有一点把握了。

现在的大学教育方法如何呢?你们的读书是极端不自由,极端不负责。你们的学问不但有注册部定标准,简直可以称斤两的,这个斤两制,就是学校的所谓"七十八分""八十六分"之类,及所谓多少"单位"。试问学问之事,何得称量斤两?所谓英国史七十八分,逻辑八十六分,如何解释?一人的逻辑,怎么叫做八十六分?且若谓世界上关于英国史的知识你们百分已知道了七十八分,世上岂有那样容易的事?但依现在制度,每周三小时的科目算三单位,每周二小时的科目算二单位,这样由一方块一方块的单位,慢慢堆叠而来,叠成多少立方尺的学问,于是某人"毕业",某人是"秀士"了。你想这笑话不笑话?须知我们何以有此大学制呢?是因为各人要拿文凭。因为要拿文凭，故不得不由注册部定一标准，评衡一下，就不得不让注册部来把你们"称一称"。你们如果不拿文凭，便无被称之必要。

但是你们为什么要文凭呢？说来话长。有人因为要行孝道，拿了父母的钱，心里难过，于是下定决心，要规规矩矩安心定志读几年书，才不辜负父母一番的好意及期望。这个是不对的，与遵父母之命媒妁之言恋爱女子一样的违背道德。这是你们私人读书享乐的事，横被家庭义务干涉，是想把真理学问孝敬你们的爸爸妈妈老太婆。只因真理学问，似太渺茫，所以还是拿一张文凭具体一点为是。

有人因为想要得文凭学位，每月可以多得几十块钱使你们的亲卿爱卿宁馨儿舒服一点。社会对你们的父母说，你们儿子中学毕业读了三十本书，我可给他每月四五十圆，如果再下二千圆本钱再读了三十本书，大学毕业，我可给他每月八九十圆。你们父母算盘一打，说"好"，于是议成，而送你们进大学，于是你们被称，拿文凭，果然每月八九十圆到手，成交易。这还不是你们被出卖吗？与读书之本旨何关，与我所说读书之乐又何关？但是你们不能怪学校给你们称斤两，因为你们要向他拿文凭，学堂为保持招牌信用起见，不能不如此。且必如此，然后公平交易，童叟无欺。处于今日大规模生产品（mass production）之时期，不能不划定商货之品类（standardization of products），学问既然成为公然交易的商品，秀士、硕士、博士既为大规模生产品之一，自然也不能不"划定"一下。其实这种以学问为交易之事，自古已然。子张学干禄；子曰"三年学，不至于谷，未易得也"。（关于往时"生员"在社会所作的孽，可参观《亭林文集·生员论》上中下三篇）

到了这个地步，读书与入学，完全是两件事了，去原意远矣。

我所希望者，是诸位早日觉悟，在明知被卖之下，仍旧不忘其初，不背读书之本意，不失读书的快乐，不昧于真正读书的艺术。并希望诸位趁火打劫，虽然被卖，钱也要拿，书也要读，如此就两得其便了。

（选自《林语堂散文经典全编》第一卷，九州出版社1998年版）

古书有毒辩

现代青年的保姆太多了，保姆多就难免养成良医之子多死于病的症象。现代青年的良医也太多了，谁都要训告他，禁他读这个，劝他读那个，甚至青年自己也好做良医，未满三十的时候就欢喜做文章，自居堂上，排八字脚，做老大哥，禁止其他青年子弟读这个，劝告其他青年读那个。普天之下，莫非保姆、良医、训育主任、检查委员。我也不懂他们一班遗老劝告的是什么，遗少禁止的是什么，只觉得大家好干涉他人的事罢了。正如十三妹所说："我的少爷，你酸死我了。"富家子弟爬上树，就有慈母嚷道："你快下来，别跌伤了！"走到水滨，马上有保姆一把给扭回来说："仔细，你别跌进水里去！"结果弄成一个身不出门庭，目不睹市井，树既爬不上，沟又跳不过，太阳晒不得，野风吹不得的文弱白面书生。太阳一晒，马上昏眩，野风一吹，玉山立倒。呜呼青年！

我倒不这样想。古书有毒，也让他们尝尝；西书有毒，也让他们尝尝。以前罗斯福（非现任美国总统）教他三个儿子，就是大热天带他们出去走崎岖的山路，攀山越岭，跳涧升木。大战以前德国海军，必待烟雾蔽海风浪接天之时，才开出去大洋操练。个人也曾在北平西山看见一对德国夫妇教一个四五岁小孩由石上跳下，下山时，一直在后赶他跑，跑了跌，跌了又跑。在教育上，我想道理相同，攻乎异端，斯利也已，怀疑怀疑，一直怀疑。皮肉筋骨是可以训练的，跌几回伤也不碍。文明人牙齿都蛀，就是因为吃的奶油白面做的点心，入口酥溶，牙齿无用其技，所以任你如何刷牙，还是要蛀。现代父母多叫儿子啃骨头面包头，就是这个道理。

古书有毒，也不过一二革命领袖一时过激的话吧。不想这久乎受保姆娇养看管的青年，头脑简单，便信以为真，视为一种天经地义，毒在那里，毒到那里，也不批评，也不思考，囫囵吞进去。我就不信青年这样容易受人欺负，这也是保姆太多之所致，少爷症象已造成了！古书诚不能无毒，现代人也决不能单看古书，这何消说。但一见古书，便视为毒品，未免有点晒不得太阳吹不得野风的嫌疑。现代人贵能通古今，难道专看什么斯基译作，读洋书，说洋话，打洋嚏，撒洋污，《史记》《汉书》不曾寓目，《诗经》《左传》一概不识，不也是中洋毒么？中国用得着这种读书人么？这样读书，不是洋书也有毒么？所以毒不毒，在人善利用他是非鉴别的聪明，不是把古书束之高阁，便可自谓清白身体。古书有毒，则胡适之早已中蛊，梁任公早已疯癫，周作人、周树人早已七孔流血，郑振铎、傅东华虽未能撰著一部《中国小说史略》抄抄唐宋传奇，毒虽未刻，亦当呻吟床褥矣！若谓青年学力未定，何以知周作人、周树人十几岁读古书时有什么学力，又何以知今日青年皆不如周作人、周树人，必不如周作人、周树人乎？

且使古书有毒，西洋古书除苏俄革命以来之文学未必就无毒。矛盾还多着啊！人家也有布尔乔亚呢！然则有毒无毒何以辩？何以西洋旧小说 Le Cid 可以翻译，中国旧小说《七侠五义》便不可翻印？何以 Don Quixote 可以放心阅览，《儒林外史》便不许寓目？何以柏拉图可以赏识，孟子便不许涉猎？苏格拉底可以奉为典要，孔子便不许说些人情天理？何以 Clarissa Harlowe 可以讽诵，《红楼梦》独不许经目？夫柏拉图与孟子之雄辩一也，苏格拉底与孔子之正名一也，Clarissa Harlowe 与《红楼梦》之缠绵伤感一也，Don Quixote 与《儒林外史》之滑稽讽刺一也。呜呼！孔、孟、吴、曹何不幸而生为中国人，柏、苏、利查逊、索蕃提何幸而生为洋大人！孔、孟、吴、曹又何不幸而生为现代中国人之祖宗！

以毒而论，义侠小说之毒一，在提倡忠孝节义（未知是否，代为持此说者揣摩而已）；言情小说之毒二，在读者学宝玉好吃女人胭脂；诗文小品之毒三，在吟风弄月。然吾谓三毒皆不足为患，何以故？现代忠臣孝子本来无多，绿林豪杰今日学生生下来就少有这副骨架，其不足为患一。世上本来没有许多女人肯让你吃她口上的胭脂,偶而有之,也不致妨碍读书功课,其不足为患二。现代人风也不大会吟,月也不大会弄,风吟不来,月弄不得,何足为患?虽然风不因你之不吟而不吹、月不因你之不弄而不照,即使果然被你吟成弄到,也早已变成"可爱的春天"了。即使"可爱的春天"是前进的,"吟风弄月"是落伍,风自为风,月自为月,你自为你,我自为我,本无中西洋风中西洋月之别,偶然吟吟弄弄,也不见得就伤你的盛德。你有姐姐妹妹,也可以放她们到后花园跑跑,到大公园走走。不一定大家关在深闺里,你们兄妹才保得住你们的清白啊!

(选自《林语堂散文经典全编》第一卷,九州出版社1998年版)

学风与教育
——大夏大学演讲稿

一、求学之二事

诸位,读书求学表面似乎繁难,认真看来只是二事而已,一读书,二求师。前者为人与书之关系,后者为人与人之关系。关于第一项,即如何读书,鄙人已于前日在光华大学演讲时论到。总括一句话,就是"兴味到时,拿起一本书来就读"。此为读书之本旨,其余如拿文凭,算分数,升班级,这都是题外的事,与读书本旨无关。在学校方面,唯一的义务,是如何与学生充分自由看书的机会。依现在制度,每天摇铃上课,摇铃吃饭,摇铃运动,摇铃睡觉,不但不与学生充分自由看书的机会,简直使自由看书为不可能的事实。现在大学成绩不好,毕业生看过的书极其有限,就是因为现在制度之不良,不与人充分自由看书之机会所致。我曾假定,光华或大夏学生千名,每人以百圆学费,交与学校尽量买书,合千人之学费可得十万圆,由学校备一极大空屋,许多书架,将此十万圆书籍放于空屋中,由学生胡乱去翻看,其成绩必比一年照例上课的成绩优良。现在以十万圆的学费,一成买书,九成养教授及教授的妻室子女，实是一种罪过。这是关于读书方面之结论。

但是有人说这是偏激之论。学问之事，必赖师长之启迪指示，窗友之切磋琢磨。所贵乎学校者，在使几位孜孜向学的青年能得前辈学者的教诲诱导，所以十万圆中以九万圆养教授，也是天理所容，报销得过去。于是我们就不得不来谈这求学的第二问题，就是这人与人的问题。这人与人的问题，说来也是极其简单，一句话说，就是端赖于一种空气作用，就是所谓学风。假定某校能造成一种学问的风气，鼓舞人求学的兴趣，这十万圆的学费也是值得花的。否则可谓失了人与人教育之本旨。学校团体苟能造成讲学的空气，办学成绩无不成功。反是就一切的章程制度设备课程，都是徒然。现在要与诸位讨论的，就是这学风与空气教育之意义及今日学风何以不振的问题。

二、论读书的气味

兄弟个人是深信"学风"两字的一人。学是学问，风是风气，这并没有什么难解，也没有什么玄奥。我深信凡是真正的教育，都是风气作用。风气就是空气。"空气好"，使一班青年朝夕浸染其中，无论上课不上课，考试不考试，学问都会好的。"空气不好"，无论考试如何严格，校纪如何整饬，学问是不会好的。因为学问这个东西，属于无形，所求于朝夕的薰染陶养，决非一些分班级、定分数外表的形式制度所能勉强造成。古人所谓春风化雨，乃得空气教育之真义，必使学者日夕早晚浸润其中，如得春风时雨之化泽，不觉中自然薰陶出来一个读书人的身份。古人又有所谓世代书香，一人在良好讲学的空气中薰陶几年，即使没有什么专精的造就，走出来谈吐举止，总有满身的书香，不至于处处露出俗气俗态。你们能得了这满身书香的气味，即使心理、逻辑、经济、政治都不及格，也已不愧为一位读书人，也可不辜负四年入学的光阴。昔黄庭坚谓三日不读书，便觉语言无味，面目可憎；梁高祖谓三日不读谢玄微诗便觉口臭。我认为你们不升级不毕业，都不要紧，但断断不可口臭，也不可语言无味，面目可憎；这是读书之第一要义。

三、所谓整顿学风

依此法讲来，学风者乃学问之风气，由风气之感化薰染而造出一读书人来。现在所谓"学风",已误解二字之意义。凡讲学风者,都是说现在"学风不好",都主张来"整顿"一下。其实学问之风气,不过是一种空气,如何整顿法子?所谓学风好,都是说不闹风潮,不驱教员,不在饭厅拍桌摔碗,不抱校长而置之大门之外之类。其实这都失了学风之本意,与讲学之风气无涉。这种的所谓学风是消极的,不是积极的,是注意在保持学生教员相安一时,不相吵架,不是注意于制造学问的空气,来做教育的最大的动力。因为没有这个讲学的空气,所以学风不好,因为学风不好所以有人为世道人心,狠狠的下了决心要用武力来给他"整饬"一下。从前章行严长教育,鉴于学风之嚣张,在天安门安放机关枪,想靠那架机关枪,要来整顿学风,维持世道。可惜学生早已闻风而逃,天安门会不到,于是机关枪无法放射,学风无从整顿,而章行严悲天悯人之愿,不能偿还。后来为塘沽案件,学生又来到国务院请愿,于是整顿学风之机会又来了。幸亏此次军警布置周密,大刀,阔斧,铁鞭,勇士,埋伏得稳妥,由是学生走入虎穴,酿成"三·一八"的惨祸,伏尸流血,盈街载道,而"学风"得以"大振"。这是极端的例,但是今日之持整饬学风论者何尝不是同一心理,虽然不用铁鞭大刀毛瑟枪,却用了不少无形的武器,要强迫你们规矩念书。夫所谓整顿学风,是整饬学校纪纲而已,与学问之事何涉,与讲学空气何关?上焉者最多叫你们考试时不要抄袭,听先生话时记得"唯唯诺诺"有服从的美德,下焉者叫你们不要在饭厅敲摔饭碗,不要跑到教员家里请教员滚蛋而已。但是除此之外,于你们的学问何补?须知学校纪律严明,校风整饬,最多教了一群驯羊,按部就班,升级毕业,勉强过了读书的苦劫而已。但是注册部能强你们得学问的皮毛,决不能强你们得学问的神髓;能强你们拿一张文凭回去告无罪于你们的父母家长,决不能强你们读书成名;能教你们做乡愿的塾师,决不能教你们做跌宕的文人。要造成跌宕的文人与旷达的学者,还是要依我所谓"空气教育"着手。

四、空气教育

这个空气教育,怎样讲呢?我已说过,凡真正有效的教育都是"空气作用",在于相当讲学的空气中,使人人见贤思齐,图自策励,以求不落人后。谁有这"制造空气"之本领,便是最好的校长。有了这样浓厚讲学的空气,上行下效,学问自然会好。我们看古时中国学风之盛衰隆退,都是一种空气的关系。凡有一代名儒大师翕然为天下宗,便成一代独特的风气。如清朝,我们可以说是文风极盛之时,如阮文达为总裁会试之时,取士极多,为天下开一种治学的空气,后来看他在两江,在江西在广东到处都是提倡讲学,到处人士闻风而起。我们看他计划主编《经籍纂诂》时,幕下真是济济多士。试问乾嘉时代何以忽然有一班很好的学者?都是因为有一种特别的风气。讲学之空气成,人才必出。远如前朱熹之在白鹿书院讲学,顾宪成之主东林书院,近如钱大昕之主紫阳书院,康有为之主万木草堂,都足以起一代的风气,这是兄弟所谓真正的学风。无论经学词章,以至文人习气,都是受了这种空气的支配。阮籍、嵇康放荡狂肆,天下称"贤",而一时士人争相仿效。唐人重词章,宋人讲义理,明人尚气节,清人讲考据,各代有各代的风气。其在诗词,比如王渔洋倡神韵,而成一派,袁子才主性灵,又起一重的反应,这其中都是空气之作用。袁子才之例,尤为明显。因为他收女弟子,而一时有不少女诗人出现,成为一种风气,虽经章学诚之反对,终不能制止此种风气的势力。

所以学问之道,与女生之时装相同。风气所趋,都可不学而能。有时我们听见过女子说她代数几何学不来,但未听见过有女子不会穿高跟鞋,不会烫头发。为什么呢?因为风气使然。所贵乎学校者在一小小的环境之中,师友所谈,耳目所濡,都能充满一种尚学好学的空气,足以步步引人入胜,或者未见其书,先闻其书名,或者未闻其书名,先知其作者及作者之身世。如此薰染既久,自然对于学问的大体,思想之流变,现代之趋势,都能大约了然于胸中了。

五、所谓"学风不好"

如此说来,"学风"二字真不易讲。广义讲,学风就是士风,并不限于学校团体。土风卑鄙凋敝,学校里讲仁义,毕业后丧廉耻者,于今天下,真是滔滔皆是。在上不足为在下的表率，无学术的创著，无坚孤的操行，都想屈于一人之下，立于万人之上。这些人率军警，荷枪实弹，要来整顿学风，是无补于实际的。但是兄弟是主张不讲仁义道德，圣人不死，大盗不止，于今为信。今日补救道德之唯一办法，是少拍通电，歌颂武人的功德，多置牢狱，惩办贪污的官僚，吓吓他们，余者都是空言无补。所以我们讲学风，也应撇开礼义廉耻不讲，而仅讲学术文章。这狭义的"学风不好"怎样讲呢？一句话说，就是读书人不读书，著作界沉寂，学术浅薄，文章萎靡。这是今日学风不振之真义。有外人来问我最近三年中国出版界有什么名著杰作。我告诉他最名贵的杰作，还不是"作"，是商务的"影印"百衲本《二十四史》及丁福保的撮集影印《说文诂林》而已。论述思想之文，连前几年梁漱溟《中西文化及其批评》一样的论著，都不可再见。郭沫若的《古代社会之研究》，可谓聊具创解，但是只算一种发轫，未能称为巨著。其余书摊所见都是一些撷拾得来的东西。其在文学，革命文学甚嚣尘上者数年，除茅盾之作品以外，却极少体大思精之作。同时知识界四分五裂，已入散漫不可收拾之状，言论界相率"学乖"，噤若寒蝉，避谈政治，如恶蛇蝎。长辈与后辈之间，截然如有鸿沟，失了彼此提携勖励之力。前辈的学行既不足为后辈之表率，青年思想遂失了重心。这是今日学风不振的现象。

六、学风何以不好

所以，这样讲，学风之所以不好，因为三十岁以上的人不读书，不著书。学问之事，必须潜心研究，日积月累然后有所成就。若非一鸣惊天下的英才，都得靠窗前灯下数十年的玩摩思索，然后可以著述。责二十岁的青年以维持学风的重任，未免说不过去。现此三十岁以上的人为什么不念书呢？一半因为太忙。学而优则仕，是中国的惯例。你想一人膺党国之重任，又要忧天下，又要做监督，又要兼校长，又要念遗嘱，又要侍候太太，真是百务猥集，再叫他们开卷读书，未免于心不忍。所以他们大人先生一时被人邀请，莅校演讲，想不起题目，还是来劝你们趁宝贵光阴规矩念书，勿谈国是，想把读书的责任，一齐推到你们身上，如彼拉多洗手将耶稣交给犹太民众，其辞可悯，而其情实可哀。君子不苛求于人，所以我们情愿坐见学风之凋敝，而不可去劝大人先生们看书。

由治学走入干禄，这是中国知识阶级未能团固势力，而埋没了一部分好汉的大原因。至于三十以上未入仕宦的教员，想要读书，又苦无那读书的清闲。古人所谓国家养士，盖明凡士必待人豢养之理。这从孟尝君、淮南子等早已开其先例。满清汪中遗书与毕秋帆想敲其竹杠，说"天下有中，公无不知之理；天下有公，中无穷乏之理。"毕知府给他五百金，这可代表中国文人一向在社会上所占经济的地位。现在我们社会破产，养士也养得不好，累得一班大学教授，东奔西窜，以求糊口。听说北平竟有每周担任七十余小时的教授。按每周六日工作计算，每日应作十二小时，睡觉之不暇，遑论读书？这又是犯了以上所谓太忙的毛病。所以我们仍旧情愿坐见学风之颓败，而不可去劝教员先生们读书著书。

因为仕与不仕的三十以上的知识阶级一律太忙，不读书，不著书，所以无书可读，所以学风不好，这还能怪谁呢？移风易俗，有待时日，整顿学风，谈何容易。所以我还是劝诸位认点晦气，将读书责任，由大人先生们的手上接过来，矢志专一，替他们读书，把一切文凭学位校纪章程都置诸度外，到了你们三十时候，也许已经有了多多的著述，有了较好的学风，可为后辈的表率。我知那时的后学将闻风而起，而无你们带军警毛瑟枪去"整顿学风"之必要了。

（选自《林语堂散文经典全编》第一卷，九州出版社1998年版）

读书阶级的吃饭问题
——中学生的出路问题

关于这极渺茫而又极切要的问题，我的意见如下：

在男女经济不平等的社会中，男学生及女学生的将来出路，当然是不相同的，所以必须分开来讲。从经济方面讲，男学生的出路是吃饭，女学生的出路是出嫁。在现代的社会中，女学生的出路，百分之九十以上的确如此，这是无可讳言的事实。其嫁不出或婚姻失败的少数，则以入大学，入体育学校，入职业学校为暂时的出路。但是现代女子在社会服务，处处吃亏，待遇机会都不及男子，若不在婚姻之内求性的解决，尤其要受比男子所受更严的舆论制裁。所以普通女子嫁不出与男子失职业，略有同样的感觉，这都是事实。而且出嫁的事，百分之九十以上的女子是愿意的。自然百分之九十以上的男子娶亲，也是愿意的，不过男子娶亲之外，尚有养家问题，女子则不然（依现代普通情形而论），经济的制度如此不平，不必讳言。如说以出嫁为女子出路，近于诬蔑，那末以吃饭为男子出路，也不见得如此清高。固然有些女子要哀怨不平，以为出嫁之后，社会应该还分给她一半养家的责任，才算平等。但是譬如我，如果明日的法律，定了一条女子出嫁兼须养家，男子却只须娶亲，算为职业，我并不反对。

　　出嫁并非便算做人，固然，但是男子找到饭吃，又何尝便完了人生的真义？所以问题是相同的。在一方面讲，女子以造幸福的家庭为职业，与男子工作而谋生，都不是什么耻辱。在另一方面讲，有些女子，不能养成人格，在她环境内，做一份有用的社会分子，或者专靠淡抹浓妆，要人家养她一辈子，或者并这一点点社会上的贡献也没有，面目可憎，语言无味，终日无所事事，虚度一生，亏她活在人世，我们要批评她出路过于卑鄙是可以的。但是如古代的儒生，大让如慢，小让如伪，粥粥无能，靠着一枝秃笔，做帝王的厮养，回来以骄其妻妾；或如现代的留学生，学了一肚洋八股，屈事卖国官僚，已且轩轩自得，终日与西人握手免冠，换得饭吃，了此一生，又与卖淫的妇女何别？所以经济的出路是一事，做人的出路又是一事，两者应该划分清楚。

　　将来生活程度增高，经济压迫加重，节育的知识普遍，婚姻的制度自然要受这影响，女子的出路问题，便要愈复杂。到那时候，不但独身、晚婚、退婚、离婚的女子都有出路问题，就是成婚而不离婚的女子也要比较有出路问题。但照目前情形，此种女子尚属少数，其少数的出路问题应与男学生的出路问题合并讨论。

至于普通中学生出路问题，又应分开全部的出路与个人的出路讲。从中学生的全部讲，普通的中学生不能算为一国的"知识阶级"，只算是受过相当教育的国民。然而在教育不普及的中国，中学毕业生，已略略含有知识阶级的意味了。但是我认为这种见解是谬误的。因为中学生之少，而显然形成一个特殊阶级，这是自然的现象。像在中国南部，有的中学毕业生，就简直预备回去做乡绅，如从前进学的秀才，可以回去坐吃公产，结果也还是堕入所应该打破的绅士阶级，而为二千年来儒者的变相而已。这个太不应该了。我想中学生还是应该以受教育国民的资格，投入社会上各种事业的队伍里，做社会上有用的活动才是。与这"士"的观念连带而来的，就是"仕"的观念。所谓"学而优则仕"也是赶紧须打破的。但是如果因为社会混乱，一切事业不能发达，无事可做，无饭可吃，上党部衙门，这又是社会现状不良所致，我们也不便深责。

投入社会各种事业，中学生是常要吃亏的，这并不是中国教育自身之错，其错在现今教育制度及中学生自己特殊阶级的心理。从教育制度讲，受教材者多，受教育者少，在设备中学课程者的心目中，中学生的出路，一是升大学，一是做小学教师。然做小学教师，就是想保存士阶级，从个人求学观点看，也有可取，而从社会观点看，则断断不是个办法，将来上等游民之多，就是这个缘故。升大学，更加是骗人的事，在现今笨拙的上课办法之下，也许果真读了十二年小学中学的书，还不能写一篇通顺的文字，不能有相当的学术常识，必再进大学而补充之，这还成个理由。除此以外，升入大学，一则，是闲暇阶级用来取得社会上资格；二则，是上了社会的当，为求毕业后得每月较高的薪俸，三则才是真正再求高深的学问。此第二种，说来真是造孽不少。在学生父兄看来，实在纯是替弟子投资性质，因为中学毕业每月可得四五十圆，大学毕业每月可得八九十圆。做父兄的人谁不愿意他的儿子每月多得几十元，经济容易独立！于是你也送中学毕业生入大学，我也送中学毕业生入大学，结果一班中学毕业生，都变成大学毕业生，中学生可做的事，都换了一班大学毕业生来做，在社会未必有好处，在个人委屈他多上几年课，吃亏者只是甲的父兄及乙的父兄，各人多损失一二千圆的学费，少得四五年中的儿子谋业的补助而已。及父兄们见其学业成绩未必有何长进，乃相率而骂现在的大学。其实还是社会自己做个圈套，给自己上而已。一方面，因为中学文凭与大学文凭的行价不同，遂使一班学子视线专注在文凭上面，以报答父兄的好意，然而这去求高深学术之本意远了，连大学本身也受这些不应在大学混身的人的影响而恶化了。同时学生本人多念四年书，便是少得四年的做事经验，大学念完，最少二十二岁，做事才来从头学起，难道这种制度，可以说是经济的制度吗？

　　升大学不成理由，做教师更加是不可原谅。真正的中学教育，若问为什么念地理，算术，历史，文法，答案应该是：这些是受教育的国民的常识，所以我们应当想知道一点。知道多，固然好，知道少，也无妨。你想做个国民，难道有须知道七十分历史，六十分文法，才做得起的道理吗？今也不然，你问他为什么念土耳其地理？他说预备在小学教地理，你问他为什么念英文文法？他说预备将来教文法。你再追问为什么教文法呢？其答语又不外教那后代的人预备去教文法。这样还能成个念文法的理由吗？还不是造一个圈套，来养士阶级一辈子吗？在这种做教师的"中学生出路"，教文法已经成为一种特殊阶级包办贩卖学术从中取得生活费房饭钱膏火之资的戏法而已，与社会国家，真是无涉。

　　因为升大学，来得排场，做教师，又来得清高，所以中学生多半认此两务为出路。其实做教师只是性情相近的人可做，若一时无饭可吃，偶然吃吃，总算过渡办法。本性好学而又一时不能入大学的人，这才是真正配做小学教师。本性好学，在高中时代，已深得学问的滋味的人，才真正配入大学。然这种人，在现今大学生中，十个只有一个（这是美国几位大学教务主任的意思），其余的有钱子弟，不妨进去混身，横竖比在外嫖赌好，无钱子弟，却不能不再三考虑一下。

从个人方面讲，各人有各人的出路，各人的家庭关系，父兄职业，朋友知交，都是不同的。机会不同，出路自然不同。比方书局老板的子弟，将来学书局生意，钱庄老板的子弟学做钱业，这是极显然的趋势。假如钱庄老板的子弟极鄙恶铜臭的父兄，那是有了读书种子，应好好培成学业。假如这个子弟终日嬉游角逐，不好念书，又不好学正经生意，那是永远不会有出路的，可以不必讨论。断定一人将来的出路，五成是看机会，五成是看个性。机会这个东西，与女子出嫁一样，只是靠碰。最自由的结婚，还是乱碰（非"妍"）的结果。你想二万万的女同胞中，决不是二万万个都是某青年的可能的后日妻子，至少有一万五千万，或者太老，或者太少，至年纪相若的，虽有几千万，有机会相知的还是寥寥无几，相知中看上眼的，又要对方同意的，真无几人。到了青年想娶亲而可以娶亲的时候，某位女子来得凑巧，或因搬家相识，或因路上相逢，或者刚刚学成回梓，年华相若，相貌也差不多，一经撮合，婚事成矣。出路也正相同，三十岁以上的人，问了自己今日所操的职业，所处的地位，少有不是碰来的，少有是由一己的本事智力抉择的。比如某人今日做了什么要人，原因不过他娶了某人为妻，因为他的妻的妹妹又嫁给某人，后来他变成要人了。假如他的小姨不嫁给某人，他如何做要人呢？又如某人他习了牙科，做了县长，这也是他梦想不到的事，然而他的一生出路，竟在这无意中的乱碰碰上了。学生进了什么学堂，找到了什么名师，得着什么契友，又得着什么差缺，都是乱碰的结果。在这种地方家庭亲友环境好的人，要便宜多了。这也是与女子出嫁一样。

但这"碰"字，不可误解。碰是两方相碰，非单方的事，也不是纯粹被动。在同样的情形、同样的因缘中，在甲一点不发生影响，在乙便碰成一条出路来，譬如有机关要雇用书记，在某中文精通的中学生，一"碰"便成了

"碰"的机会而造成一条"出路",然在同班同级的他学生,中文较差的,便仍然无碰的资格。所以机会是看人而定的。社会上有用之才,真是寥如晨星,大半行尸走肉,乞怜于亲友帮忙的人,偶然得一位置,插足其间,勉强充任,死而后已。所以一人只要有一样可取,一艺之长,不愁没有碰的机会。最忌的是庸庸碌碌,没有专才,可以做党部委员,也可以做钱庄伙计,那就难免患得患失做出许多尴尬的事来。中学生最要者,依各人的个性所近,练出一种专才,或书法、或文牍、或中文、或英文、或办事、或交际。人格上也须一点可取的地方,或勤谨、或诚信、或和蔼、或敏捷、或审慎。总而言之,做个"完人"是没有的事,要在有自知之明,能以其所长,补其所短,总不怕没有出路的。

(选自《林语堂散文经典全编》第一卷,九州出版社 1998 年版)

谈 牛 津

一

你到了牛津大学,就同到了德国一个中世纪的小城一样。有僧寺式的学院,中世纪的礼堂,古朽的颓垣,弯曲的街道,及戴方帽穿袈裟的学士在街上走,令人恍惚如置身别一世界。我初到牛津,住在一间十五世纪的旅馆。这旅馆还是英国乡下客栈的遗形,入门便是一个不方不圆铺石子的庭院,大概就是古时停马车之所。找到了账房之后,茶房领我由一小小的楼梯上去,拿出一把五寸多长的钥匙,开一间小小房间。我一窥看,不但没一品香的汽炉,就是冷热自来水都没有。我觉悟了,我是身临素所景仰怀慕世界著名的最高学府了。于是很快乐的对茶房说"好极好极",就把房间定下。晚上在朋友家用饭之后,回来独坐房中,疑神疑鬼,听见隔壁有人咳嗽,就疑是 Addison 伤风，听见有老人上楼的脚步，就疑是牛顿来访。这样吸烟出神，坐到半夜，听见礼拜堂一百零一下的钟声，心上有无穷的快乐，也不知是在床上，或大椅上，就昏昏入寐了。

二

现代中国学生，一到牛津，总觉得许多不满意之处。至少似乎许多现代人生必需的物质条件都缺乏。第一样，找不到亮晶晶的浴房，健身房，抽水马桶；第二样，找不到水汽炉；第三样，找不到图书馆卡片索引。就使偶尔有之，也不是普遍的现象。讲到教授方面，尤其是使留美学生惊异的，就是课程上找不到"烹饪术""招徕法""广告心理学"等等科目。正教授的职务，规定每年演讲至少三十六次。此外有许多支薪而不做事的研究员（fellows），分庭抗礼，占据各书院的楼房居住。比如众魂学院（All Souls' College）就全被这些支薪不做事，由大学倒贴他们读书的先生们住满。这班先生们高兴演讲时，便出一通告，演讲不演讲，也没人去理他。他们虽然不许娶妻，过和尚生活，但是养尊处优，无忧无挂，暑假又很长，生活真太舒适而优美了。除了看书，吸烟，写文章以外，他们对人世是不负任何义务的。学生愿意躲懒的，尽管躲懒，也可毕业，愿意用功的人，也可以用功，有书可看，有学者可与朝夕磋磨，有他们所私淑的导师每星期一次向他吸烟谈学，——这便是牛津的大学教育。大学分三十学院。何以三十？找不出理由。学院又各有他个别的风气，传统，历史，制度。连院长名称，或为 master，或为 warden，或为 principal 或为 president，都不能统一。这样重重复复累累赘赘把些毫不相干的学院集于一城，凑合起来，便成为世界驰名的牛津大学。

像英国人的品性，英国的宪法，及一切英国的制度，牛津大学是论理上很有毛病的一种组织。所奇怪者，这种论理上很有毛病的组织，仍能使学者达到大学教育最纯正的目的，仍能产生一种谈吐风雅德学兼优的读书人。在我国看惯了充满"学分""单位""注册部""补考""不及格"现象的美国式大学的人，也许要认为这太玄奥难懂了。但是一回想我们古代书院的教育，注重师生朝夕的熏陶，讲学的风气，又想到书院中师生态度之闲雅，看书之自由，及其成绩之远胜现代大学教育，也就可以体悟此中的真秘罢。

三

李格为现代一位幽默大家。他曾著一篇《我所见的牛津》（Stephen Leacock：Oxford as I see it）。此文曾由徐志摩译出，不知收入哪一本志摩的文集中。我们可就此篇中精彩处，重译几段，不但可使读者明了牛津大学教育之精神，也可以证明《论语》提倡吸烟，非无理取闹，而有很精深的学理存焉。

李格说：

"据说这层神秘之关键在于导师之作用。学生所有的学识，是从导师学来的，或者更好说，是同他学来的：关于这点，大家无异议。但是导师的教学方法，却有点特别。有一位学生说：'我们到他的房间去，他只点起烟斗，与我们攀谈。'另一位学生说：'我们同他坐在一起，他只抽烟同我们看卷子。'从这种及别种的证据，我了悟牛津导师的工作，就是召集少数的学生，向他们冒烟。凡人这样有系统的被人冒烟，四年之后，自然成为学者。谁不相信这句话，尽管可以到牛津去亲眼领略。抽烟抽得好的人，谈吐作文的风雅，绝非他种方法所可学得来的。"

四

我曾为文，主张一人的学问与注册部毫无关系。学问怎样坏，注册部也无法断定他是不及格，学问怎样好，注册部也无法断定他是学成毕业。至于心理学七十八分，英国历史六十三分，更加是想不出什么意义。有人认为这是疯狂。现在也不必去管他。但记得志摩这样说过：他在美国Clark大学跟人家夹书包，上课室，听演讲，规规矩矩念了几年，肚子里还是个闷葫芦，直到了他到剑桥，同朋友吸烟谈学，混一年半载，书才算读"通"了。试问读书"通也未"，注册部有权过问，有方法衡量吗？须知大学之所以非有注册部不可，是因为大家要向大学拿文凭，大学为保全招牌信用起见，不得不将一人之心理学定为七十八分，英国历史定为六十三分。然而六十三分七十八分为一事，读书通不通，又是一事。结果，把一班良莠不齐的人，放在一室，由先生指定星期四九时心理学念到第二百八十六页第十三行，十时法文念到第七十六页第八行，迟钝者固然赶得喘气，聪明者也只好踏步走。牺牲了高材生以就下愚，这是通常大学教育最冤枉的一件事。牛津大学态度不同，庸才求学，牛津也送他一张文凭，贤才求学，牛津也送他一张文凭（其中要"及格学位"pass degree 或是要"优等学位"honours degree 都各听其便）。不过不叫贤才去等庸才踏步走，使他有尽量发挥的机会。李格有一段精彩的话说：

"我所以仰慕牛津的重要理由，就是这个地方，还未受了一种衡量'成绩'的风气，未沾染上驰骛于看得见，可以示人的'能率'的热狂。牛津大学整个制度，是叫贤才占便宜，而让凡庸愚钝者自己去胡闹。对于愚钝的学生，经过相当时期，牛津大学也赏一个学位，这个学位的意义，不过表明他吸过牛津的空气而未坐狱。社会对于多数的学生也只能期望如此而已。但是对于有天才的学生，牛津却给他很好的机会。他无须踏着步等待最后的一双跛足羊跳过篱笆，他无须等待别人，他可以随意所之，向前发展，不受牵制。如果他有超凡的才调，他的导师对他特别注意，就向他一直冒烟，冒到他的天才出火。"

五

我在牛津看见一位很美丽的红衣女子。这女子据我看来是天下第一美人。

也许是因为那天下午天气太好。也许是因为我自己精神太兴奋所致。也许是因为牛津的屁也香的缘故。我们的论断都是受情感作用的。但是身居其境,确系如此感觉,虽明知为主观作用,也无可如何。

牛津向来是不收女生的。不知是不是海禁既开,受了中国的影响,听说中国已经男女同学,自觉惭愧,急起直追,所以于最近也居然许女生入学了。但是仍然没有实行男女同学的勇气,女子另外立学院,替她们安排,夜里到了几点,大门仍旧关起来。牛津女子学院共有四个,为什么四个,也找不出理由。记得一个叫做圣柔利,一个叫做玛加列。因为我有三个女孩,所以也特别去参观一下。红衣女郎说她们生活很好,规矩也不太严也不太宽,总之就是合乎英国绅士中庸之道。但是言词之中,每每羡慕男生宿舍比她们好,机会比她们好。男生所住的是摩得伦僧院,她们只能住新式的洋房。她说剑桥的女生比她们自由,因为剑桥的女生还是自居化外,不能拿文凭,无论怎样勤读,剑桥总是不算她们做大学中人。因此剑桥大学也不得不让她们自由了。我看了玛加列学院的楼舍比不上圣玛利亚,圣柔利的楼舍也比不上中西女塾。但是我仍不准备把女孩送入玛利或是中西。

六

我曾在一个学院(耶稣学院)吃过饭。饭厅饭桌,还是沿用中世纪僧院的形式。高头坐着本院教员。下头学生围着一条长桌,坐在长条板凳上。墙壁上挂着也不知是十七世纪或十八世纪的油画,画中人物都是本院出色的人物。他们的眼睛下看这些学子,好像在保佑他们,同时在勋励他们上进,无愧为耶稣学院的学生。吃饭时也有许多传统的规矩,譬如不许提到女人名字,是不是僧院的遗风,就无从考证了。听说有学生席上偶然提起维多利亚及以利沙伯女王的名字,也照例受罚了。席后照例传饮"爱之杯",这就是中世纪僧院之遗风无疑。"爱之杯"是一大杯。盛一种薄酒,传饮之时,也有许多规矩,犯了也要受罚。听说古时礼节,凡举杯饮酒之人,其在右之人必须起立。

这起立是有重大意义的，是要保护饮酒之人，举杯提防在他之际，有人从他背后砍他脑袋。其用意与西人握手，表示并无执剑，免冠（古时免盔之变相）表示并不敌视你之意相同。但是到底杯只有一个，大家传饮，唾沫留在杯口是不能免的事，因为我是客，他们不叫我饮，我也甚觉快乐。于是我又感觉牛津之卫生，也远不如暨南复旦。但是如果我有儿子，仍旧不准备送入复旦或暨南。

综括以上，使我得一种感觉。英人之重传统远在华人之上。这也许是英国所以为伟大，也就是牛津之所以为伟大的缘故。牛津太不会迎合世界潮流了。因为他不迎合潮流，所以五百年间，相沿而下，仍旧能保全他的个性，在极不合理之状态中，仍然不失其为一国最高的学府，一国思想之中心。所以"牛津学生走路宛如天地间唯我独尊"，这种精神求之于中国，唯有康有为，辜鸿铭二人而已。革命的人革命，反革命的人反革命，大家不要投机，观察风势，中国自会进步起来。

（选自《林语堂散文经典全编》第一卷，九州出版社1998年版）

涂思言编撰

陈芝美

【题解】

陈芝美（1896—1972），福建古田人，中国近代著名教育家。出生于牧师家庭，是虔诚的基督教徒。1908年就读于福州鹤龄英华书院（8年制），1916年赴美国康奈尔大学攻读教育学，获教育学学士学位。先后任福州协和道学院英语教员、福州基督教青年会学生部主任干事，1921年应邀到厦门大学教育系任副教授、教授，任职8年。期间，由于教学成绩斐然，美国康奈尔大学授予其荣誉博士学位。1928年就任鹤龄英华中学第一任华人校长。新中国成立后，陆续担任福州市人大代表、福建省人大代表，福建省政协、福州市政协委员，省政协宗教工作组组长等。爱国育才，教泽流芳，一生秉持"博爱、牺牲、服务"的精神，为教育事业奉献一生。

陈芝美论述教育思想的文章并不多见，《英华书院》一文是他出任英华校长十个月之后，于1928年12月18日发表于《卫理公会通讯》上的，题为 *ANGLO-CHINESE COLLEGE*。英华书院指的是鹤龄英华书院，是美国美以美会于1881年在福州创办的一所初级大学，定学制为八年，其中七、八年级相当于大学一、二年级。因福州福利洋行店主、基督教徒张鹤龄捐款购置仓前山池后的有利银行一座洋楼及周围场地为校址，故中文校名中冠以"鹤龄"二字以示纪念，所购洋楼也叫鹤龄楼。1916年福州英华书院决定改为中学六年制，1923年，书院改名为鹤龄英华中学校，英文校名仍沿用原名

（Anglo-Chinese College）。1927年2月，在中国人民反对帝国主义文化侵略，要求政府收回教育主权的斗争形势下，美国人黄安素校长被迫辞职。1927年秋季学校停课半年，一部分学生转学或寄读他校。校董会聘请厦门大学教育系教授陈芝美担任第一位华人校长，1928年1月28日正式就职，2月招生，7月学校向政府申请立案，9月获批。陈芝美接手后，经过一系列的调整与重组，对英华办学体制与课程设置等方面进行重大改革，新英华在福建教育厅成功注册。在《英华书院》文中，他介绍了英华书院对学生的选择、教师的选择、师生关系、宗教活动原则与内容、课外活动、学校建设计划、办学目的等。从就任的第一天起，他立定目标，要把英华中学办成第一流的中学。新英华中学的办学体制，属于六年制的综合性完全中学，"学校分成三部：预科（二年）、初中（三年）、高中（三年）。高中分四科：文、理、教、商。每个高中生选其中一科"。实行选修制度，"由第二年开始，以满足学生不同的兴趣和要求"。原英华中学的办学特色之一是高标准的英语教学，学生的英文成绩优，但国文水平次。在陈芝美校长主政下，聘请国学名师，加强国文教学，增进学生对中国传统文化的了解，使英华中学成为"中英文化两方面最优良者"，把英华中学办成为国家培养人才的新学府。原英华中学的宗教气氛浓厚，宗教教育在学校里占据中心地位。华人任校长后，坚持"宗教以自愿为基础，学校不强迫信教"的原则。

陈芝美校长具有民主自由思想，从不在信仰上束缚学生。英华中学在重视课堂教学的同时，十分重视学生的课外活动，鼓励学生德、智、体、美全面发展。学校有丰富多彩的社团组织，有"学生会、英语会话组织、讲普通话组织、合唱队、男子俱乐部、文艺社、戏剧俱乐部及多种体育队"。这些社团组织活动都有教师指导，"除课堂教学外，每位教师主动作贡献，指导许多课外活动，以加强师生紧密接触"，不仅有助于建立紧密的师生关系，还能给予学生正确的生活指导。由于陈芝美校长将英华中学的办学定位于一流中学，所以在招生上严格把关，虽然报考人数很多，"但考虑新英华所要达到的标准以及校规只允许招收品德良好的学生，所以招收委员会只录取其中少数的"。一流的学校除了有好的生源外，必须有一流的教师队伍和一流的教学设备保障。陈芝美校长严格择师，英华中学拥有一支中外结合的高学历师资队伍，有留学美国、日本的，有国内名牌大学毕业的，有中国人、有美国人，"现校教工34人，均经过选择。其中8位是美国留学归来，3位来自日本，8位是美国人，其余是中国各大学或本校学生"，形成了一支文化程度高、教学水平高、责任心强的多种文化背景的师资队伍。与此同时，陈芝美校长致力于校园的开拓和教学设备的配套完善，"计划高中部迁至望北台新校舍，有助于开拓高中精神"。在陈芝美校长主政下，注重拓宽国内资金援助渠道，"希望从此开拓学校资金有永久性的中国人资助"。学校需资金"以扩展工作，增加人员，改善设备。实验室需添加仪器，高中需优良的图书馆"。从这篇《英华书院》的介绍中，可以窥见陈芝美先进的办学理念与治校能力。陈芝美主持校务20年，校誉日隆，卓有建树，培养了陈景润、沈元、陈彪等大批科学家、学者、企业家、革命烈士，校友遍布世界各地。1953年英华中学更名为福建师范学院附属中学。

《游美中职业指导的闻见概述》一文，发表于1931年，是陈芝美介绍20年前关于美国重视学生职业指导问题的见闻。职业指导的问题引起美国社会人士的广泛关注，被作为与升学同等重要的问题。当时波士顿成立专门的职业指导社，下设两个附属机关：一是女子职业讨论会，一是家庭学校联合会。1909年，波士顿职业指导社受该地教育当局邀请协助各学校学生职业指导事宜。该会的工作颇有成效，社会反响很大。1910年，美教育当局在纽约公布："指导男女学生们，使他们所任的职业在个人，在社会，都会收到最大的利益是要随时考察社会的要需和学生的才干与能力。要实施这种的指导，在学校方面必须有一种组织。"之后，学校也成为职业指导的中心。"各市镇、各学校如雨后春笋，纷然继起组织职业指导委员会。"学校聘请"各职业团体的重要人们为顾问，赞助指导事业的进行"。随着社会的发展，职业指导的工作重点也发生变化，美国"近十年来，职业指导的事业更注意到个人的工作"。职业指导的成功还需要有合格的指导者，是要"指导者与受指导者的精神互相融合"，职业的指导才不至于"徒劳而无功"。职业指导者要热爱这份工作，还要具备"最少的限度，远大的眼光，创造的能力，高深的学识，和蔼的态度，勤勉，谨慎，和忠诚是必须备具的。因各地职业之差异，担任指导的人们还要熟稔当地生活的程度和工商的状况"。职业指导的原则，"只在谆谆善诱，使每一个学生都会认识哪种职业与他最为适合。只应作种种的提议，不应强奸学生的意见"。而且，"指导者不应有偏见和臆断"，更不能沦为职业介绍。所以"强迫，偏见，臆断，虚假，缺乏个个谈判，徒事代谋位置是都不合职业指导的原则，是职业指导的禁条"。美国现在，"职业指导的事业，无论是社会办的，是学校办的，都'日新月异'的进展"。他指出，对于福建的现在，"职业指导的事业是刚才萌芽"，要"慎终于始"，不能照搬美国，要"因时制宜"和"因地制宜"，订立适合我们地方的职业指导方案，"要截长补短订定适合我们地方情形的职业指导的方针与办法，使我们职业指导的事业最易奏功"。这是陈芝美写这篇见闻的用意所在。

《尤溪古田两县民训视导报告》一文，是陈芝美到英华学校学生民训队工作区视察情况的报告。抗日战争爆发后，英华中学迁到闽北顺昌县洋口镇。民训工作是抗战时期的一项重要内容，1937年12月福建省教育厅规定，福建各学院各年级男女学生及全省高中以上学校（包括师范学校、职业学校）的二年级以上学生，均须参加民训工作。学生施以短期的军事政治及救护等训练，以期造成俊秀精壮的干部人员，从事于大规模的救护和民训工作，分军事训练、政治训练两组。军事训练由男生担任，以定式教练青壮男子、少年，增强抗战能力。政治训练组以流动方式训练一般民众，有家庭访问、座谈会和文艺宣传等，其目的是激发民众爱国情感，增强抗战意识。当时英华中学都是男生，高二、高三学生分配到尤溪、古田两县参加民训工作，两县地处偏远地区，交通不便，"重以叠（迭）遭匪患"，但学生们不畏艰难，毅然承担任务;"奉派在该两区工作之学生,并不因其地之远僻与宵小之肆扰无常,即视为畏途,亦毅然相率前往",令校长陈芝美尤为欣慰。同时,他看到民训工作是相当困难的,而且有些区域治安堪忧,"尤溪四区以地方之不靖,工作进行,实大感困难",甚至匪类猖獗,对学生的生命安全造成威胁,"区署系设于土堡之内,各生一离署二三里之遥,即须派警保护"。当他目睹"匪类围掠一村庄,区署以众寡悬殊,虽距离伊迩,无能往援"时,他极度担忧学生的安危,回到县城,马上跟县长商量将学生调回到县城工作,可见他爱生如子的深切情怀。

陈芝美通过视察认为,不同区域因治安的关系,组织方式不同,有不同的成效。尤溪县政训组力量集中,善于合作,取得较好成效,"尤溪系以区为工作单位,除任军训各生稍为分散外,政训组各生则每区合组一队,于各联保间巡回工作",所以,"因力量之集中,且能分工合作,政训之收效,良为昭著"。军训因刚开始,没能判定成绩如何。古田则是"每一联保派学生一人或二人,其工作系侧重于壮丁之训练,政训与军训两者兼施。每一联保之壮丁大率自百人以至二百余人,且有一联保竟仿照学生集中办法办理"。这么多的壮丁集中,只有一两个学生负责,又是军训又是政训。工作开展20天,检阅结果"精神尚皆奋发,而初步军事动作亦粗能合节"。问各壮丁:"肯为国家效力与否?"则皆应声曰"然"。不同区域成效略有不同,"古田三区之杉洋鹤塘西洋等处,以民众久戒于匪,壮丁训练之成绩,尚较其他各处为优越"。虽然成绩尚可,但字里行间,透出校长对学生的关爱与心疼。其工作量之大,"综计尤、古两邑受训壮丁,约计万有余人"。认为古田县的分配形式不甚合理,学生又势单力薄,可想而知面临的困难与不易。在政训方面,陈芝美也考察出优缺点,优点是"两县所同收特著效果者,则为抗战图画之展览与讲解",因"乡村民众之能识字者百不二三,文字宣传,几无所用。而抗战图书,不但足吸引其兴趣,解释之余且深能激动其爱国情绪,因以收效殊大"。但是,因乡村民众不识字,自然不会听说国语,"至方言之阻碍,古田语言与福州不大差别，尚无困难。唯于尤溪各区则国语与福州语，两不通用，动辄需要传译"。所以，派学生去区域工作，也要考虑语言问题，最好是去生源所在地。

另外，指出家庭访问问题，因英华中学皆是男生，受传统礼防观念影响，自然吃闭门羹，"盖以乡村妇女犹至重视所谓古之礼防，且男子率在外工作，所以每当学生登门访问，非闭户坚拒，即隐避一空"，认为应当派女生去更加合适。在考察结果的基础上，陈校长向教育厅提出三方面建议。一是工作方面，应侧重政训工作。原因是"偏僻区域，风气之闭塞，民智之低陋，有不堪言喻者"，不知日本为何物者比比皆是，所以"抗战期中，军训固应重视，而政训实尤为常务之急，盖欲军训之自成，亦必先之以政训"。而且，从学生的能力来看，承担政训工作更为合适。军训组学生"只适宜于协助社训教练员担任小部分之军事教练，以表示现代学生之所受训练者于民众，使其对于军训有相当之了解与认识"。军训纯粹依靠学生，难以胜任，"若纯责学生负起训练壮丁之重任，实所难能"。二是分派方面，应小组合作。"对分派上似应稍为集中，军政训应联合组织以三五人为一队，最为适宜，俾得互为援助若议进行。"因为单个学生势单力薄，且缺乏经验。"以一学生分派在一联保任政训或军训工作，殊嫌能力薄弱，率难唤起民众之注意"，终难成功。"且各生经验缺乏，偶遇困难，大都罔知所措。"所以第二期赴新县区进行民训工作，力量不再分散，"军训组与政训组应一同调动"。三是督导方面，每县应增派督导员。督导工作颇为重要，"民训督导员每县只派一员，以区域之辽阔，与时日之短促，要能随时一一巡视，颇见困难"。陈芝美建议每县分区督导，"由县长社训教官县党指委暨民训督导员各分任一区"，更为妥善。

英华书院

英华中学对突然政治变化未有准备，1927年秋季停办，直到1928年1月才重组完成，并进行一系列调整，第一次由中国人负责。根据国民政府私立学校注册规定，新英华在福建教育厅注册。开学时，我们十分注意选择学生，因此学生人数较少。我们相信人少可保证工作质量更优良。虽然由于反对基督教情绪带来许多困难，但是由于董事会支持和教职员合作，10个月来，学校工作很成功。的确，这是激动人心的。我们不禁感谢上帝在此过渡试验期伸手帮助。

现校教工34人，均经过选择。其中8位是美国留学归来，3位来自日本，8位是美国人，其余是中国各大学或本校学生。除课堂教学外，每位教师主动作贡献，指导许多课外活动，以加强师生紧密接触。我们相信英华不仅是学习园地，而且可以从典型实例和"大哥哥"中学会正确生活。今天秋天高智夫妇及顾星辉（Cooper）女士从美国参加我校队伍，使师生迅速取得信任和尊敬。

学校宗教活动由宗教工作委员会负责，其主席是夏平和（F. C. Havigburst）。国民政府坚持宗教自由。宗教以自愿为基础，学校不强迫信教。但是，我们试让学校宗教生活自然成长。

学校的宗教活动有：教工会议、学生祈祷会、主日唱诗班、小礼拜、学校青年会、教堂服务、圣经班、主日学、个人宗教会见及讨论小组。学生报名参加的约占50%。高中比例更大。夏平和（F. C. Havigburst）除8个高中生外全部参加。宗教自由的结果可能量有损失，但我们目标是求质。总之，我们需要更强、更好的基督教徒。

学校分成三部：预科（二年）、初中（三年）、高中（三年）。高中分四科：文、理、教、商。每个高中生选其中一科，高中有选修制度，由第二年开始，以满足学生不同的兴趣和要求。学校继承英语高标准教学，努力保持此标准，现又加重中文。很幸运有几位知名学者来服务。英华应成为中英文化两方面最优良者。

学生在册人数250人，比春季多25%。9月有200名报考入学考试。但考虑新英华所要达到的标准以及校规只允许招收品德良好的学生,所以招收委员会只录取其中少数的。学校有许多课外活动,如学生会、英语会话组织、讲普通话组织、合唱队、男子俱乐部、文艺社、戏剧俱乐部及多种体育队。

计划高中部迁至望北台(Huong Dau)新校舍,有助于开拓高中精神。预科在曹(Tsio)主任管理下工作优良,学校需资金以扩展工作,增加人员,改善设备。实验室需添加仪器,高中需优良的图书馆。在英华历史上,我们预算中第一次列入中国人捐助几百元。希望从此开拓学校资金有永久性的中国人资助。这不是忘记英华中学需基督教教育运动的支持和祷告。我们面临许多难题。谢谢上帝使我们在为基督教学校更加基督教化奋斗中不孤单。(陈世明译)

(选自福州英华校友会编《陈芝美教育思想研讨》,2001年内部出版)

游美中职业指导的闻见概述

"将来教育的最大的成功是在于会使男女学生们无论在社会上任何一种事业都能够有最大的效率。"这种信念,在我脑海里浮沉着,腾涌着,不知道已有几多时了。

这次刚从美国回来,便接奉教厅的训令,令饬组织学生指导委员会分会,并颁发下该会的规程,不觉感到无限的喜乐。这个会的目的是指导学生去解决他们的升学和职业问题。处此教育幼稚和生计困难中的中国,这种的组织的确是无上的重要,无论谁都不能否认的。在欧美各国学生指导的事业已经实行了多年,颇著成效。对于社会安宁和经济恐慌的救助,尤为显而易见的。成见的我不自惭寡陋,且把这两年来在美对于这种组织的根源,进展的程序,和实施的纲要所闻见的,略为叙述。

约在二十年以前,美国教育界已感到有指导青年去解他们职业的必要。

升学问题亦视为同等重要。Elliot 的"教育的价值是在于指导人生的职业"的演题，可说是最大的动机。自后，关心教育和社会事业的人们，都把这种问题精密地研究，并同意主张青年们的职业应有适当的选择与先前的准备。这时最努力这种运动的中坚分子可说是 Frank Parsons，他是一个波士顿社会事业扶助社职业部职员。因职务所在与特殊兴趣，他常常同妇女职业社、青年会等，讨论青年男女们职业指导的问题。他的《职业的选择》一书，是他工作的结晶品，而实有很大的贡献。科学的个性分析和指导者应具的才识。在这书里，论之甚详。因他的热烈的倡导和伟大的著述的结果，职业指导的问题大引起社会人士注目。当时有一般实业家，教育家，和社会家便起而组织一个波士顿职业指导社。

这社的组成在当时可算是已十分完密。为谋事业的进展，和指导的顺利起见，在它的下面还设立两个附属机关：一是女子职业讨论会，一是家庭学校联合会。女子职业讨论会的工作是在考求和统计青年女子离校后所感受职业上的种种困难，并想出法子去减免她们在职业上的缺望与失败。它的工作可简述如下：（一）考查青年女子所任的各项职业，各项职业应需的技能，和各项职业位置的稳固和薪束的高低。（二）公布考查的结果于各学校。（三）设立职业指导处指导离校的女子关于她们的职业。

家庭学校联合会的组织是为要探求学父兄对于他们子弟的将来职业的意见与计划。然后，家庭与学校间的声气才得以沟通。自然的，职业的指导更易于收效。这会的工作可以概括如下：（一）用问答方式的填表法征求学父兄的意见。（二）征集意见后，分组讨论指导的方案。（三）调查各项职业的状况和需要工作者之缓急与容量。（四）调查各种职业的薪束和工作者应备其的体格、资识与才干。

1909年，波士顿职业指导社会受该地教育当局邀请协助各学校学生职业指导的事宜。它为要扩大职业的指导和引起群众的重视，常常招集工、商、教育各界著名人士聚餐并讨论一切关于青年的职业问题。他们本所得的经验，表示说："职业的指导，不但使青年男女们自身，家庭，和学校得到裨益，即实业方面，亦受利不浅。"此外，该社还聘请专家到各校演述各种职业问题，使学生们知所选择和准备。这种演述，不但学生对之生趣，教师和家长亦视此为研究职业的良好机会。

当时，在各指导团体中，最努力的工作者当推学校的教师。他们常常召集家长和学生共同讨论。因他们十分的努力，所以他的成功也比较为大。因之，学校竟成为职业指导的中心了。在1910年，美教育当局在纽约这样的公布："指导男女学生们，使他们所任的职业在个人，在社会，都会收到最大的利益是要随时考察社会的要需和学生的才干与能力。要实施这种的指导，在学校方面必须有一种组织。"

这种公布便引起学生指导委员会的组织。在同年，全国第一次职业指导会议，在波士顿开会后，各市镇、各学校如雨后春笋，纷然继起组织职业指导委员会。学校指委会的委员大半以学校职员充任。委员会之下，特置一主任专理一切指导事务。在委员会之上，更组织一个顾问部，聘请各职业团体的重要人们为顾问，赞助指导事业的进行。指委会的工作的范围不但限于调查当地各项职业的状况，学徒的状况，工作人员的需要，工作人员的待遇，工作人员应具的才识与训练和其他种种的调查。因要爱护和保全青年男女生的纯洁品性，更要和雇者计划开设补习学校，使才离学校羁勒的学生们不至于无拘束地放荡而终至于堕落。

近十年来，职业指导的事业更注意到个人的工作。社会所能致力的只是在于酿成风气和征集报告。其实，职业的指导是要指导者与受指导者的精神互相融合。单方的努力是万不会成功的。所以职业指导的纲要是要指导者与受指导者常常作亲密的，剖切的晤谈，不要具文的，循规的。并且一两次的晤谈，还是谈不到成功，因为短时间的关系是不会使指导者探求得被指导者的职业的智能与旨趣，而下以适宜的指导。另一方面，常常的晤谈或讨论更足以鼓动起受指导者的热诚，去找寻解决他们自己职业的法子。要是这样，职业的指导才会不至于"徒劳而无功"。

能够担起上述指导工作的人才可说是很难得。最少的限度，远大的眼光，创造的能力，高深的学识，和蔼的态度，勤勉，谨慎，和忠诚是必须备具的。因各地职业之差异，担任指导的人们还要熟悉当地生活的程度和工商的状况。更为紧要的，就是他们对于这项工作要有浓厚的兴趣才兴。要有上述各项特才的人们自然是不容易找到。在美各地现都注意到培植这项人才。前在1910年，波士顿职业指导社在该城开设职业指导专修科，研究关于职业指导的原则和方案。

在执行职业指导时，指导员所应尽的任责只在谆谆善诱，使每一个学生都会认识哪种职业与他最为适合。只应作种种的提议，不应强奸学生的意见，遵循他的指导。所以职业选择的主权应归诸学生。其次，指导者不应有偏见和臆断。存有爱好某种职业或嫌恶某种职业，与臆断某生合于某种职业而无精密的考察，都足以破坏指导事业的全值。又若没有亲切的接触，不事个性的分析，徒令学生们填答表册，因据以为指导的资料，是万难有完美的结果。因为多数人们很难客观地判别自己，或因才力薄弱，无能按表照填，所以虚伪、空泛在所不免。更为危险的是化职业指导为职业介绍，一般学生们竟视职业指导的会社为谋职业的南山捷经（径）。职业指导的本旨是为全社会谋福利，并不是为个人谋职业。纵有介绍职业的机会，在指导者，使没有详细考察学生的能力，在学生使没有职业的训练，贸然介绍是不啻送学生到黑暗的地方去，而该职业抑或蒙其害。总之，职业的指导是要指导者与受指导者努力合作，才会成功。无论哪一方起了怀疑与疏忽，都会使全局失败。所以强迫，偏见，臆断，虚假，缺乏个个谈判，徒事代谋位置是都不合职业指导的原则，是职业指导的禁条。

到了现在，在美各地的职业指导的事业，无论是社会办的，是学校办的，都"日新月异"的进展。虽不能说是十分成功，但是那一种奋发和热烈的精神可令人惊服。以上所缕述的，不过是九牛一毛。可是，指导的纲要和禁条却失之不远。

在我们福建，职业指导的事业是刚才萌芽。本"慎终于始"的古训，萌芽的时期实实在在是非常紧要，因为种植怎样，收获也是怎样。职业的指导是要"因时制宜"和"因地制宜"的。因"时""地"之不同，实行的方案或大相径庭。所以把美国或其他各国的职业指导的组织和规条，依样画葫芦的搬到中国来，是用不着的。我们要截长补短订定适合我们地方情形的职业指导的方针与办法，使我们职业指导的事业最易奏功。我们现在所应致力的就在这点，这也是编者的始意所在。

（选自《福建教育厅周刊》1931 年第 75—76 期）

尤溪古田两县民训视导报告

引言：本省民训工作开始后，教育厅为增强工作效能起见，曾通令各中等以上学校校长，到各该校民训队工作区视察，英华中学校长陈芝美已视察返校，并有详尽之报告呈厅转会，兹特将前报告刊载于下。

窃民众训练，为抗战期中要政。校长为要激励职校各生工作之精神，与明了各地实施状况，资为改进之参证，同时并虽示各生解决一切生活上办事上之困难计，经于二月四日率同辅导主任林观得前赴尤溪视察后，于十七日折往古田。尤、古两县计各分四区。在尤时系先视察第二区，然后而一区而三区而四区，于古田则依序巡视第一、二、三、四等区。尤溪地属多山，高峰层嶂率拔海在二千尺以上，因交通之不便，致需时略长，古田则为较平坦。此次出发计先后费时二十四日，历程都一千四百余里，徒步者七百五十里。经于二十八日各区一一视导完毕，始返抵校。

就尤溪古田两县而论，古田文化水准略较尤邑为高，工作亦以稍易。唯其第三区杉洋一带距城远在百里之外，重以叠〔迭〕遭匪患，地方尚未十分安堵，其进行之困难，只次于尤溪第四区之清溪一带。但奉派在该两区工作之学生，并不因其地之远僻与宵小之肆扰无常，即视为畏途，亦毅然相率前往。古田三区之杉洋鹤塘西洋等处，以民众久戒于匪，壮丁训练之成绩，尚较其他各处为优越。至尤溪四区以地方之不靖，工作进行，实大感困难。区署系设于土堡之内，各生一离署二三里之遥，即须派警保护。校长到达该地之日，经目击匪类围掠一村庄，区署以众寡悬殊，虽距离伊迩，无能往援。校长返县后，因乃商同县长将该区各生调在县城工作，俾收实效。

按此次尤、古两邑之民训，因地域与治安之关系，于组织上微有不同。尤溪系以区为工作单位，除任军训各生稍为分散外，政训组各生则每区合组一队，于各联保间巡回工作，且利用五日为墟之日向广大民众作热烈宣传。因力量之集中，且能分工合作，政训之收效，良为昭著。至军训方面，到地时方在开始，成绩何若无能判定。古田之分配则于每一联保派学生一人或二人，其工作系侧重于壮丁之训练，政训与军训两者兼施。每一联保之壮丁大率自百人以至二百余人，且有一联保竟仿照学生集中办法办理。校长到达视察之际，虽只经开始两旬，检阅结果，精神尚皆奋发，而初步军事动作亦粗能合节。问各壮丁："肯为国家效力与否？"则皆应声曰"然"，而且跃然呈露其同仇敌忾之诚。殊引为快慰。综计尤、古两邑受训壮丁，约计万有余人。

关于两邑同感棘手者，则厥为家庭访问。盖以乡村妇女犹至重视所谓古之礼防，且男子率在外工作，所以每当学生登门访问，非闭户坚拒，即隐避一空。此项家庭访问工作，似应由女生任之为宜。而两县所同收特著效果者，则为抗战图画之展览与讲解。乡村民众之能识字者百不二三，文字宣传，几无所用。而抗战图书，不但足吸引其兴趣，解释之余且深能激动其爱国情绪，因以收效殊大。至方言之阻碍，古田语言与福州不大差别，尚无困难。唯于尤溪各区则国语与福州语，两不通用，动辄需要传译。幸赖该邑各区小学教员与中学学生皆乐为担任，竟有不恤奔随数十里，为各生传译者，诚为难得。

再者，尤、古两邑之县府区署各公务员中心小学校长等以至联保主任保甲长，除一二能力薄弱外，率能仰体时艰，奉行政令，民训工作之受其协助进行者实非浅鲜。

依校长视察各生参加民训结果，或有所贡其一得之愚者，约有数端，谨附陈如次：

一、关于工作方面：校长此次周行尤、古两县，深觉各偏僻区域，风气之闭塞，民智之低陋，有不堪言喻者，问之何为"日本"，不知者比比皆是也。良以际此抗战期中，军训固应重视，而政训实尤为常务之急，盖欲军训之自成，亦必先之以政训。就学生能力而言，率优于政治工作，而能率领百数民众，施以军事训练，操纵自如者良不易得。故所谓军训组学生之工作，只适宜于协助社训教练员担任小部分之军事教练，以表示现代学生之所受训练者于民众，使其对于军训有相当之了解与认识，而大部分工作则应以壮丁为施行政训之对象。若纯责学生负起训练壮丁之重任，实所难能。此节似对于各县民训者有提示之必要。

二、对于分派方面：据校长视察，以一学生分派在一联保任政训或军训工作，殊嫌能力薄弱，率难唤起民众之注意。苟能得到当地保甲长之协助，则工作尚可进行。否则终将无功。且各生经验缺乏，偶遇困难，大都罔知所措。故对分派上似应稍为集中，军政训应联合组织以三五人为一队，最为适宜，俾得互为援助会议进行。查第二期民训只政训各生调赴新县区，任军训者仍留原县区办理。又高二各生将延续工作一月。校长依据前节与本节之观点，窃以四十余学生支配在率方约二千余里之县份已大感难于分派，若更一部调动而一部滞留，力量自更形分散。且军训组各生留在原地点赓续训练壮丁，于军训技术上欲其有若何成效，似所难期，而反使新县区缺乏军训人材，良有偏枯之弊。若果第二期训练完毕后，又将高三学生召回补课，而分高二学生延续工作一月，则为数益见零星。按照职校情况言之，此次奉派在尤、古两县学生综计九十名，第二期调动时，除军训组应留在该原两县者各十二名外,是前赴新县区者每县区只三十余名,若第二期终毕,更将高三学生五十余全数召回,所余留者只三十余已。以三十余名之学生,分配于三县与一特种区,工作能力之薄弱,殊为可虑。校长深以调赴新县区之时,军训组与政训组应一同调动。

三、关于督导方面:查此次民训督导员每县只派一员,以区域之辽阔,与时日之短促,要能随时一一巡视,颇见困难,而督导工作,实则又至关重要,不容或忽。窃以古田县之督导分配视由县长社训教官县党指委暨民训督导员各分任一区,此种办法,良为安善,似可通令依照办理。

(选自《民训指导》1938年第22期)

陈明霞编撰

王世静

【题解】

王世静（1897—1983），字仲止，福建闽县（福州）人，我国杰出的教育家。出生于官宦世家，从小在教会学校学习，1913年就读于华英女书院，1917年进入华南女子大学学习，两年后赴美国晨边学院学习，在美国密歇根大学化学专业继续深造，1923年获化学硕士学位，1928年再赴美国密歇根大学进修教育专业，获博士学位。先后在厦门大学、华南女子大学任教，1929年接任华南女子大学的第三任校长，也是第一任华人校长。1958年退休后继续担任福建省政协第二、三、四届常委。一生秉承"受当施"的奉献精神，为女子高等教育事业发展、女性解放运动等作出了卓越贡献。

《永远刻着我的印象中》是王世静校长在纪念程吕底亚前校长奖学金基金募捐启动会上的讲话，阐述了华南女子大学创办的初衷、校训的内涵以及学校的办学特色。第一，关于程前校长办学的初衷。程前校长相信教育的力量，"首先发见我国女子，有绝大的能力，如果施以教育，不让于任何男子"，女性同样能为社会发展作出贡献。她佩服程前校长先知先觉的眼光，创办女子大学使"中国女子潜在力量，可以化腐朽为神奇，化黑暗为光明"。第二，关于校训"受当施"的内涵与宗旨。强调"受当施"是程前校长为本校立定的校训，也是她为"'中学校园女子'造成社会服务的指针"。我们接受大学教育不当为自己，也为同胞。她指出："培植中国女子，不仅谋其自身改善，而在由小及大，由近及远，谋普遍的改良，所以华南女子毕业以后，所派工作，多是到民间去，到乡村去，不论环境怎样困苦，风气怎样闭塞，华南毕业生的使命，就是向困苦中求挣扎，于闭塞中求开通"。程前校长已做了表率，王校长表示自己敢于接受校长的职责，也是程前校长给她勇气和觉悟："唯中国人民能救中国人，要完成中国女子教育，只有靠着中国女子已受教育的许多人。程前校长是替我们做个开路先锋，我们要大踏步的跟着先锋前进，不可丝毫退后。我之所以敢于接受本学院艰巨的责任，就为这个动机。"第三，关于爱国。爱国不是空论，而是实行积极的人生。铭记程前校长的教导："爱国应循正轨，应有彻底力量"，不是嚣张的言论和罢课所能成功的。第四，关于女子大学的特色。重视发挥女子的特长。"本学院除普通学科外，所着重的，家事教育、音乐教育，认为发挥女子天才的两特点。"所以，程前校长苦心焦思，特别重视家政和音乐课程的建设，"凡是女子应有的学科，绝对不使缺乏，女子特长的学科，更设法谋其增加"。而且要学习"其一种学不厌诲不倦的精神"。此外，王校长勉励学生要学习程前校长尊重他人平等博爱的胸襟以及心口如一的为人风格，"程前校长每次回国，募捐款项，或报告在华工作经验，都是宣扬我国人的优点，和可以共同前进的精神，断不取傲慢轻蔑和侮辱的态度"。

《本院三十年度开学式训词》是王世静校长在新生入学教育上的讲话，主要对学生进行人生观教育、爱国爱校教育、人格教育和社会责任教育。首先，要求学生在追求学业中，不忘弘扬学校"受当施"的一贯精神，就是注意服务社会的精神。强调本校办学的目的，是培养能"服务我们的社会国家，尤其是对于女同胞有不能避免的责任"。她结合中国传统教育思想"己欲立而立人，己欲达而达人"来解释本学院的校训"受当施"，进一步指出"在基督教的经典，就是来世间为服务，人生以服务为目的，合拢起来，都是一贯的道理"，要求学生要明白人生的使命，"我们受教育的不是把智识占为己有，要把它推广到社会去，所谓先知觉后知，先觉觉后觉"，才不负本校栽培的苦心。其次，要团结一致，爱国爱校，以大局为重，不自私自利。"图谋整个学校的发展，爱护整个学校的荣誉"是每个人的责任。"华南需要我们全体能够一心一德，爱护学校，贯彻始终，来达到女子高等教育的使命。"第三，不怕艰难，不要苟安。指出，"复兴国家、复兴民族都是由艰苦困难中间挣扎出来的"，鼓励学生要不怕困难，"在我们三十年校史里面，我们是经过很多的困难。有的时候，环境情形，会叫我们灰心失望，但是我们总是本着坚定的信仰，来应付一切的困难，所以都能够战胜一切的难关"。"有时就是因为困难，能够增加我们的力量，使我们团结一起。"要忍痛负重，"像骆驼渡过大沙漠一样"。在顺利时"也不要太骄傲，太乐观"，"更应该埋头苦干，一点都不放松，来准备对付将来比现在更困难的情形"；在失败时，不要太悲观，"要明白乐观才可以谋生存"。最后，要求学生要有真才实学，明白自己的社会责任。"我们现代妇女教育，得了平等机会，各方面都需要着妇女人才出来为国家为民族谋发展，我们不要怕妇女没有职业，没有出路，我们只怕自己无才干，不怕社会不欢迎，只怕自己没有实在的贡献，不怕人家不用我们。"平时就要勤奋学习，增长才干，"大家平时要好好准备，临时才可以拿出来应用"。勉励学生："我们女生，肯干起来，实在输不了男生，有时候还超出了男生以上。"还要有注意服务社会的精神，古书曾说："己欲立而立人，己欲达而达人。"并且告诉学生："事事能明白我们真正责任，拿出真本领，来应付一切，不怕没有职业可干。这就是我们前途的光辉！"

《福建省妇女工作报告》是王世静在宋美龄召集的"战时妇女工作谈话会"上的工作报告。1938年4月，宋美龄以"新生活运动妇女指导委员会指导长"的名义，函请各党各派各地区的妇女领袖及知名人士，参加5月下旬在庐山举办的"战时妇女工作谈话会"。会上，一致同意"妇指会"作为领导全国战时妇女工作的统一组织，选举宋美龄继续担任指导长，补选李德全、邓颖超、孟庆树、曹孟君等人为"妇指会"领导人，王世静与其姐王世秀也应邀参加此次会议，姐妹俩还与宋美龄合影。大会通过了《告全国女同胞书》

和《动员妇女参加抗战建国工作大纲》。这次集会对全国妇女抗日统一战线组织的建立、对其后妇女界参与抗日救亡工作，均起到一定的推动作用。王世静汇报了福建省妇女所开展的工作内容和成效。福建省成立了四个团体：一是福建妇女提倡国货委员会，成立于1935年，有会员1418人，主要工作是设立"国货存列室，举行国货展览会，举行家庭访问，播音宣传，游艺宣传"等，进行国货推销。二是福建妇女新生活劳动服务团，成立于1936年，有团员1110人，主要办理各项新生活运动事件。包括"保婴运动、识字运动、设立民众夜学校、检阅各种卫生情形、纠正妇女奇装怪服，以及妇运工作、慈幼工作等"。三是福建省会妇女抗敌后援队，成立于1937年，团员共计4000余人，所做工作，有"劝募救国捐、劝购救国公债、捐输棉背心、举行家庭妇女抗敌宣传、举行雪耻与兵役宣传、征募现金及金银首饰、寒衣、被帐、军鞋、碎铜废铁等，并参加省会医药救护工作"。四是福建省会战地妇女宣传队，成立于1938年，成员454人。分为本队歌咏组、本队话剧组、本队家庭访问组、战时儿童保育宣传等。王世静还着重介绍了福建省民训、干部训练总队的情况、工作内容和师生的表现。总之，"福建妇女爱国情绪，和努力工作精神，也是不甘退居人后的"。

《本学院开学日动员大会开幕词》是王世静校长在1950年学年度第一学期华南学院举行开学典礼上的讲话，也是新中国成立后学校第一次举行动员周年的开幕典礼。文中充分体现了王世静能跟上时代发展，与时俱进的办学精神，带领全体师生员工明确目标，同心合力搞好学校，提高政治和业务水平，培养出德才兼备的学生。她说："今年开学典礼，和往年是不同的，是有进步的，因为过去开学典礼，是偏重一部分同学的，是侧重新生的"，"可是今年是进步了，我们是注重全校性的"，所以把新生周改为动员周。她进一步说明开动员大会的目的有三个：明白什么叫作动员；明白本学院这回动员的目标是什么；还要明白怎样贯彻这个目标。首先，关于动员，她告诉全体师生们，任何事物都是发展变化的，不是一成不变的，"我们要晓得世界一切事物，没有一时一刻是停顿着，没有一时一刻，不是在变动着，因为这样，旧陈的东西才不断的衰老和死亡，而新的东西也就跟着前进和发展，自然界是这样，人事界也是这样，我们办教育的，更要明白这道理"。我们办教育的，"不进则退"，"不求成功就是失败"，所以，要求大家团结一心，"向着同一目标，扫除一切的障碍，谋前进和发展，这是今天举行动员的一个粗浅意义"。其次，关于动员的目标，她说，"我们是办教育"，并且有自己的特点，"是私立的是华南特殊的，是女子的，是文理学院的高等教育"，为着培养许多同学，才有这个学院，"要把许多同学教育的水准提高"，"就要全心全意把这个学院搞好"。所以，根据师生代表、工友代表的充分讨论，提出了四点，作为这回动员的目标，即：1. 促进师生工友团结的精神；2. 提高政治思想水平；3. 搞好学习；4. 树立主人翁的态度。

第三，关于怎样贯彻四个目标。她说："我们办学校，最要紧的，是实事求是，不是能说不能行，是主张理论与实践一致的，不是空空洞洞的教条主义"，要求大家要言行一致。对于第一条目标，要求大家开诚布公，遇事要善意批评，而不是用恶意讥刺，不轻易发怒，彼此互助劝勉；个人不要单顾己事，"做事不求自己的益处"，"大家为学校谋利益的心，都是同一"，就可以团结。对于第二条目标，要贯彻提高政治水平，需要转变观念，"从前以为个人只要提高业务水平，就可以出而应世"，现在知道，"政治教育和我们人生观，是息息相关的，没有提高政治水平，业务与实际，是会脱节的，是所学而不知所用的"，这学期校方和同学，共同用最大的力量，去聘请这一学期的政治教员。"我们也深深的感觉到：我们有提高政治水平的必要"，但是，"单纯提高政治水准，是不够的，若不注重业务水准，就会失了培养专门人才的意义"。所以，"提高政治业务并重的水准，才是我们高等教育学校的目标"。对于第三条贯彻搞好学习目标，她指出，学问没有止境，学习不是学生的专利，先生工友们都要学习，要打破旧习惯的学习，"不单是政治学习，也有业务学习"。把学习搞好，把思想搞通，"我们大家更能本此精神，有计划，有步骤地，搞好学习，就是本校前途的光明！"对于贯彻第四条做主人翁的目标，她说："所谓做主人翁，就是事事负责，看学校的事，就是自己的事，有时比自己的事还更觉得重要。"主人翁，不是自以为大，而是要像战斗英雄、劳动模范那样，遇事不推诿，"我们今天在座人人，都应当此后随时随事以解决自己个人事情的方法和态度来处理这事，负起真正做主人翁的责任"，如能做到，华南教育，就会一天天的进步和发展。动员讲话内容层层相扣，扭转师生重视业务学习，不重视政治学习的错误观念，并进一步明确指出办学目标与师生的共同责任。

永远刻着我的印象中

——纪念程前校长奖学金基金募捐启动上的演讲

程前校长是我的恩师，我的慈母，也可以说引我到新生之路的唯一领导者。我忘记她是美国的女子，因为最同情于我国女子，首先发现我国女子，有绝大的能力，如果施以教育，不让于任何男子，更比任何女子没有愧色的，就是她！我自认有许多弱点，不敢担当事业，但是见了她，受着相当教训和鼓励，立刻增加勇气，并觉悟到唯中国人民能救中国人，要完成中国女子教育，只有靠着中国女子已受教育的许多人。程前校长是替我们做个开路先锋，我们要大踏步的跟着先锋前进，不可丝毫退后。我之所以敢于接受本学院艰巨的责任，就为这个动机，她是永远刻着我的印象中第一点。

常人往往见所能见的事，不能在数十年以前，见所未见，而且不容易做到的事。程前校长本着先知先觉的眼光，觉得布道功夫，最大基础是在教育，所以到了中国，先从办学入手。办学以后，不论当时中国怎样顽腐，社会怎样黑暗，而中国女子潜在力量，可以化腐朽为神奇，化黑暗为光明。所以在中国男子教育尚未发达时期，已经感到女子有由小学而中学、由中学而大学的必要。福建之有华南大学，可以说不由于当日环境的需要，而由于程前校长至诚的前知。她是永远刻着我的印象中第二点。

程前校长在办学中,指导我们,不是消极的空论的态度,而是积极的实行的人生。犹忆五四运动,全国学生为着爱国盛行罢课时期,程前校长很诚恳的,教我们以"爱国应循正轨,应有彻底力量,不是消极罢课或嚣张言论所能成功的"。其时学生激于情感,失了理智作用,经程前校长当头棒喝,乃若醉之方觉,梦之初醒,这种伟大精神,至今还刻着我的印象中,这是第三点。

程前校长培植中国女子,不仅谋其自身改善,而在由小及大,由近及远,谋普遍的改良。所以华南女子毕业以后,所派工作,多是到民间去,到乡村去,不论环境怎样困苦,风气怎样闭塞,华南毕业生的使命,就是向困苦中求挣扎,于闭塞中求开通。"受当施"是程前校长为本院立定的校训,也是她为"中学校园女子"造成社会服务的指针。所以本省今日穷乡僻壤,凡有或社会事业,还找得到华南校友的人数,都是程前校长预定的计划。我印象中还深深刻着的,这是第四点。

现在本学院除普通学科外,所着重的,家事教育、音乐教育,认为发挥女子天才的两特点。而于程前校长当日,早已见到中国女子,应该学习家政,并在历届学生中,选派留美专攻家政,音乐一门,也是她奠定基础。程前校长苦心焦思,凡是女子应有的学科,绝对不使缺乏,女子特长的学科,更设法谋其增加。其一种学不厌诲不倦的精神,不独我印象中永远刻着的,这是第五点。

还有一种最值得我们敬佩的!程前校长每次回国,募捐款项,或报告在华工作经验,都是宣扬我国人的优点,和可以共同前进的精神,断不取傲慢轻蔑和侮辱的态度。这种尊重他人平等博爱的胸襟,我敢相信在这未离罪恶的人类中,很少能像她心口如一的。这是第六点。

我今天纪念程前校长,不作广泛的赞美,而作深切的回忆。正如圣经所说:"不是用墨写的,乃是用永生神的灵写的。不是写在石板上,乃是写在心板上。"(哥林多后书第三章第三节)而程前校长所以有这样成就,也是圣经所说:"我们并不是凭自己能承担什么事,我们所能承担的,乃是出于神。"(哥林多后书第三章第五节)我因此更引下列圣经,与同工同学相勉励!

所以我们不丧胆,外体虽然毁坏,内心却一天新似一天。我们这至暂至轻的苦楚,要为我们成就极重无比永远的荣耀。(哥林多后书第四章第十六、十七节)

(选自《华南学院校刊》1941 年第 6—7 期)

本院三十年度开学式训词

各位同学……今天是本学院和附中举行开学典礼。我们对于新来的同学,应该表示顶热烈的欢迎!我们希望新同学在这里追求学业的时候,也能够注意到本校一贯的精神。这种精神,早已规定在我们的特别校训"受当施"里面。我们所以提醒大家,就是因为我们最大的目的,要能够实现校训,服务我们的社会国家,尤其是对于女同胞有不能避免的责任。我们的国父,已经指正我们说:"人生应该以服务为目的。"大家能够得到这种的精神,才不负本校栽培的苦心。今天本省的情形和本年六月间来比较,实觉得乐观多了。各位一定还记得上学期我们闭校的时候,刚遇到我们家乡沦陷的痛苦,人心不安定,一切工作不能按照我们的计划。不过福州的沦陷,我以前已经对各人说过,是不会影响到我们全面的抗战。所以自从四月以来,我们全国各线战争的成绩,以及国际上对于我们的援助,都一天比一天好,使我们更觉得抗战胜利的确有把握。现在我们家乡已经克复了,同样的我们不要想福州的克复,就能够结束我们全面的抗战。在这个时期,我们更应该埋头苦干,一点都不放松,来准备对付将来比现在更困难的情形。因为最后五分钟,是最关键的时期。所以我们有时失败的时候,不要太悲观,到了做事很顺利的时候,也不要太骄傲,太乐观,我们最高领袖已经指示我们以不变来应万变。单就本校的历史来作一个例子,在我们三十年校史里面,我们是经过很多的困难。有的时候,环境情形,会叫我们灰心失望,但是我们总是本着坚定的信仰,来应付一切的困难,所以都能够战胜一切的难关。假定有一个人能够代表我们学校一贯的信仰和一贯的政策,这个人就是我们所最敬爱的。第一任校长程师姑,最近从福州得到消息说她的身体软弱不久要离开我们。生离死别,是人情最难堪的一件事,不过程前校长的精神,是永久存在。目前我们的学校,也有种种的困难。有的时候,我自己好像觉得找不出一个出路;不过一想到程校长跟她所代表华南一贯的信仰,我就不敢不努力。有时就是因为困难,能够增加我们的力量,使我们团结一起。华南的将来,是在我们的手里。我们的责任,是特别的重大。所以在这开学式的时候,□□一件很诚恳的意思,要求我们全体教职员和学生!华南需要我们全体能够一心一德,爱护学校,贯彻始终,来达到女子高等教育的使命。因为只有妇女,能完全了解妇女的问题。假定我们全体的员工,能够团结,我们目前的困难,也一定有解决的一天,所以我刚才所讲失败的时候,不要太悲观,顺利的时候,更应当埋头苦干,也就是这个意思。

现在我要和诸位说明的,有下列三点:

第一要明白集体才可以谋生存,一切自私自利,只谋自身利益,而不顾其他的行为,决不宜于集体生活。人类是群的动物,小自家庭,大至国家,都是集体生活的一种,学校是大家庭、小社会的缩影,就是顶好集体生活的机关。学校中虽有校长、教职员和学生,他们的地位职务尽管不同,而抱定一贯精神,图谋整个学校的发展,爱护整个学校的荣誉,我想绝不是校中一两个人的责任,自校长教职员以至学生,都应该相当了解的,因为这样,所以学校里要处分一件事,少数的人以为不便,大多数的以为合宜,学校只能舍少数而从多数。这不是学校滥用它的职权,实在是维持集体生活,只有靠着大公至正的精神,不能够专为少数人谋方便,这是很浅显的道理。

第二要克制艰苦的精神，不畏艰也不苟安，才可以改善环境，完成创造的目的。古人说："忧劳可以兴国，逸豫可以亡邦"，又说："吃得苦中苦，方为人上人"可知复兴国家、复兴民族都是由艰苦困难中间挣扎出来，远的不要说，大家要晓得抗战和胜利愈接近，所生困难也愈多，在本院初搬到南平时候，福州还是照常，物价也贵不得多少，自去年秋间粮食恐慌，今年夏间福州沦陷以后，南平感受威胁，物价也一天比一天高涨起来，不只南平，各地也都受这影响，大家在这里任教职员，或是做学生都感受着物质生活增进困难，营养方面许多不足，学校固然引为己责，在粮食以及种种力谋补充，不过大家在这时期，也要原谅到学校当局种种苦心，和环境在非常时期之下，许多出乎意想之外，大家要抱定共同吃苦于困难中锻炼我们德智体群四育，不怕艰难，不要苟安，要像骆驼渡过大沙漠一样，忍痛负重，大家都有这种精神，这种能力，那么我们的前途，决有灿烂辉煌的一日。

第三要明白的就是我们受了教育，在现代所负的责任。我们现代妇女教育，得了平等机会，各方面都需要着妇女人才出来为国家为民族谋发展，我们不要怕妇女没有职业，没有出路，我们只怕自己无才干，不怕社会不欢迎，只怕自己没有实在的贡献，不怕人家不用我们。孔子所谓"不患人之莫己知，求为可知也"，又说"不患无位，患所以立"，都是勉励我们先有才干先有实力贡献，然后再问人们用不用。况且抗战以后妇女报国途径甚多，我们在功课上要有真正研究精神，不是单靠书本，书本课室以外，还要有注意服务社会的精神，古书曾说："己欲立而立人，己欲达而达人。"本学院的校训，是"受当施"，在基督教的经典，就是来世间为服务，国父遗教，也是说人生以服务为目的，合拢起来，都是一贯的道理，所以学校读书以外，大家平时要好好准备，临时才可以拿出来应用。我现在举个最浅的例来说：本年夏期三民主义青年团在三元举行一个夏令营，集合中等以上各校学生来受训。我起先很怀疑本校是完全女生，未必能够适合，以后因为功令所在，我们要服从。我们就选派了几位参加，经过一个月的训练，她们的成绩，倒是很好的。总平均列在各校第二名。可见我们女生，肯干起来，实在输不了男生，有时候还超出男生以上。这是我们很可以自豪的。其次我们受教育的不是把智识占为已有，要把它推广到社会去，所谓先知觉后知，先觉觉后觉，就是这个意思。

以上是本人普遍的期望，也是和大家共同勉励的。至于新来的同学照去年教育部训令，有新生训练的规定，目的是使新生对于国家民族及本校历史有正确的认识起见，所以于入学时候举行一种新的入学训练。意思是很好的，本学院按照这样标准，把本星期作为新生训练周，所有朝会，演讲唱歌，团契与体育，都是按日按时轮流规定。这无非养成诸生爱国家、爱民族、爱学校的精神，一面发挥德、智、体、群四育的旨意。本人记得上学期教育部顾次长毓琇先生到校参观时，对我们同学演讲，也是把我们古代礼、乐、射、御、书、数，就是包括德、智、体三育的精神，详细发挥。若是我们能够体会，德、智、体三育，贯以正心诚意，那自然事事以团体为重，不会生出私心，事事会吃苦，不会苟安偷懒。事事能明白我们真正责任，拿出真本领，来应付一切，不怕没有职业可干。这就是我们前途的光辉！

（选自《华南学院校刊》1941 年第 1 期）

福建省妇女工作报告

世静所报告的，首先是福建最近这几年和抗战中妇女工作情形，大约可分做四部分来讲：

1. 福建妇女提倡国货委员会

这会成立于民国二十四年一月，由全体会员产生执行委员二十五人，再由执行委员互选七人充常务委员，又由常务公推一人为主席委员，工作概况分为总务、宣传、组织、调查、编辑五种，大抵注意于国货推销，设立国货存列室，举行国货展览会，举行家庭访问，播音宣传，游艺宣传等，现在会员人数，有一千四百十八人，由施秉庄女士主持。

2. 福建妇女新生活劳动服务团

这服务团成立于民国二十五年四月，有团长、副团长，并分总务、组织、指导三股，每股设干事及指导员各若干人，办理各项新生活运动事件，其中团务，有保婴运动、识字运动、设立民众夜学校、检阅各种卫生情形、纠正妇女奇装怪服，以及妇运工作、慈幼工作等，团员共计一千一百一十人，共分五十五大队，每队最多三十人，最少三人，由翁侃女士担任团长。

3. 福建省会妇女抗敌后援队

本队成立于民国二十六年八月，集中省会妇女团体的力量，来做抗敌的后盾，有正队长、副队长，又设总务、宣传、救护、捐募四股。每股设股长、副股长及股员若干人。所做工作，有劝募救国捐、劝购救国公债、捐输棉背心、举行家庭妇女抗敌宣传、举行雪耻与兵役宣传、征募现金及金银首饰、寒衣、被帐、军鞋、碎铜废铁等，并参加省会医药救护工作，团员共四千余人，除各机关职员、各校教职员、学生、工厂工友外，家庭妇女亦有三百余人参加实际工作，队长由陈人哲女士担任。

4. 福建省会战地妇女宣传队

本队成立于本年四月，有正副队长、总干事、干事、队员若干人，包括女学生、职业妇女、女工、家庭妇女在内。其工作分为本队歌咏组、本队话剧组、本队家庭访问组、战时儿童保育宣传等。现在队员共四百五十四人，女学生占全数百分之七十三，将来拟更推广进行。正队长由梁启璐女士担任。

以上一二两项，是抗战以前福建妇女工作，三四两项是抗战中福建妇女工作。其他关于妇女民众训练及组织，在抗战期中，也曾积极推行，现在约述如下：

福建省党军政最高当局，鉴于民众中估了大约半数的妇女，应予相当的训练，使增加抗战之力量。遂于本年一月设立民训干部训练总队，调集全省高中以上二年级男女学生，施以短期的军事政治及救护等训练，以期造成优秀精壮的干部人员，从事于大规模的救护和民训工作，民训方面从本年一月五日开始，男生编成十个中队，女生编成二个中队，学生数共一千八百四十四人，女生共二百三十五人，分军事训练、政治训练两组，军事训练由男生担任，另编战时妇女训练工作队，以女训练员组织之。分为五队，其人数及工作区域分配如下表：

队数	组成分子	工作区域	人数
第一队	省师女生	闽侯、连江、罗源	50
第二队	省师女生	闽清、长乐、古田	47
第三队	华南学院女生卅一人、省师女生十人、福建学院女生四人	永泰、福清、南平	45
第四队	华南学院女生十七人、省师女生二十三人、协和学校女生五人	莆田、仙游、惠安	45
第五队	华南学院女生七人、省师女生十二人、协和学院女生廿五人、龙溪简师女生四人	晋江、同安、南安	48

本工作队每队设督导员一人，由各校女教员担任之。负责管理全队事务，并支配指导全队之工作。每队得分为若干组，设正副组长各一人，由训练员中指派担任之。负责管理本组事务，并计划分配本组之工作。本工作队工作范围分下列两种：

一、关于一般妇女之宣传。

二、关于地方妇女领袖之训练。

对一般妇女之宣传方式如下：

一、戏剧

二、演讲

三、分组谈话

四、歌曲

五、文字及图画

六、电影或幻灯

以上宣传方式，应概括下列之内容：

（1）敌人之阴险与残暴。

（2）中国必胜之把握。

（3）献金救国之意义。

（4）服兵役之意义。

（5）如何防治汉奸。

（6）如何担任救护。

（7）如何躲避敌机。

（8）其他战时必需之常识。

对于妇女领袖训练之科目如下：

一、敌人之阴谋与暴行。

二、长期抗战之意义。

三、国际形势与日本现状。

四、战时法令。

五、战时民众组织。

六、防空与防毒。

七、救护常识。

八、抗倭战术。

九、后方工作概要。

十、其他战时常识。

本工作队宣传与训练工作，均以联保为实施之单位。各队到地后，除进行宣传外，应商请联保主任，集合当地具有领导能力之妇女，假借公共场所，设立短期训练班，授毕前条各种课程，又各组训练员，上午不担任训练工作者，应邀集普通妇女举行分组谈话会，下午全体分别进行家庭访问，与一般宣传。晚间进行工作讨论会，并分配次日工作。本工作队各组，应于每一集中地点工作完毕后，制成报告书两份，由县督导委员会核转总会以便考查。同时又订有福建省战时民训人员工作视察办法，及福建省战时民训工作人员奖惩办法，以资考核，本来这种工作，定期三个月，每一县份为一个月。（其中除协和学院，福建省师，均系男女合校外，专门收容女生、授以高中或大学教育的，就是私立华南女子文理学院）此次本院高中二年以上学生，及学院一二三四各年学生，全体参加民训，（除极少数有特殊情形外）颇得一般妇女欢迎。各生担任民训工作，身心都有相当裨益，尤其本院女教员，亲自前往视导各生工作，不避艰苦，不畏寒暑，更堪特笔。

至于救护方面，也是本年一月开始，参加学校，有私立华南女子文理学院附中、福建学院附中、省立福州中学、私立哲理中学、文山女子中学、三山中学、陶淑女子中学、私立福州中学、协和幼稚师范等，共计女生二百一十三人，其训练课程，除一部分救护课目外，并注重政治军事学术科，授课期间，共五星期。实习四星期，实习时，并将学生全部分为五团，二十三组，分往各医院参观实习，指定医师及学校教员指导考查，均得相当效果。

这是抗战以来，福建女学生参加民训和救护工作的成绩。总之福建妇女爱国情绪，和努力工作精神，也是不甘退居人后的，今天借这机会，能在各位同志前报告，实在荣幸得很，还请指教。

（选自《妇女谈话会编》1938 年 7 月）

本学院开学日动员大会开幕词

今天是我们华南学院1950年学年度第一学期举行开学典礼，同时也是我校第一次举行动员周年的开幕典礼，今年开学典礼，和往年是不同的，是有进步的，因为过去开学典礼，是偏重一部分同学的，是侧重新生的，所以我们是以新生周来作开始的，可是今年是进步了，我们是注重全校性的，我们把新生周改为动员周，是动员全校工友师生们的。

为着要实行克服困难，维持学校为着要继续开展新民主主义教育，为着要搞好学习，我们必定要全体的动员起来，所以我们就有这个动员周。

今天是动员周的第一天，我们要先明白什么叫做动员？其次就要明白本学院这回动员的目标是什么？再次，我们还要明白怎样贯彻这个目标？

我们要晓得世界一切事物，没有一时一刻是停顿着，没有一时一刻，不是在变动着，因为这样，旧陈的东西才不断的衰老和死亡，而新的东西也就跟着前进和发展，自然界是这样，人事界也是这样，我们办教育的，更要明白这道理，就是中国老话，叫做"日新""又新""自强不息"，在现时像流水一样，靠着时常流动，才不会生臭味，要像门户枢纽一样，靠着时常活动，才不至发生蠹虫，我们办教育的，"不进则退"，"不求成功就是失败"，所以在这个开学时候，我们一定要抱着一种勇气，联合全体动员起来，向着同一目标，扫除一切的障碍，谋前进和发展，这是今天举行动员的一个粗浅意义。

这回动员的目标，是什么呢！根据我们大家对于我们学校有关心的人们所讨论的结果，我们是办教育，是办高等教育，而且是办私立华南女子文理学院的教育，是私立的是华南特殊的，是女子的，是文理学院的高等教育，是与其他初高中不同的，我们办教育，我们的对象，是同学，为着培养许多同学，才有这个学院，才有这么许多的先生和工友，所以要把许多同学教育的水准提高，一要先有好的先生，好的工友，再有许多好的同学，总一句话：要把同学搞好，才能把整个学院搞好，现在我国人民是解放了，大家要全心全意为人民服务，我们呢？就要全心全意把这个学院搞好，所以那天我们学校校务委员会，曾经为着要把学校搞好的目的，开了讨论会，又由校务委员会产生了一个动员周的筹备委员会，这筹委会，又由十位同学，九位先生，两位工友组织成的，经过多时间的讨论，就接受了学生会在这个总方针下所提出的四点，作为这回动员的目标。

（一）促进师生工友团结的精神。

（二）提高政治思想水平。

（三）搞好学习。

（四）树立主人翁的态度。

我们办学校，最要紧的，是实事求是，不是能说不能行，是主张理论与实践一致的，不是空空洞洞的教条主义，我们既有这四个目标，现在要进一步的研究怎样来贯彻这些目标。

依本人的意见，我们要贯彻第一项目标促进师生工友团结的精神就要大家开诚布公的，遇事要善意批评，彼此互助，个人不要单顾己事，彼此用爱心相结合，做事不求自己的益处，不轻易发怒，要互助劝勉，而不是用恶意来讥刺，来排挤，这才可以做到真诚团结，大家尽管立场不同，职务不同，信仰不同，而大家为学校谋利益的心，都是同一，能够这样，当然可以团结。

第二，我们要贯彻提高政治水平，从前以为个人只要提高业务水平，就可以出而应世，现在知道业务以外，还有政治水准，政治教育和我们人生观，是息息相关的，没有提高政治水平，业务与实际，是会脱节的，是所学而不知所用的，过去我们全国教育的失败，就在这一点，我们为着要纠正过去这一点的错误，这学期校方和同学，共同用最大的力量，去聘请这一学期的政治教员，我本人曾经多次向教育厅接洽，向师专请援助，给我们介绍好的政治教员，各位！这不是一件容易的事。我不晓得花了多少时间，到教育厅去请，结果还是由同学们从学联方面介绍到军政大学教育长——马东正先生那里，去接洽，现在总算是成功了。我昨天中午又到马教育长那里去，约程政委，曹政委两位，今天下午来华南谈话。昨天马教育长也谈到过去教育的错误，他说过去科学家们，除了他们所研究的科学以外，什么都不知道，他说他有一妹妹，是生物学家，若谈起各种生物动物来，特别是鱼类来，她就会大说特说，可是此外一点别的事情，她都不知道。所以他特别注意到我们理科各系的学生，还有在这次毕业同学分配工作的时候，我们也深深的感觉到：我们有提高政治水平的必要，各位应该晓得得到郑思远部长的回信，一月可来两次，担任时事的研究，他愿意来向我们报告他在土改工作实地的经验，我希望这学期，大家政治的水平，可以提高。但是单纯提高政治水准，是不够的，若不注重业务水准，就会失了培养专门人才的意义。我们按华东区教育部已经颁布高等教育任务，是以理论与实际一致的教育方法，培养具有高度文化水平，掌握现代科学与技术的成就，并全心全意为人民服务高级建设人才。所以提高政治业务并重的水准，才是我们高等教育学校的目标。

第三，我们要贯彻搞好学习的目标。我们要晓得学问没有止境，古人说："做到老学到老"，我们今天不只提倡同学要学习，就是先生工友们，也要学习。上学期我们大家的学习，是不太行的，学生也好，先生也好，都够不上讲学习，根本我们没有打破旧习惯的学习，这回暑期中留校各先生们，参加学习，都非常的兴奋，不单是政治学习，也有业务学习，所用的时间，是一样的，大家对于学习也得到了新观点，学习了如何学习，如何搞好学习，学习了学习组所应起的作用，学习了如何自评和互评，我相信先生们会把暑期中学习的精神，应用在本学期的学习组里，把学习搞好，把思想搞通，那么，先生们在职务上教学上定会有进步的。即留校同学们，也有参加青年学团，或在团训班受训，本院文史系林钟先生，受派往华东区革命大学受训，林梅英先生，曾在本省第二期新民主主义研究班受训，都是本着搞好学习立场来做的，希望开学以后，我们大家更能本此精神，有计划，有步骤地，搞好学习，就是本校前途的光明！

最后我们要贯彻第四项做主人翁的目标，所谓做主人翁，就是事事负责，看学校的事，就是自己的事，有时比自己的事还更觉得重要。主人翁三字，不是自以为大，排出架子来，指挥一切，这是剥削者们，过去驱使奴隶的作风，自己过着偷懒寄生的生活，这不只决不可以学，而且要根本铲除的。我们树立主人翁态度，要像这回本省所开战斗英雄、劳动模范代表大会，那样，在战斗中，表现出兵士做卫国主人翁态度，才配称为战斗英雄，在劳动中，表现出工农做主人翁态度，才配称劳动模范，我们师生工友，都能够表现出是华南学院的主人翁态度事事为华南全体利益着想，不是向着个人利益兜圈子，那么，华南学院，有许多的主人翁，那也就是我所最希望最欢喜的，我也曾经说过，我最怕人们或是同学，或是工友或是先生，或是校友，遇事不负责的批评而且加以校方两字，或是学校当局，来推诿自己做主人翁的责任。学校也好，校方也好，都是空洞的名称，汝我每一个都是它的代表，我们今天在座人人，都应当此后随时随事以解决自己个人事情的方法和态度来处理这事，负起真正做主人翁的责任，那么，华南教育，当然是一天天的进步和发展，这也就是本人日夕所祈求的。

以上，是本人一点很粗浅的意见。向大家陈述的，今天还有胡辛人先生更好的指导，本人所要说的，完了，最后祝大家有个最快乐最圆满最胜利的动员周！

（选自《华南学院校刊》1950年第10卷第2期）

陈明霞编撰

陈淑圭

【题解】

陈淑圭（1899—1976），女，出生于福州，又名陈叔圭，我国著名的教育家和心理学家。1918年在华南女子文理学院（以下简称华南女院）教育系学习，1920年被保送至美国康奈尔大学深造，获文学学士学位，之后又考入哥伦比亚大学，1923年获教育学硕士学位。回国后在华南女院任教，1927年任教授兼院务委员会主席、教育系主任。1929年，陈淑圭再赴美国留学，就读于美国哥伦比亚大学教育研究院，师从E. K. Fretwell教授，1933年获教育哲学博士学位。回国后，担任华南女院教授兼教育系主任。1951年华南女子文理学院与福建协和大学等学校合并成立福州大学，她任校务委员会委员兼教育系主任。先后任福州大学、福建师范学院、福建师范大学教授，长期从事教育哲学理论和教育心理学的教学与研究工作，一生秉持"服务"精神，为教育事业作出重要贡献。主要论文有《美国中学的荣誉与奖品》（*Honors and awards in American High Schools*）等，在美国学术刊物上发表。并编写《教育心理学》《教育学》《普通心理学》《比较教育》和《思维学》等教材。

陈淑圭认为教育的大目标是社会服务，基督教学校的特殊任务是培养学生的服务精神和能力，知识与服务一样重要。因此，在华南女院任教期间，学校成立社教委员会，设立社会教育服务部，她任主席，建立了系统的社会服务机制，把学校与社会紧密联系起来，把学生的学习生活与社会服务结合起来,在平时、节假日、寒暑假,均要求学生积极参加社会教育服务部安排的各项工作,到附近乡村教儿童、妇女识字,普及卫生常识等;即使在抗战期间迁校南平,仍然坚持为山村妇女儿童服务,为抗战服务。校训"受当施"在学生在校期间得到很好的实践,社会服务成为华南学院办学的一大特色,广受赞誉。

《校庆纪念感言》一文是1935年陈淑圭在校庆纪念会上的讲话,她说校庆的意义有三点:"校庆纪念中,我们第一要纪念的,是纪念我们的过去;其次,要庆祝现在;而在最后,我们还须要对于将来作一番展望。"文章回顾了华南女院的艰难发展历程,"华南学校之有今日之存在,不得不使我们想到当初筹备及创立的种种困难",当时风气未开,女教未敷,"我们第一任校长程女士所具有的远大眼光同伟大信心,居然终于能够克服了环境的困难这一点,是值得我们庆祝的",教育学生要知感恩。"华南学校的发展,到现在可以说是蒸蒸日上了",课程健全,设备仪器也丰富了,"殊不知只这一切,也都是热心人士赞成捐助而来"。教员也比以前增加了许多,"尤其是现在这里负责人员,大部分都是华籍的,管理与指导上的领袖人材能够使用由过去努力所栽培起来的人物",更要知责任,不能满足于过去小小的成功,要展望未来,开拓进取。引导学生思考大学的性质和社会办大学的初衷。她指出:"诸位应当明白大学校并不是各科知识的贩卖部——大学,用一句简单清晰的话来讲,是我们寻求真理的地方。"进一步说明:"我们在大学里,第一要认定大学是一个寻求真理的机关。第二,我们还要问问自己,社会为什么要创办这种高等教育的机关?简单一点,我们可以说,社会开办大学的用意,是要训练出一帮有用的领袖人材。"并指出"领袖"的真正含义:大学培养的领袖人才不是"地位很崇高,享用很丰厚的人物",真正的领袖"不是'人上之人',他们只是'人中之人'。他们和众人相同的,是他们的生活,工作与享受;他们所以异于众人的,只是他们领导众人的才能,及其所担负的责任"。她呼吁,国难中的中国,正在需要着各种人材,华南的每一分子都应该认清自身所负的重大责任。这是指一般大学的性质和责任，而对于基督教大学则有进一步的要求。她强调，华南学校是基督教的大学，所培养的学生需要一种更完好的特质，那就是服务精神："舍弃了自己而服务于人。"这才是人生的真正意义。同时指出，目前学校进步的程度离完美的目标和理想尚远，需要全体师生和校友齐心协力，共同努力，让服务的精神特质就如奖状一样挂在我们每一个人身上，"使得我们无论何时走到何处，都会被人认识出来"。但是这种奖状更不容易获得，需要全体师生和校友共同努力。

《华南女子学院对于识字教育的服务》一文，介绍了学校积极组织青年学生服务团开展乡村妇女扫盲工作的情况。陈淑圭强调，"在今日中国教育之主要目的就是担负社会责任和社会服务事业"。华南女院服务区域是在福州上渡一带，受教文盲约有二百五十个妇女。为了更好地完成扫盲工作，华南女院和附中将学校的教学时间做了调整，"每日上午改由七时四十五分上课，下午改由一时上课，四时三十分下课，以便把每日四时三十分至五时三十分的课余时间来到各地教授受教的文盲"。开始的第一周，几乎全部学生、全部教职员出发到指定区域挨家挨户地劝导文盲妇女受教识字；后来，每日出勤的学员有150人。经过师生的努力，收到意想不到的效果。两个月后，这个班的学员经全省识字运动委员会派人员测验，有105人及格。当学员知道"快要颁发证书欣喜得了不得"。大学生们听到学员拿到证书时也非常高兴，"每个人喜气洋洋，心中不晓得怎样快乐呢！"华南女院除了教导文盲妇女识字外，还用心引导她们和学校接触，精心组织学员参观校内场所以及各座洋楼，观看表演等。"使她们知道学校于她们的贡献是和与学生的一样"，以此建立文盲妇女们的信心和对学校的感情，起到良好的效果，学员们表示愿意继续完成她们的学业。

《典型的教师》一文，是陈淑圭博士在纪念程前校长奖学金基金募捐启动仪式上，作为学生代表的发言。她说虽然自己达不到作为程前校长学生的标准程度，但在许多教师中，程前校长给她的印象最深刻，对她的生命影响最大。陈淑圭博士认为，一个真正的教师，至少应该具备三种能力，或者说是三种要素，否则就不算是真正的教师，程前校长就具备这三种要素："（一）有强的学习能力，（二）有良好的教学能力，（三）有影响学生生活的能力。"她讲述了在学习和工作期间与程前校长之间发生的几个小故事来证明她的观点。第一，关于程前校长的教学能力。陈淑圭回忆了她在华南附中读高一时，程前校长教授她们地文与植物学两门课程，每节课半小时，只用了25分钟就能完成目标。程前校长课前做了充分准备，教学目标明确，语言简洁，从不拖课，她所用的时间少，学生所得的利益多。她说："我在中学时，也读了好多的书，到现在也忘记了不少。甚至有背诵烂熟的书，也忘得干干净净，可是奇怪得很！程前校长所教的几本书，至今还记着，如果今天有举行简单考试，至少也可得四五十份（分）。这种教学的秘诀，从前一点也不晓得，后来才渐渐发现了。"她认为考察一个教师的教学能力和效果，不在于"考书的成绩，是看于毕业后所留给学生的印象，能否实际的应用"。

第二，关于程前校长的学习能力。陈淑圭回忆了两件事。一件是在高中时有一次程前校长让她去主日崇拜主琴时，陈淑圭回应说："我是不会弹的，并且从来没有尝试过。"程前校长对她说："这没有关系，我初来中国，也是不会弹琴的，后来慢慢学习就会了。"另一件是陈淑圭在华南女院当了教员，有一次因理科老师走了，程前校长让陈淑圭去代课，"我听了很莫名其妙，因为我从没有教过物理学"。程前校长告诉她："我现在所教的功课，很多的地方，都不是由学生时学习来的，完全是由自己慢慢地研究的。"这些事，"可表现她的不断学习的精神"。程前校长常常告诉学生，一个人只要有决心做一件事，就必定会成功的，"'不能'二字不是富有生命的青年人所应说的话"。

第三，关于程前校长影响学生生活的能力。陈淑圭博士从程前校长的人格入手，讲述了作为校长，程前校长能主动倾听学生的意见，以客观的眼光处理事情，"不但站在教师的立场，也站在学生的立场"；作为教师，当批评学生重了，能胸怀坦荡地向学生公开当面道歉；当学生面临毕业时，她亲切关心学生，了解学生的志愿，给予她们结婚与职业问题等的指导，并在行动上帮助学生完成志愿。陈淑圭博士认为，这些看似小事，实则折射出程前校长伟大的人格，对学生影响深刻。"我们不能不承认她是一位典型的教师，是教育界中不可多得的一位人才。"她表示要以程前校长为榜样，去实现她未竟的事业："我们今天来纪念她，就要继续努力完成她所期望的事业，这样才不辜负了这位典型的教师一生的苦辛。"

《妇女服务部的宗旨与目标》一文，充分体现了陈淑圭的"服务人生观"的教育思想。作为虔诚的基督徒，她认为"人类是上帝的儿女；人类彼此是兄弟"，所以要彼此相爱，彼此服务，即"达到美满人生的途径是博爱、牺牲与服务"。因此，她认为"基督教学校的特殊任务即是培养服务的人生观，与实施崇真理、爱人群的教育"。但这不是空谈理论所能达到的。她虽不是杜威的学生，但她认同杜威教授的"教育即是生活，生活即是生命的继续不断生长"的观点；也认同陶行知先生的观点："人过什么样子的生活，即受什么样子的教育。"所以要实施"崇真理、爱人群的教育"，"唯一有效的实施方法，乃是设备合乎此种教育的生活环境与活动机会"。她吸收她的导师 Fretwell 教授的主张："课外活动由正式课程而来，也会进而回归并强化课程本身，而非单由学生兴趣而来。"（刘蔚之，2015）因此，她重视在学校正式课程外，安排学生参加课外社会服务活动，以培养学生的服务精神和能力，践行"受当施"的校训。"本院有感于此，故开办以来，除功课的研究外，多注意学生的服务活动。"并总结了华南女院三个时期社会服务的工作内容与服务对象。第一时期社会服务对象是儿童，主要创办主日学、义务小学等；第二时期，抗战前，服务对象扩大到妇女，所以成立妇女服务部，工作内容更加丰富，"包括义务小学、少女半日学校、民众图书馆、家庭访问、妇女卫生指导，以及各种公开秩序等"，成绩极佳。第三时期，抗战迁校南平时期，虽受设备、人才、时局屡变等限制，"对于社会服务的目的，始终如一，未尝稍有放弃"。目标有两方面：一是对于本院学生的培养，二是对于各界女同胞的帮助。

校庆纪念感言

诸位，今天是华南女子文理学院的校庆纪念。华校的校庆原是叫作 Charter Day，不过，据我个人的观察，"校庆"的中文名字，比较还来得广义一点。

我们从民国十一年后，便以九月廿八日为校庆了。然而，我们究竟是为什么才庆祝这个校庆呢？据我的意思，我以为我们庆祝校庆的原因共有三点。校庆纪念中，我们第一要纪念的，是纪念我们的过去；其次，要庆祝现在；而在最后，我们还须要对于将来作一番展望。

关于华南学院过去的事迹，我觉得有两件事是值得我们来庆祝的。第一，我们念及华南学院草创的艰难，我们应该感谢友邦人士对于我国女子教育的熟（热）心。诸位现在都坐在这同一座礼堂里，试请举目一看，就可以看见悬在墙上的那幅华南学院第一任校长程校长（Miss Trimble）的照片，华南学校之有今日之存在，不得不使我们想到当初筹备及创立的种种困难。我们知道民国前七年的福建风气未开，女教未敷，许多人还在反对女子的受教育及进学校。所以，当时我们第一任校长程女士所具有的远大眼光同伟大信心，居然终于能够克服了环境的困难这一点，是值得我们庆祝的。

华南学校创立以后，到了民国十一年（一九二二年）的今天，得到了美国的一个教育团体——纽约省大学——的承认，而也是自从那年以后，才开始授给毕业生以学位。这就是我们以九二八为校庆的渊源，也就是我今天认为值得我们纪念的过去事迹中的一件事。

现在我们谈到庆祝现在。华南学校的发展，到现在可以说是蒸蒸日上了。在课程方面，将现在的同过去的比较，我记得在我们从前求学于华南的时候，课程里面，没有化学一科，当时我们向校方要求了，才得到学习一个月的机

陈淑圭

会；大学里的其他学科，也未臻完善。在现在让我回想起来，还觉得歉歉于怀，对于当时有点儿怨恨的意思。诸君再看一看现在所学所读的，分科别系，如何繁复，就可以明白现在的华南的确是可以庆祝的了。再就设备方面，现在的图书仪器，也和从前的截然两样。诸君走到试验室里，看一看，也不觉得设备有如何的出奇。然而殊不知只这一切，也都是热心人士赞成捐助而来。所以，在我们学校里，值一百块钱的东西，我们应该看成价值一千块钱的，因为这些东西，都是经过多少牺牲而得来的，并不是十分容易的呀。此外，谈到教员方面，我不想在这时替我们这里在座的教员夸张，不过，只就人数方面的激增看来，现在和从前的比较，大概也就可知了。尤其是现在这里负责人员，大部分都是华籍的，管理与指导上的领袖人材能够使用由过去努力所栽培起来的人物，能够使华籍教职员负着教育之大半责任，与以前的情形相较，进步的地方，真是可庆的了。说到这里，我记起美国某大学一七五年校庆时，有一位老教授的讲演——当许多名人都已经淋漓尽致地发挥完了他们的祝词后，这位教授走上台去，他的讲演中有几句话最为可听，就是说："上帝，求你教我们不要仅仅满意于过去小小的成功，而心满意足，不图进取。"诸位，这几句话是十分有价值的，所以，在我们今天的校庆里，我们更当对将来作一番展望的功夫。

我们要展望华南女子文理学院的将来，就先要明白"将来"到底是什么。"将来"，举凡最近的将来，今天下午，明天，下一个月，再过一年，以至于宇宙的末日，都是将来。然而当我们展望了我们的将来之后，决定了我们的目标之后我们的行动，就要从最近的将来起点。好了，现在让我再问诸位，华南女子文理学院是个什么样的机关，她的性质是什么？大学校是我们接受高等教育的机关，而 liberal education 一辞中，是具有自由、解放的意义的。所以，讲到大学教育的意义，或觉得是无穷无尽的。不过，诸君，当你们那天走到本校的注册部注册的时候，你们的心里想些什么了没有？为什么你们有的选化学，物理，也有的修历史，教育？大学，给你们求得各种知识的机会，然而，诸位应当明白大学校并不是各科知识的贩卖部——大学，用一句简单清晰的话来讲，是我们寻求真理的地方。我们要由此找到宇宙及本身存在的意义。而为了达到这一目的，我们的态度，方法，技术，便可以分为各科各系。但是，如果诸位在大学学了许久以后，看见了大自然界中青山绿水，看见人类社会中习俗制度，还仍然是茫然不知其个中的道理，还仍然不明一切事物运行的所以然之故，那么，我可以说，诸位所学的各科，实在是一点用处都没有的。所以，我们在大学里，第一要认定大学是一个寻求真理的机关。第二，我们还要问问自己，社会为什么要创办这种高等教育的机关？简单一点，我们可以说，社会开办大学的用意，是要训练出一帮有用的领袖人材。——诸君，我说到"领袖"两字，我常常觉得害怕用它。在现在一般人的脑筋里，往往误会了"领袖"的意思。所以，每一提起领袖，便会想到有一班地位很崇高，享用很丰厚的人物。可是，真正的领袖，绝不是如上所说的一种的。真正的领袖，不是"人上之人"，他们只是"人中之人"。他们和众人相同的，是他们的生活，工作与享受；他们所以异于众人的，只是他们领导众人的才能，及其所担负的责任。国难中的中国，正在需要着各种的人材，所以，华南学院的每一个分子，都应该认清了他自身所负的重大责任才好。

不过，以上说的，只是普通高等教育机关所应有的性质。华南学校，是一个基督教的学校，那么，除这以外，她自然还需要一种更完好的特质。是种特质是什么，就是耶稣基督的生活，耶稣基督的人生观。诸位，假如今天他也在我们中间，让我们问他对于我们学校的希望是如何时，我想他的答案，必也如以下所说的——（一）须要追求一种在人群中的生活。因为，只有如此，才发现得到人生的真正意义；不然，则必定不能了解人生，而自趋于愚昧。（二）要忘了一切来跟随我。跟随耶稣基督，舍弃了自己而服务于人。

诸位，看一看我们学校，进步的程度，无疑的距完善的目标与理想尚远。然则策进的责任，究竟是属于哪一个人呢？当诸位是新生的时候，走进华南，所得到的印象，不单是几位负责教员努力的结果。学校的一切成绩，是由于

陈淑圭

师生合作的结晶。我记得一九二二年的时候,我们学校曾经得到一张美国某教育团体所授予的奖状。这张奖状,到现在还悬在校长办公室里,大约诸位中很少有机会看到它。但是,我们的努力,需要得到另一种真正的奖状。这种奖状,是要悬在我们每一个人的身上,使得我们无论何时走到何处,都会被人认识出来。但是,这种众目可见的奖状,是更不容易获得的,为要得到,我们华南学院的全体师生及校友,就要认清了自己的目标与理想而共同努力!

(选自《南风季刊》1935 年第 9 期)

华南女子学院对于识字教育的服务

在今日中国教育之主要目的就是担负社会责任和社会服务事业。为促使实现这个目的,中央教育部和本省教育当局曾经筹划许多实施方案了。两年前,在新生活运动领导之下,各学校纷纷组织青年学生服务团,每学期都有指定的工作。本年春季,这班青年每星期至少要有二个点钟来做识字工作;每学校都有指定服务区域和指定教授的文盲名单。所用课本即为福建省促进识字运动委员会编制的识字读本,内容七百字以上,并无售价的赠送读者。

华南女子学院和中学的服务区域是在福州上渡一带,受教文盲约有二百五十个妇女。我们的学校为了此种工作,特地更新了课程表,每日上午改由七时四十五分上课,下午改由一时上课,四时三十分下课,以便把每日四时三十分至五时三十分的课余时间来到各地教授受教的文盲。这种工作开始的第一周,几乎全部学生教职员出发到指定区域挨家逐户的劝导文盲妇女受教识字,后来把他们编成每组二三人的组合,但还有一部分仍须个别教授由教职员和学生轮流担任之。每日受教学员有一百五十人,其中学校女雇理十九人。我们起初很挂虑他们学业怕不成功哩。但我们都以为这种情形之下,便是服务的绝好机会,奋勇勉力,持久工作,结果两个月后,这班学员经全省识字运动委员会派员测验，有一百零五个及格，其中有女雇理十三人，她们多是用福州土语念读，但其间亦有五分之一用国语念读的，其成绩之佳，闻者莫不赞许。她们知道快要颁发证书欣喜得了不得，当学生们得她们证书时候，每个人喜气洋洋，心中不晓得怎样快乐呢！

我们已说过了，我们的目的不仅在教授她们识字，却要引导她们和学校接触，由互助的精神，使她们知道学校于她们的贡献是和与学生的一样，为了敦睦团契起见，我们未暑假之前，特定一个星期六下午在学校招待她们。虽然是逢着雨天，却有一百个妇女来到学校里，她们首先参观校内场所以及各座洋楼，继在礼拜厅表演秩序，末后茶叙闭会。那天盛况实是值得纪念。未闭会前，我们调查她们还有几个愿意继续她们的学业，同时我们在校若设立识字班，有几个愿意来读学。她们除了一二个人外，差不多异口同声的要续学，要来参加学校办理的识字班。现在已开辟了服务的门径，让我们来计划第二步的工作吧。

（选自《广闻录》1936 年第 3 卷第 3 期）

典型的教师

今天本来是由一位程前校长的标准学生来担任叙述关于程前校长的生平，可惜她因病了，不能到这里参加。所以筹备委员会临时将责任推卸到我的身上，要我来代替，当我接到这个通告，我不敢答应下去，因为我知道在她学生中，我还未达到标准的程度。虽然是这样，我总觉得在许多教师中，她给我的印象是最深刻的，在生命中影响也是最大的。所以本人今天就把与程前校长接触时所得来的几点贡献出来！

我觉得一个真正的教师，最低的限度，至少应具有三种能力，也可以说一个真正的教师，应该具有三种要素，没有这三种的要素，就不能算是真正

陈淑圭

的教师了！程前校长就具有这三种的要素：（一）有强的学习能力，（二）有良好的教学能力，（三）有影响学生生活的能力。记得当我初进入华中第一年级的时候，程前校长教了二本书——地文与植物学，当她每次来上课之前，自己都有充分的准备，有确定的目标，语气极乎简洁，给人的印象也特别深刻。每课有半点钟，她总是很快地达到她的目标的实现，一实现后就下课，有时还余下五分钟的时间，我们就觉得加倍兴奋，绝没有一次延长时间。假如我们要试验一位教师教学的能力与所收的效果，不是在于考书的成绩，是看于毕业后所留给学生的印象，能否实际的应用，这样才可证明一位教师教学的成绩。我在中学时，也读了好多的书，到现在也忘记了不少。甚至有背诵烂熟的书，也忘得干干净净，可是奇怪得很！程前校长所教的几本书，至今还记着，如果今天有举行简单考试，至少也可得四五十分。这种教学的秘诀，从前一点也不晓得，后来才渐渐发现了。当她任校长职务时，我也当了教员，有一次她来告诉我学校的理科教师走了，物理学没有人担任，她叫我来代替，我听了很莫名其妙，因为我从没有教过物理学。她说："我现在所教的功课，很多的地方，都不是由学生时学习来的，完全是由自己慢慢地研究的。"我听了没有话说，只好答应了。由这一点，就可表现她的不断学习的精神，她所用的时间少，学生所得的利益多，不但如此，她说话非常简单，绝没有敷衍。果断力极强。她不但站在教师的立场，也站在学生的立场，应付事情是用客观的眼光。

我在中学三年的时间，与程前校长接触的机会也很少，偶尔有二三次召我到办公室谈话。记得有一次被召进去，她一见着我就问道："叔圭，某先生告诉我说你都没有努力读她的书，是不是真的？"我答道："是的！这些材料于我没有兴趣，所以不想读它。"她没有说第二句话就挥着手叫我走了。

还有一次也被召了进去，她问我道："教授你们圣经的先生，要你们批评她的教授法，要你们贡献自己的意见，你的卷纸里头是写很赞成她的教学法，是否为要迎合先生的心理，要取得高的分数呢？"她就将我的卷纸递过来给我看，我就对她说:"先生曾允诺过我们，这一个答案，无论怎样答应都算十分，所以我就按照自己的意见写出来，这一切都是真的。"她听后没有话说，只得又叫我走了。

又有一天，她对我说:"明天礼拜堂里的主日崇拜，要你去主琴。"我说:"赞美诗我是不会弹的，并且从来没有尝试过。"她说:"这没有关系，我初来中国，也是不会弹琴的，后来慢慢学习就会了。"我听了这些话，还有什么理由反驳呢?只得去尝试了。

至于说到程前校长的人格，不但在大的地方可以发现，就是在极小的事情上，也可以发现她的伟大的人格。由于一次小小的经验，使我大受感动，对我一生的影响是很深刻的。记得有一天上圣经课的时候，她发了一个问题，要一位同学答应，可是，这位同学叽①哩咕噜说了半天，也听不出究竟是说什么，程前校长就耐不住了，有点儿着急就说一句不客气的话。这位同学听了，就大哭起来，恰好是摇铃下课，她就走了。到了第二次上圣经课，她就在我们同学的面前向这位同学道歉，我们看了这种情景，心里大受感动。

她常常告诉我们，假使一个人有决心做一件事，必定会成功的。"不能"二字不是富有生命的青年人所应说的话，所以我们对她都不敢说"不"字。

她对于学生的关怀是非常亲切，当我们快要毕业离开学校的时候，她要我们告诉她关于我们的志愿，有的人说做医生，有的人说做教师等等。也提出了妇女结婚与职业的问题，当时讨论的热烈的空气，不减于现代所闻的妇女问题座谈会，她的意见谈女子入家庭，是一件很重要的责任，不过有一部分的妇女，为了谋大多数妇女的解放起见，不得不牺牲了家庭的责任，放弃了家庭的职务。她自己来到中国，也正是为了女界服务，拯救了许多的妇女，走上解放的途径。她不但在口头上关心我们，同时在行动上常常做到的，她帮助了许多同学完成她们的志愿。

今天我们回想到程前校长，我们不能不承认她是一位典型的教师，是教

---

① 原文不清，存疑。

陈淑圭

育界中不可多得的一位人才。我们今天来纪念她，就要继续努力完成她所期望的事业，这样才不辜负了这位典型的教师一生的苦辛。

（选自《华南学院校刊》1941年第6—7期）

妇女服务部的宗旨与目标

基督教的根本信念是：人类是上帝的儿女；人类彼此是兄弟；达到美满人生的途径是博爱、牺牲与服务。耶稣说：人为自己求生命必丧掉生命；为真理，为人群牺牲生命的，反要得到生命。基督教学校的特殊任务即是培养服务的人生观，与实施崇真理、爱人群的教育。杜威教授说：教育即是生活，生活即是生命的继续不断生长。陶行知先生说，人过什么样子的生活，即受什么样子的教育。崇真理、爱人群的教育不是空谈理论所能达到，唯一有效的实施方法，乃是设备合乎此种教育的生活环境与活动机会。本院有感于此，故开办以来，除功课的研究外，多注意学生的服务活动。

本院第一期学生课外服务所注意的是儿童工作，如主日学、义务小学等。抗战前，因要扩大我们的服务范围，特增设一妇女服务部，其工作包括义务小学、少女半日学校、民众图书馆、家庭访问、妇女卫生指导，以及各种公开秩序，成绩极佳。抗战以后，迁校南平，无论设备方面、人才方面，都受到种种的限制，加上时局屡变，工作起而复辍，很难按照计划实施。虽然如此，本院对于社会服务的目的，始终如一，未尝稍有放弃。去年夏天，在南平又建立一个妇女服务部，建筑极其简单，设备尚不完全，工作推行以来，却在鼓励我们继续的努力。我们的目标有两方面，（一）对于本院学生，（二）对于各界女同胞。

（选自《华南学院校刊》1933年第23—24期）

陈明霞编撰

郑天挺

【题解】

郑天挺（1899—1981），祖籍福建长乐，生于北京，我国近现代著名的历史学家、教育家。1917年，郑天挺考入北京大学国文系，后留校攻读研究生。1924年开始，他先后任教于北京大学、浙江大学、西南联合大学、南开大学等校，曾任北京大学秘书长、西南联大总务长、南开大学副校长。晚年担任中国史学会常务理事、主席团执行主席，国务院学位委员会历史组负责人等职务。郑天挺毕生致力于史学研究和教育事业，深耕明清史、史料学、文献学等领域，代表作有《探微集》《明史讲义》《清史讲义》《历史地理学讲义》等，在历史学科高等教育理论与实践研究方面作出重要贡献。

论文《史料学教学的初步体会》发表于1956年。时任南开大学历史系教授的郑天挺，针对综合大学历史专业中"史料学"这一门选修课应如何讲授、如何与中国史料相结合等问题，结合学科与时代背景阐述其观点。首先，从学科名称上，明确"史料学"源自俄语翻译。它区别于史学史和目录学，有其独有的涵义以及领域范围。其次，在学科概念上。根据《苏联大百科全书》的定义，明晰我国的"史料学"应与资产阶级的史料学有本质区别，即史料学不是史料的记录，而是史料的研究方法和利用方法。研究史料不仅在搜集，更要在已有信息的基础上进行批判分析。最后，从学科的讲授内容上，郑天挺强调，史料学应是以内容讲方法的学科，是阐明史料的研究方法和利用方法的学科；虽然在教学过程中会因中心课程不同而在内容上有所不同，但若只介绍相关内容的史料，而不谈方法，就忽略了这一学科的完整性。郑天挺提出："马克思列宁主义的史料学是党性最强的新学科，是唯物主义与唯心主义的尖锐斗争，这一科学的讲授只有根据苏联的教学经验，遵循苏联的研究方法，才是正确的途径。"

《怎样学习历史》是1980年郑天挺对天津师范专科学校政史系学生的讲话记录。讲话内容谈论了三个问题，即关于当中学教师的问题；历史科学怎样为四个现代化服务；怎样学习历史。首先，关于怎样当中学教师问题，郑天挺认为，一方面，中学教师对学生成长至关重要，是基础教育的关键一环。另一方面，从事教师工作对教师个人成长也大有裨益。中学教师出身的学者如范文澜、杨振宁等也证明了中学教育对学术和个人成长的重要性。其次，关于历史科学如何为实现"四化"服务的问题。郑天挺指出，历史科学提供历史经验和教训，可以通过历史教学培养学生的爱国情怀、历史唯物主义观念以及分析问题的能力而为"四化"建设作出贡献。最后，就如何学习历史，郑天挺给出了四方面建议：第一，学习历史要求"真"和"用"，在了解事实来龙去脉的基础上找出规律性来作为解决现实问题的借鉴。第二，详细占有材料，尤其是直接材料，用以扩大眼界，广泛联系。第三，缩短战线，抓住关键核心问题进行研究突破。第四，开展研究要有问题意识，多角度考虑问题。同时，郑天挺还强调，学习和研究历史仍要以马克思主义理论为指导，科学全面地思考问题。

郑天挺在《谈谈历史系教学改革》一文中，对改革开放初期的历史系教学改革提出了一些看法和建议。郑天挺强调，历史系的改革不宜大动。课程内容上，要加强基础课，处理好专业课与基础课的关系。调整通史课时长，适当缩短时间，并增加选修课，如断代史、专史等，以提高学习的系统性和深度。提倡通史教育，在历史系之外的其他系增设中国通史课。重视外语和辅助学科的教学，这些学科在帮助学生更好地理解历史文化以及进行历史研究方面至关重要。教学形式上，强调实行学分制的必要性，并给予学生相应的选课指导。教学与科研的关系上，提出以教学为主，科研为教学服务，丰富教学内容的观点。最后他指出教学指导思想的重要性。历史教学应坚持辩证唯物主义和历史唯物主义，避免过于依赖已有的知识和研究方法，以至于出现学术研究的"近亲繁殖"问题。

史料学教学的初步体会

综合大学历史专业教学计划的选修课中有"史料学"一课，这是学习苏联的一个新设课程。在苏联大学历史专业1949年的教学计划中，十二个专门化有九个专门化开设了"史料学"；1955年取消专门化后，"史料学"列为全专业十门选修课程之一。在苏联大学历史专业许多课程的教学大纲中，以及历史科学专门著作中，都要阐述一下关于这门学科的史料和史料批判。莫斯科大学历史专业还设有史料学教研室。这些都可以看出苏联对史料学的重视，也可以看出这是历史科学研究的一个新方向。

"史料学"这门课程，我们过去很少开设，是比较生疏的，没有什么经验。关于苏联的史料学著作，苏联大学史料学教学大纲和讲义，也没有见过，只看到《苏联大百科全书》选译的史料学和谢列兹聂夫专家一篇论文（《教学与研究》，1955年第5期）。究竟这一课程应该如何讲授，如何与中国史料相结合，现在就个人初步摸索所及，写出来请同志们指正。

一、史料学的译名

史料学在俄语称为источниковение，是一个复合字，由источник（根源，史料，典据）与ведение（"学"，知识，研究，引导）两字组合而成。这个字，我国在1952年译为"史料整理"，1953年改译"史料学"。据苏联百科辞典的解释，источниковедение是一种学科，探求研究各种史料的方法，以补助历史学的训练（黎国彬译文）。因此，"史料学"的译名，要较"史料整理"的译名更概括一些。

由于"史料学"过去曾译为"史料整理"，于是很自然地使我们理解为这个学科应该是阐述史料整理的成果，或是史料整理后的汇集，因之往往与历史编纂学的概念和领域相混淆。

历史编纂学在俄语称为 историография，源于希腊语 ΙΣτο ρΙογΑφΙΑ，是由 ΙΣτορΙα（历史）和 γραφΙα（写，志）组成的复合字。据苏联百科辞典的解释，它是："（甲）是一种学科，研究关于人类社会发展及改进历史研究方法的各种知识的历史，研究在解释社会现象和反映阶级斗争的领域内斗争的历史，研究揭露历史发展规律的历史，研究马克思列宁主义的历史科学战胜资产阶级的伪科学的历史。（乙）在一般的广泛的意义上，историография 是历史著作的总和，这些著作或者是属于不同的时代的，或者论述某一历史时代或某一历史问题的。"（黎国彬译文）所以这一学科，是历史研究的发展史，是历史科学本身的发展史，是历史观思想的斗争史，是历史著作的总和。因此，在1953年后，改译为"史学史"。它的概念和领域是与探求研究史料方法的史料学不相同的。

谈到史料，很容易使我们联想到史料的搜集，想到史料搜集又很容易联想到史籍目录，那么"史料学"是否就是"目录学"？过去大学历史系曾开过"史料目录学"这类课程的。

目录学在俄语称为 ъиблиография，是由希腊语 βιβλιο（书）和 γρΑφτΑ（写、志）两个字组合而成。据苏联百科辞典的解释，是："（关于）书刊之论评、索引、目录等之编辑法及研究（之专门知识），并有对这些书刊予以阐明、论述之任务。ъиблиография 垂职一词尤指书籍目录、索引、评论等。"（黎国彬译文）这个字在中国有时译为书录，一般在书籍末尾附列的参考书籍、文献、图录，或是专门开列的关于某一中心问题的有关书刊文献，都是这个字。

历史书刊的评介，当然会涉及书刊中所根据的史料，它所用的批判史料的方法也就是史料学的方法，但是不等于说目录学就是史料学。在史料学的阐述中，一定会涉及某一主题或某一时期的书刊，但也不等于说史料学就是目录学。

从俄语原文看，史料学和史学史（历史编纂学），目录学三个字，各有其独立的名称，独立的涵义，各有其自己的领域，是各不相同的。

二、史料学的概念

《苏联大百科全书》上说"史料学阐明史料的研究和利用方法，是历史辅助科目之一"，（人民出版社选译本，《史料学》，30页）这是史料学的明确定义。

又说："史料学研究文字记载（包括题铭在内）的史料。"（同上，31页）这是史料学的明确对象。

又说："史料学的任务，是把史料分类，予以批判的分析，确定其来源，阶级性质和用途以及可靠程度与实际价值，最后就史料的多样性，它们的相互关系和相互依存性综合研究整个的史料。"（同上，30页）这是史料学的明确任务。

我们今天讲授"史料学"，根据这个概念并结合中国史料的实际情况加以阐述。

马克思列宁主义的史料学，把历史资料看成是一定社会环境的产物，无论史料的内容与形式都是由每一时代的社会经济关系，政治制度和思想意识的观点决定的。（同上，30、31页）因此，它和资产阶级史料学是在本质上不同的。

资产阶级的历史研究法这一科目内，也谈史料，德语称为 Quellen-Kunde，直译是根源的研究，引申为史料来源的研究，［Quellen 是 Quelle（根源）的复数，引申为史料；Kunde 是知识，引申为"学"——冯文潜］又称为 Heuristik，也是从希腊字来的，（英语称为 Heuristics，俄语在固有的

источниковеление 以外，间或也用 эвристика，就是这个字——雷海宗）原有寻找和"发见术"的意思，中国译为"史源学"（如旧北大历史研究法讲义），或译"史料学"（如万有文库本《史学方法论》）。

资产阶级的史料学是形式主义地看待史料。他们对于史料的来源，只从形式上区别为"记载""传说""绘画""古物"四类，而不问它是从人民群众方面来的，还是从统治阶级方面来的。他们对于史料的价值，只从时代的先后来衡量，史料越早，就认为越正确，越有价值，而不问构成这些史料当时的社会环境和它们的相互关系。这样就必致脱离开社会经济关系和阶级斗争。因之资产阶级史料学也就不能不局限于"专论史料之搜罗采集"（《史学方法论》，万有文库本，185 页）范围之内。

资产阶级史料学的解释史料是唯心主义的，他们不是客观地忠实地对待史料，而是凭个人主观想象或是为了达到某些企图而故意歪曲的。

由于资产阶级史料学的形式主义分析和唯心主义解释，必致颠倒是非，任意取舍，终于直接捏造史料。

我们根据史料来研究历史，但史料不就是历史。史料能够给我们提供研究个别具体历史问题所需要的材料，使我们可以根据它再现或恢复这个历史事件的特征；但不是将史料堆积起来，就能完成这个任务，多数史料不经过深刻、仔细和全面地分析研究，并与其他史料联系比证，是不能满足这个要求的。所谓"近代历史学只是史料学"（《历史语言研究所工作旨趣》，《历史语言研究所集刊》，一本一分）自然是一种错误的说法。

因此，研究史料不仅在搜集，而更重要的是批判分析：史料学不是史料的记录，而是史料的研究方法和利用方法。

三、史料学的讲授内容

苏联 1949 年的历史专业教学计划中各专门化史料学课程的开设，如下：

课程名称	学习时数	其中讲授时数	课堂讨论练习时数	开设的专门化
史料学	70	70		苏联史
史料学	50	50		南部西部斯拉夫史
				拜占庭史
史料学	40	40		世界古代史
史料学	30	30		近代现代史
				中世纪史
				民族志
史料学及历史编纂学	70	70	30	马列主义
史料学及古文字学	70	40	30	博物馆学

从上面的课程名称和学习时数的不同，我们可以看出各专门化对这门课程的目的要求一定也有所不同，也就是说讲授内容是不相同的。否则就无须这样细密的分班讲授了。这种不同，究竟是内容繁简的不同，还是重点的不同，还是方向的不同？专门化课程的内容，都要和它们的中心课程相联系，因中心课程的不同而有差异。史料学既是探讨研究方法的学科，它的内容就应阐述方法的全部，而不应有方向和重点的差别，假使真有重点方向的不同，可能就不应该探讨研究的方法。因之很容易使我们理解为它们的不同还是方向的不同，也就是说各专门化史料学的内容方向取决于专门化的方向，苏联史专门化的史料学专讲苏联史史料，中世纪史专门化的史料学专讲中世史史料。这样又很容易使我们理解为史料学的内容仍然是探讨史料的研究成果——书籍和论文，而不是探讨史料的研究方法。因而又和史学史或目录学混而为一。

这种理解是不正确的。我们对于一个学科的范围，应该从它的科学定义去考虑。根据史料学的定义，主要的还应该是阐明史料的研究方法和利用方法，但在讲述中的举例根据中心课程而有不同。这应该是各专门化史料学所以不同的原因。如果只介绍有关中心课程的史料，避开方法而不谈，或谈的很少，这就忽略了这一学科的完整性。

郑天挺

在专门化改为选修课之后，这个问题更为清楚，共同的选修必然是统一的要求和统一的举例。

我们在1954年开设这一课程时，由于配合明清史，所以曾经这样考虑它的内容：

一、史料的分类与辨别

二、中国历史上大批史料的发现与其利用（1. 孔子旧宅的古文经，2. 汲冢的竹书，3. 殷墟的甲骨铜器，4. 敦煌的卷子，5. 居延的木简，6. 内阁大库的档案，7. 寿县楚墓的铜器，8. 基本建设中出土的文物，9. 其他重要史料的利用，10. 如何对待新发现的史料。）

三、《明史》的纂修与明史的史料

四、《明史》史料的研究

五、《清史稿》的纂修与清史的史料

六、《清史稿》史料的研究

七、史料辑录工作

无庸讳言，这里面许多地方是受了资产阶级形式主义影响的，对史料阶级性的阐发是很不够强调的。今年史料学已改为选修课，不再配合某一断代史，它的内容我们考虑如下：

一、史料学的概念与任务

二、历史辅助学科

三、历史资料的来源

四、史料的搜集

五、史料的批判

六、史料的利用

在第一章内，着重于资产阶级史料学的批判，并揭露所谓现代历史学只是史料学的阴谋。

在第二章内，除了根据《苏联大百科全书》和谢列兹聂夫专家论文所举的历史辅助学科外，着重的介绍中国过去在历史研究上有关的特殊贡献，例如古文字学，古器物学，目录学，校勘学，年代学，史讳学的研究等，同时介绍有关历史的工具书和它们的用法。

在其余各章内，根据苏联文件指出的方法用中国事例加以说明，着重于批判地研究史料，分析史料的阶级性，推求史料的最初思想意图。同时对过去历史研究中的烦琐考证，以及主观主义求证方法，加以批判。

马克思列宁主义的史料学是党性最强的新学科，是唯物主义与唯心主义的尖锐斗争，这一科学的讲授只有根据苏联的教学经验，遵循苏联的研究方法，才是正确的途径，才能完成教学任务。

（选自孙卫国编《郑天挺文集》，南开大学出版社2019年版）

怎样学习历史

今天谈三个问题。第一，关于当中学教师的问题；第二，历史科学怎样为四个现代化服务；第三，怎样学习历史。主要谈第三个问题，不过，也只是简单地谈一点个人的看法。

首先谈关于当中学教师的问题。同学们毕业后都要去当中学教师。我个人大约在1922年也在北京当过中学教师，对中学教师有特别的感情。现在在校的学生，不论是大学生还是中学生，都是献身"四化"的后备军。尤其是中学生，正处在思想上、智力上和身体上逐步成熟的阶段；他们在中学所学的文化知识，又都是各门学科的基础知识。所以他们在中学所受的教育，对他们以后成长为有社会主义觉悟、掌握文化科学知识、体格健康的建设人才，有很重要的作用。中学教师的工作，就是给学生打好基础的工作，这个工作是非常光荣、非常有意义的。这一点，我想同学们都会理解。我还这样想：一些搞学术研究或在大学教书的人，如果能先在中学教几年书，对他们以后的工作也会有很大好处。在历史学界，从中学教师出身的学者很多，比如范文澜同志，他对于中国史学是有很大贡献的。他所著《中国通史》《中国近代史》，解放以来几乎每个学历史的人都看过。他在二十年代，就曾在天津南开中学教过书。其他学科也有从中学教师出身的学者，比如杨振宁教授，在物理学界是个出类拔萃的学者，现在在美国，得过诺贝尔奖金，他在四十年代也在昆明西南联合大学的附属中学教过书。我个人在中学教书的时间较短，谈不到什么经验，但是这一段工作对于我后来在大学教书和从事科学的研究来说，是受益不浅的最初训练。当然，我不是说在学术研究上做出成绩才叫做有贡献。有很多人一直在中学教书，他们为国家，为社会培养了不少人材，这本身就是很大的贡献。我个人就认为我当过中学老师是自己一段很光荣的历史。再说，在中学教书必须有扎实的准备，学生在他教的过程中前进了，他自己也在备课的过程中前进了，这就是"教学相长"。在这个基础上，在教学之余从事一些专题的学术研究，也同样会做出成绩的。

第二个问题是历史科学如何为实现"四化"服务。自然科学能为"四化"作出贡献，这是大家都很清楚的；社会科学，包括历史科学，能不能为"四化"作出贡献？这却是许多人不很清楚的。前几天我收到外地一个中学同学的来信，说他很喜欢看历史书，但是一拿起书来，同学们就讥笑他，说现在搞"四化"建设，看历史书有什么用？这不是个别人的看法。历史学到底有什么用？能不能为"四化"服务？这是很多人在考虑的问题。胡乔木同志今年4月在中国史学会代表大会上的讲话中，特别讲了历史学有没有用的问题，他从历史学与马克思主义的关系，历史学与继承文化遗产和处理中外交往的关系，研究历史与处理当前现实问题的关系，很多历史问题本身所具有的现实性（例如中华民族和中国文化的起源问题、国内各民族之间的历史关系、中国和邻国之间的边界的历史等等）等几个方面，讲了历史学的重要性，对问题讲得非常透彻。我这样想：现在进行"四化"建设，就是我们面临的最重要的政治任务。为了实现"四化"，我们不仅需要掌握先进的科学技术，也需要了解历史的经验教训。比如在近代史上，我们中国引进西方资本主义的一套东西，引进新的生产设备和新的军事装备等等，都比日本要早，可是后来日本强大起来却比中国要早，这是为什么？又比如我国很早就有了近代工厂，有了造船业、纺织业、采矿业以及军火工业等等，在发展这类工业时有些什么成功的经验和失败的教训？研究诸如此类问题的历史，做出科学的说明，就可作为借鉴，在"四化"建设中少走弯路。像这样的问题，需要靠历史学来解决。当然，历史上的问题并不是都和现实问题有密切的联系。历史学作为一门科学，它的研究范围是非常广泛的，那些看起来和现实没有什么联系的问题，对于了解历史的发展规律却是重要的，也需要去研究。乔木同志在上述讲话中曾经指出：历史学家为人民服务，可以是提出与迫切的现实问题有关的科学见解或建议；也可以是写出高水平的科学著作，开拓人们的历史视野，提高人们的科学认识能力，推动学术前进，争取祖国荣誉。这讲得很对。我们对这两方面的研究做出成绩，就是对"四化"的贡献。

我还想谈一点历史课的教学问题。同学们将来要到中学去教历史课，这是不是为"四化"建设做贡献呢？我认为也是。我们培养的学生将来投身到"四化"建设中去时，不论从事什么专业，都应当是热爱祖国、热爱社会主义、胸怀大志、富有才能的"四化"建设者。这当然需要学校里多方面的教育，历史课在这方面也担负着重要的任务。历史课教学，就是以科学的历史知识教育学生，它不仅可以使学生学到中国历史和世界历史的知识，懂得历史发展的基本规律，还可以使学生受到深刻的思想教育，例如爱国主义、历史唯物主义的教育，树立共产主义的思想信念等等；它还可以帮助学生逐步学会运用历史唯物主义的基本观点去观察问题和分析问题。这些，对于把学生培养成为有社会主义觉悟的、有科学文化知识的建设人才，所起的作用是显而易见的。所以，教好历史课，充分发挥历史课特有的教育作用，也就是我们为"四化"建设做出了贡献。

现在谈第三个问题，即怎样学习历史的问题。

有的学生问我：学历史应当读哪些书？历史上有那么多事情，怎样才能记住？同学们现在主要学通史，我看就学习老师指定要读的书就行。不论哪一种通史书，要讲的大概就是那么些内容。一本书不可能体现编著者的全部观点，而一本书的最初版本一般还不大成熟，往往需要不断修订，因为随着研究的不断深入或新材料的发现，编著者在认识上还会不断提高。学习通史，就是掌握一些基本的情况，现在只要读老师指定的书就可以了，以后可以在某个问题上多看一些人的著作。至于怎样记忆历史事实，我是不赞成死记硬背的。对于重要的历史事件、人物、年代等等，是需要记住的，但也不能死背，要从理解历史事实的互相关联中去记。比如首先记住了辛亥革命发生在1911年，那么甲午中日战争、义和团运动和八国联军之役，都发生在辛亥革命之前，对于1894、1900这两个年代就比较好记了。重要年代要记，这样可以有一个前后的概念，但无须都记，背得太多了，反而容易把年代搞混了。书看得多了，经过多次反复，许多历史事实自然就记住了。下面我想简单谈几点具体意见，主要是介绍一些学习方法，供大家教书以后，深入钻研时参考。

第一，学习历史要求"真"和求"用"。所谓"真"，就是客观存在的事实，不是想象，不是道听途说。历史总有前因后果，有来龙去脉。要弄清一个历史事实的来龙去脉，就要根据能够说明当时真实情况的材料来加以考察。要知道一个历史事实是不是真实，就要看它同我们所掌握的有关材料是不是符合，这就是求真。所谓"用"，就是毛泽东同志说的"古为今用"。我们研究历史，不是为研究而研究，而是为了找出历史发展的规律性，作为解决现实问题的向导和依据；或者总结历史的经验教训，作为解决现实问题的借鉴。这就是求用。我们提倡求真和求用相结合，就是说，要根据真实的客观历史事实，找出历史发展的规律性，孤立地为求真而求真，不找出它们的规律，就不能为现实服务，求真就失去了意义，那就会走上旧中国考据学派的老路。但如果片面地求用，看到一点材料，不问它的真伪，就忙于用来说明问题，那就可能做出错误的结论，造成有害的结果。事实是最有力量的，也是掩盖不住的。不符合客观历史事实的结论总是站不住的。所以我们研究历史一定要把求真和求用结合起来。否则，历史学也就不成其为科学了。

第二，要详细占有材料，扩大眼界，广泛联系。研究问题不能光靠别人已整理过的间接材料，主要是要掌握直接材料，特别是新材料，考古发现、档案材料等就是直接材料。民间传说也是材料来源之一，但要考证是否确实。只有详细地占有材料，才能有所突破，弄清问题。扩大眼界，就是不仅收集材料时要注意各方面的来源，也要注意别人的研究成果，包括外国人的研究成果。过去我们知道日本人很注意中国历史，近几年通过同美国的交往，才知道美国人对研究中国历史也很重视。我们也要注意他们的研究成果，并注意他们的研究方法。广泛联系，就是在研究问题时，要对有关的材料，有关的方法，其他学科与此问题有关的研究成果等，多方面地联系起来加以考察。比如清代的人口问题，乾隆时的人口比康熙时多了十倍，时间才过了八十年。有的人认为在八十年间人口增加这么多是不可能的。有的经济学家从当时的生产水平考察，认为当时的粮食产量养活不了增长这么多的人口。但也有人不同意这种看法，认为他们只看到了当时米和小麦的产量，而没有看到自明朝以来，中国从国外引进了许多杂粮品种，不是光靠吃米和面。咸丰、道光时有许多记载，说明当时吃杂粮的占人口的多数，吃米面的是少数。虽然当时粮食还不太充足，还有挨饿的，但还是渡过了人口膨胀的大关。

第三，要缩短战线，战线太长容易流于泛泛。过去一写就是通史，中国史、世界史都是如此。这要付出很大劳动，时间也太长，又不容易深入。要深入就要缩短战线，各个击破。美国一位教授说中国的历史太长了，他想只研究明清史；但明清一段的史事仍很多，所以就专门研究这一段的农民起义；明清时期农民起义的次数仍不少，人物也多，最后决定研究明清之际李自成起义军中的重要人物李岩。这样战线就缩短了，就容易有所突破。我们研究学问必须有渊博的知识，但要取得新的成果，却必须由博返约，也就是对一个一个问题进行深入研究，由知识渊博向深度发展。

第四，研究问题要多问自己几个为什么。比如说，某个历史事件或历史人物，一些书上的记载很不相同，我们就应当多提出几个问题，多问几个为什么，这样就可以促使我们从各个侧面深入地进行研究。给自己提出的问题，有些可能很快找到答案，有些也许一时找不到答案，这就需要广泛地收集有关材料，去做进一步的探讨。

最后，谈一谈关于学习理论的问题。我们研究历史，不是仅仅记录已往的历史事实，而是要研究历史发展的规律性，这就离不开马克思主义理论的指导。所以我们必须学习马克思主义的理论。但是我们学习马克思主义理论，是学习它的基本原理，学习观察问题和解决问题的立场、观点和方法，而不是去记诵个别结论或只言片语。对于经典作家的某些论断，我们也要全面地去理解它的本意。比如马克思在《资本论·所谓原始积累》一章中说过这样一句话："暴力是每一个孕育着新社会的旧社会的助产婆。"这句话过去常被引用，但往往不是在它本来的意义上被引用，而是片面地用来强调暴力的作用。助产婆就是助产士，她只能在孕妇分娩时起助产的作用；如果一个妇女根本没有怀孕，助产士再努力也没有用。可见暴力并不是在任何情况下都会起革命的作用。仔细想一想，就可知片面强调暴力的作用并不符合马克思这句话的本意。所以我们在学习经典作家的某些论断时，一定要全面地去理解，并且要了解这个论断是在什么历史条件下针对什么问题做出的，这样才能理解得完整和准确。

马克思主义理论是我们的指导思想，我们研究历史就一定要努力地去学习。此外，我们还应当懂一点其他社会科学乃至自然科学的理论，这对我们研究历史上某些专门的问题也是有帮助的。

（徐健根据记录整理，整理时有删减。）

（选自《历史教学》1981年第2期）

谈谈历史系教学改革

　　一九五三年—五四年第一次综合大学会议，制订历史系方案我是主要起草人。批了通才教育，主张学苏联。学苏联有成绩，也有缺点。苏联历史系方案是专业面窄而深、规定很死，我们中学的课程衔接不上，当时高中只开设近代史。

　　现在历史系的改革不宜大动，因为国家处在调整时期，人力、财力、物力都不够。要加强基础课，但把专业课与基础课对立起来不行，专业课里也有基础课。现在通史课一学三年强调有一个系统的概括，中间不能兼学旁的，实际通史不通，这个要改。吴晗在西南联大教中国通史只用一年时间。现在没有一个提纲挈领的简要的通史课本，开三年或两年半的通史太重。中文系、外文系，甚至经济系都应开中国通史课。

　　外文是基础的基础。这是工具，有了这个工具，到什么地方找材料都方便。

　　要加强选修课。光靠通史不够，要有断代史、专史作为辅助。还要增加实际有用的知识，要有各种辅助学科，不然连个古董也看不懂，说不出。现在南开大学设了博物馆专业，考古学、古器物学非学不可，不然连什么是唐三彩都不知道。当然，这些东西不是时时有用，但有时有用。

　　学分制一定要实行，但选修课一定要有指导，不能无系统地随意选，不然就会选得非常分散。看起来学了很多，实际上都没学好。实行学分制，有些限制需要打破。比如，外系的课程要允许选。文科系可以互选，理科系的课程也可以选。历史工作者要有广博的知识，这样才能适应多方面的需要，可以到博物馆工作，也可以到出版社当编辑，可以到大学教书，也可以到中学教书。我们办了一个明清史教师培训班。因为这些人回去要教学，所以把应讲的内容分若干专题，先把专题资料，包括系统的原始资料，现在的资料，参考书目及年表等发下去，然后分别由若干同志专题讲授。这样，这些同志回去以后就可以上课了。

"两个中心"的提法是正确的。但各地、各校情况不一，不能把教学与科研对立起来。我们系就有这种情况。研究室就强调科研，不愿搞教学。这样搞绝对化不行。一遇到提职、调资，问题就来了。搞科研的人有名有利，搞教学的人辛辛苦苦，提职、调资还受到影响。"两个中心"哪个为主，我认为应以教学为主，科研除了指定的题目外，应为教学服务。教学质量要逐步提高，教学内容每年都应该有新的东西，一定得反映出学科的新水平。应该用自己的研究成果丰富教学内容。教材不是永久不变的，科学争论的问题解决了，教材就应该反映。这样才能培养适应"四化"需要的人才。各国的教科书都是逐年提高的，不是一成不变的。

要解放思想，但解放思想，不等于不要主导思想。主导思想就是真理，就是辩证唯物主义和历史唯物主义。"四人帮"时期搞"对着干"，那不是解放思想。

外国朋友对我们教育提出一个问题，就是"近亲繁殖"问题。这值得我们注意。任何地方、任何时代、任何个人都不能吃老本，要创新。凡是在学术上有成就的人，没有一个不是刻苦的，要不囿于一格，思想解放。搞学问，一要广泛掌握资料，二要广泛联系实际，三要多问几个为什么，再加以刻苦，才可能成功。

（选自《高教战线》1982年第2期）

陈心怡、涂怀京编撰

朱谦之

【题解】

朱谦之（1899—1972），字情牵，出生于福州，我国现当代著名哲学家、历史学家、东方学家、教育家。朱谦之毕业于福州一中，又到教会学校格致书院专修英文，1917年考入北京大学。五四运动期间积极参加新文化活动，思想活跃，知名于世。1929年以国立中央研究院特约研究员的身份留学日本，研究题目是《社会史观与唯物史观之比较研究》。1931年回国，任上海暨南大学教授，讲授历史哲学、西洋史学史、史学概论、社会学史等课程，著《黑格儿主义与孔德主义》。1932年至1952年任中山大学教授，先后出任历史系主任、哲学系主任、文学院院长等职。中山大学哲学系主任黎红雷教授曾评价："朱谦之先生是中山大学人文学科优秀传统的奠基者之一，由于他与同事们的努力，使中山大学的人文学科在20世纪的三四十年代，在中国的学术界和教育界独领风骚，令人瞩目。"时值日本侵略日益肆虐，国难日深，朱谦之以文化教育救国为己任，以经世致用为鹄的，倡导新读书运动、南方文化运动和现代史学运动，为培养抗日理论干部贡献力量。其间出版大量著作，其中《文化哲学》《文化社会学》有大量篇幅论述教育问题，蕴含丰富深刻的教育思想。1952年，朱谦之回到母校北京大学从事东方哲学的教学和研究，并指导朝鲜、越南等国留学生。朱谦之一生以学术与教书育人为志职，博览群书，勤奋著述，被学界誉为"百科全书式的学者"。著作42部，汇总为《朱谦之文集》十卷，八百万字。

《反抗考试的宣言》发表于 1920 年 3 月的《北京大学学生周刊》，文章是"五四"思潮的产物。朱谦之在五四时期是一位激进的无政府主义者和虚无主义者，反对一切现实存在；在教育观念上受到杜威的影响，发起废考运动，反对死记硬背的教学方法。杜威先生把现行教学方法比作填鸡鸭，考试就是称鸡鸭的重量。朱谦之受到启发，呼吁同学们反抗考试，把笔抛去。他还给蒋梦麟校长写信，呼吁废止毕业制度，称文凭是赃物。杜威于 1919 年 5 月到达北京，发表关于教育的"五大讲演"，其平民主义教育思想的根本观念是"教育即是生活"，按胡适解释，依此观念，"向来的文字教育、记诵教育、书房教育，决不够用"。朱谦之无疑受到影响。

《大同共产主义的教育院（节选）》反映的是朱谦之早期的教育理想，其时他的历史哲学归结于理想的大同社会，无疑是无政府主义思想和中国古典思想的杂糅。朱谦之 1927 年出版的《大同共产主义》，论证了"我们中华是以艺术立国的，所以教育是艺术的教育，人生是艺术的人生，科学是艺术的科学，政治也是艺术的政治，生产也是艺术的生产"，中华文化是一种纯粹的艺术本位的灿烂的文化。《大同共产主义》设想的大同社会没有政府，没有法律，没有金钱，没有买卖，没有资本家，只有艺术家和教育家。大同主义的政治组织设计完全依据《周礼》，却更为高明和进步。设委员会式的六院：事务院、教育院、音乐院、平和院、礼制院、工艺院，其中后五院都为艺术、教育、爱而设，而教育院的教育原则是广义的艺术教育。孔子的六艺，总括起来是广义的艺术教育，代表着中华教育的传统精神。这种精神重视的是艺能，以音乐教育为主。孔子所谓的"游于艺"，就是让人乐学，而不是苦学。本文还挖掘出中国古代教育中的性与爱的教育思想。《大同共产主义》描绘的是建立在中国哲学文化基础上的古代文明的理想状态，虽只是理想的寄托，于今不无参考价值。

《文化教育发端（节选）》表明，朱谦之是从历史主义的基础上，来提倡文化教育学的。历来所有教育都是文化教育，教育即文化，现代教育即产业文化教育。现代是文化类型进化的第三时期科学时代，所以现代教育也是科学教育。现代文化教育之根本原理和信条是："你必须认识清楚你所处的时代之最高的文化形式，而充分发挥之，使自己做个能够顺应时代与适合地方的文化进展之一个人。"现代的文化教育，归结于科学教育与产业教育，是我们提倡文化教育的一个簇新的目标。但是，文化教育在适应现有的文化以外，还要格外注意到创造未来之新文化。朱谦之另外两部著作通过研究证明，中国的教育从起点就更倾向于艺术的教育，未来的爱与美交织而成的社会，正是中国古人理想中的"美善相乐"的文化模式，所以未来属于中国。

反抗考试的宣言

杜威先生说：

现在教授的方法，全是注重记忆，注重背诵，注重考试，因为把知识看作可以灌来灌去的现成东西，所以用蛮记的法子灌进去，又用背书和考试的法子，来看究竟灌进去了没有？来看那些被灌的儿童，是否也能像先生的样子，把装进去的东西拿出来摆架子了！美国有一种农家，养鸡鸭去卖，卖的时候，常常把鸡鸭吃得饱饱的，可以多卖一点钱，但是鸡鸭喂饱了，便不肯再吃了。所以他们特地造一种管子，插进鸡鸭喉咙里，把食物硬灌下去，使他们更胖更重。现在的教授方法，就是硬装物到鸡鸭肚子里去的方法。考试的方法就好像农夫用秤称鸡鸭的重量，看他们已经装够了没有？

我朱谦之因受了这种启发，现在是宣告不受任何等的"称鸡鸭式"底考试了。

但是诸君——我觉悟的朋友——你怎样办？

你难道情愿上"秤"？你为什么不表示反抗的态度？我想诸君都是觉悟了！都不愿受那非人的待遇了！

那末就请诸君同声反抗！

请诸君把考试的"笔"抛去！

朱谦之

（选自《朱谦之文集》第一卷，福建教育出版社2002年版；原载1920年3月28日《北京大学学生周刊》第13号）

大同共产主义的教育院①（节选）

这个院务，是在实施广义的艺术教育，使人人能够享受美的欢乐，人人能够有美的艺能。荡荡休休，使人们"优而柔之，大饜而饫之，如江河之浸，膏泽之润，涣然冰释"，群趣爱美一途，这就是我们对教育方针的意见了。我们教育院应办的院务是：（一）艺能教育；（二）性美育；（三）管理文化机关，如科学馆、博物馆、历史馆、图书馆等。我们认广义的艺术教育，实为大同世界的原则，自音乐、文学以及百般的美术工艺，都是我们教育院所奖励的。我们社会无论何人，都要受一种艺术的训练，我们社会的幸福与光荣，也全在乎这有训练的艺人身上。《学记》说过："不学操缦，不能安弦；不学博依，不能安诗；不学杂服，不能安礼；不兴其艺，不能乐学；君子之于学也，藏焉修焉，息焉游焉。"可见我们教育，是一种愉快的艺术教育，是没有一点束缚人性的。如果把现在的学校叫做苦学，那末我们艺术国的教育就是乐学了。如果把现在所读的书叫做苦书，那末我们艺术国的书籍，就是乐书

---

① 标题为选编人所加，原题"教育院"，为《大同共产主义》第四章"大同共产主义的政治组织"之第二节。

了。这种乐书乐学，不是别的，就是孔家所提倡的六艺。六艺就是六种不同的"艺术教育"。

现在把他分析起来，六艺就是：（一）礼制教育（礼）；（二）音乐教育（乐）；（三）武艺教育（射）；（四）工艺教育（御）；（五）师范教育（书）；（六）科学教育（数）。总括起来却都是广义的艺术教育。这种艺术教育，就是中华教育的传统精神，就是我们社会的"艺能选举制"，也是以专长六艺的天才者，依次选举出来的。如长于礼的，可被选为礼制院委员；长于乐的，可被选为音乐院委员；长于射的，可被选为平和院的委员；长于御的，可被选为工艺院委员；长于书的，可被选为教育院委员；长于数的，可被选为事务院委员。因为先有了六艺的教育做基础，所以造就的都是艺能卓绝的人材。原来中华教育，从周公、孔子以来，都是不看重读书而看重学习一种艺能的。颜习斋《存学编》（卷一）说："周公之法，春秋教以礼乐，冬夏教以诗书，岂可全不读书，但古人是读之以为学。如读琴谱以学琴，读礼经以学礼，博学之文，是六府六德六行六艺之事也。"《论语》载孔门教育的宗旨，未尝及于缮读，如云"学而时习之"，这就是春诵夏弦、秋学礼冬学书的意思。又云"博学于文"，也不过于诗书礼乐射御书数之文，一一讲习。李塨《圣经学规纂》（卷一）云："博学于文所指广，兵农礼乐射御书数水火工虞之事，皆可学也。"可见我们大同主义的教育，就是艺能教育。《周礼》言道艺，又言学艺，《礼记·少仪》："问道艺，曰：子习于某乎？子善于某乎？"《文王世子》云："曲艺皆誓之以待。"《论语·子罕篇》："牢曰：子云，吾不试故艺。"《史记集解》引郑玄曰："言孔子自云我不见用，故多技艺也。"李塨云："教世子必时者，一以分时，使艺与之宜；一以分艺，使业有所专。"（《圣经学规纂》卷二）因为我们教育的目的，只在使人人有美的艺能，于是就其艺能以参加社会事业，这自不是那消耗岁月去"袖手高坐，徒事诵读"的知识阶级所可以企及的了。

我们的教育院，不但教人以美的艺能，还要教人以互相亲爱。我们以为爱的发端,是发生于男女之间,所以我们爱的教育,特别注意广义的性教育。我们试看孔家对于性教育,是抱怎样态度?李觏说:孔子"于《诗》则道男女之时,容貌之美、悲感念望,以见一国之风,其顺人也至矣"。(《原文篇》)《礼运》更是一开口便说:"饮食男女,人之大欲存焉";《中庸》更分明地以夫妇为仁之本,如说:"君子之道,造端乎夫妇,及其至也,察乎天地";这和《周易·序卦传》里"有男女然后有夫妇,有夫妇然后有父子";一样地知道男女是爱的起点。因此我们的教育,也实实在在要企望一男一女的爱,所以关于恋爱所必须的虔诚和清洁,在教育期间,都应该有一个准备。恋爱!在我们的社会里,是一种公开的神圣的事情。我们教育院认恋爱是人生一桩大事,如《韩诗外传》就有一大段关于性的发达的研究,这都应该讲授给青年的男女们,使他知道。到了那青年男女情窦一开,我们教育院还可以为他们或伊们介绍性趣艺能相同的人,使他成为情人或夫妇。……并且在青年的男女自动的得到称心情热的伴侣以后,那关于恋爱的道德,也应讲给两方知道。唐甄《潜书·内伦篇》:"诗曰:鸳鸯在梁,戢其左翼。郑氏曰:鸟之雌雄不可别者,以翼知之,右掩左雄,左掩右雌,阴阳相下之义也。夫妇亦相下以成家也。孔氏曰:易之咸为夫妇之道,其象曰:止而说,男下女,以证夫妇相下之道。"要我们的社会,变成功爱与美的社会,自然不能不要男女互相协助,将拘囚的、狭隘的、自私自利的偏见和性癖,都在爱人的面前牺牲了。并且我们为要保持男女真情之纯洁,还要极力提倡两方的贞操。俞正燮说得好:"妇无二适之文,男亦无再娶之仪,自礼意不明,苛求妇人,遂为偏教。古礼夫妇合体,同尊卑,古言终身不改,身则男女同也。"(《癸巳类稿》卷十三)我们大同社会的男女,都是极其神圣的、单一的、永续的,既没有什么出妇,也没有什么出夫。"黾勉同心,不宜有怒";既然以恋爱而结合,则倘若有破坏恋爱的事情,须尽一切去努力回复,无论拿什么理由,也不要和其他一人离异,这才是大同社会的好女子,好男儿!至于胎教和看护幼儿的方法,这在我们教育家更有"胎教院""婴儿院"和"避孕院"等的设备，这种设备，都是专为制造美好的世界公民的。

（节选自《朱谦之文集》第一卷，福建教育出版社2002年版；原载朱谦之《大同共产主义》，上海泰东图书局1927年版）

文化教育发端（节选）

一、文化教育说之史的发展

（前略）"文化教育学的渊源"本来讲到"教育"，依照我"文化类型学"的区分，是应属之于社会生活之文化方面，和政治、法律、经济三者，同属于"文化社会学"研究的范围，我在文化哲学看重文化分期的原理，同样在文化社会学里，也特别提出所谓"历史主义"。这就是说，依我主张，社会生活之文化方面，如政治、法律、经济、教育，都只有完全应用新历史主义才可解释，所以我曾勉力于将历史方法应用于社会科学之各方面，就中竟有一种《历史学派经济学》，已经出版了，可是说也好笑，如果说有什么"历史学派的教育学"，不怕有人笑我吗？其实也不尽然，教育学上虽还未发现如政治学、法律学、经济学上之所谓"历史学派"，却早已发生所谓"文化学派"，而文化学派所提倡之"文化教育学"，很明了地就是倾向于历史主义的。只要我们现在承认教育的目的是在继续维持自古迄今历史上既成的文化，或打破原有文化而创造新的文化，那么教育这个东西便非从文化社会学上为历史的研究不可。换言之，即非抱历史主义不可。所以德国文化教育学的元祖 Wilhelm Dilthey（1833—1911）在1888年一次关于教育学的讲演，即否认教育学之普遍性，以为教育的理想是应跟着历史和社会而转移的。"因此所以神学的教育学可一变而为哲学的教育学，哲学的教育学可一变而为科学的教育学，而科学的教育学，其自身也不能不变而为所谓'文化的教育学'了。"

文化教育学既起源于这一位对于历史研究有很深的实际上的知识，如他自己所说，他的学问既生长于德国历史学派的空气而受其影响的哲学家——Dilthey——所以自始即不得不承认"教育"为历史的、社会的实在之一，他有名的《精神科学序论》，要将精神科学与自然科学对立，自然科学以自然为研究的对象，精神科学则以历史的、社会的实在为研究的对象，又称为文化科学。复次自然科学受支配于因果的法则之下，精神科学则以价值之创造，目的之实现，为其根本问题，而这也就成了精神科学之一的"教育学"之根本问题了。因此所以精神科学派的文化教育说，其所谓"教育"，即以人类整个的生命为基础，而含有在历史的、社会的形态中而渴慕"价值"追求"目的"的意味。这所谓价值，就是"文化价值"，所谓目的，即以文化价值之实现为目的，不过讲到"文化价值"一节，Dilthey虽也举出经济、法律、宗教、艺术、学问等文化之诸体系，却没有很明确的说明，关于这一点，他的弟子史普兰格（Eduard Spranger）（柏林大学教育学院院长）有很大的贡献。史氏著作很多，最重要的为《生活基型》（1914）、《文化与教育》（1923）等书。在"生活基型"中，他告诉我们生活形式有以下之六种，而生命所追求的价值方向，也是有以下六项，如表：

生活基型	价值方向	活动中心	性格
一理论型	学问的	要求普遍真理的认识活动	学者
二经济型	经济的	利用物质的经济活动	企业家同商人
三审美型	艺术的	构成美感的艺术活动	艺术家
四宗教型	宗教的	敬虔信念的宗教活动	信仰的人
五政治型	权力的	支配他人的权力活动	权力的人同活动的人
六社会型	社会的	融和他人的爱的活动	慈善家同人道家

因之所谓"文化"，也就是这些价值的实现，而且这些价值各种都有其道德的价值，道德是不属于任何之一个生活基型，只要我们就性格所近，努力

选一个最高最好的基型,这就是"道德"。因为人生世界,不会一个人只追求一种文化价值,但也很难同时追求许多价值,所以在渴慕"价值"追求"目的"的时候,常常要以其中之任一种价值为活动中心,而以其余价值作用,为其辅助手段。好比有的人理论型特别好,因之便以普遍妥当之认识活动为中心,而以经济的、艺术的、宗教的、权力的、社会的各种价值,按某种方式放在附属的地位。同样有的人政治型特别好,而那另外五个不好,则其生活形式应该以支配他人之权力活动为中心,而以学问的、经济的、艺术的、宗教的、社会的等活动,放在附属的地位。而这种生命对于各种价值方向的选择,当其渐渐成为固定永续的倾向的时候,这就可看出所谓"个性",所谓"人格",生活之特征也可以说是因生命能够发挥自己的价值能力,所以就是最高的"道德"了。文化教育学的一大特色,就在于一方面注重于正在成长发育中之儿童"个性",一方面却注意于"文化价值",供给儿童以充分适宜的教材,以引导其"个性"养成价值的发展。至于教育家自己的"人格",则依 Spranger 所说,是属于社会的精神的活动之一,所以应该以"爱"为活动中心的,这就是他所提倡很有名的所谓"教育爱"的学说了。

由上 Dilthey 和 Spranger 的文化教育说,从大体来说是很值得赞同的,即以 Spranger 的弟子许田(Erich Stern)所提倡以发生主义考察教育的起源,同时又依价值意识、文化意识而论教育的动机,我觉着也有很大的理由。不过据实来说,这一派所谓文化教育,虽然可以算得教育思潮中最进步的学说,却不能算就是最完备的学说。如果教育真个如 Dilthey 所谓历史的社会的实在之一,则应该更彻底地趋向历史主义,来接受一种和现代历史、现代社会最有密切关系的教育新说。什么"价值"呀,"体验"呀,"精神生活"呀,这些抽象的名词,对于这么一个激荡的时代思潮,有什么用处呢。所以精神科学派以教育为历史的、社会的实在是对的,而将教育认为精神科学之一,却大错了。教育无论如何说,只是文化之社会生活方面,即属于文化社会学的范围,而不属于纯正哲学的范围。所以精神科学派将抽象字眼来讲教育,根本即不知道教育之所以为教育者,乃在历史的、社会的文化之传达或创造,是社会本位的活动,而非个人本位的体验也。以"体验""价值""精神生活"来谈教育,其结果将使教育流于空漠而变成无用的废物,是欲充实生命反而把生命摧残了。这是第一点。次之就是对于 Spranger 所说生活基型,即"精神个性类型论"的批评。他只知道生活之六种型,即理论型可以造成学者,经济型可以造成企业家同商人,审美型可以造成艺术家,宗教型可以造成信仰的人,政治型可以造成权力的人同活动的人,与社会型可以造成慈善家同人道家,却不知在此六种类型之中,理论型即可二分为哲学型与科学型,哲学型可以造成哲学家,科学型可以造成科学家。又于六种型之外,还有法律型可以造成法律家,与教育型可以造成教育者,而所谓"社会型"云云,则根本不能与五类型并列。因为文化类型本分知识生活与社会生活之两大方面,如宗教型、哲学型、科学型、艺术型,均属于"知识型";而政治型,法律型,经济型,教育型,则均可属之于"社会型"也。由此八种文化类型,交织则形成社会之种种形态(所谓文化之社会性),与种种之文化时代(所谓文化之历史性)。如在宗教时代的生命所追求之文化方向,必以宗教型为中心的活动,因而教育所造成者,必为宗教家,而以其他之文化类型属之;如审美型之艺术家,在此时不是没有,但此艺术家必为受了宗教型陶冶之宗教的艺术家。但关于这一点 Spranger 似乎完全没有注意,所以结果只将六种基型并列,而没有看到他这几种基型之历史的、辩证法的发展趋势,这不能不说是他根本错误,其结果所谓"文化教育",不但不能促进文化全体之价值的发展,而反而不知轻重地,养成反动的文化势力,把那正在成长中之新兴文化摧残了。至于德国文化教育学派之其他最根本主张,如注重"生命",注重"个性",注重"爱"为教育活动的中心,如此倾心于对人精神之施与的爱,而将教育之本质放在文化之传播及扩充之中当然和我们的主张再同意也没有了。

二、文化教育学之新研究

"文化教育学在中国的影响"我们再观察一下文化教育学在中国的影响,

似乎还是最近几年的事。范锜教授在《最近欧美教育思潮》增订版中，曾称其"众长兼备，理论完密，实为教育思潮中之最进步者"；却是这种最进步的教育学说，在提倡者既未达到完成地步，介绍者自然更属寥寥，依我所见，只有下列的几篇论文可考：

（一）蒋径三：《文化哲学与文化教育学》（《教育杂志》第 21 卷 12 号）

（二）蒋径三：《文化教育学的理论与方法》（《教育杂志》第 21 卷 4 号）

（三）杨人楩：《文化哲学的教育思潮》（《教育杂志》第 21 卷 42 号）

（四）林砺儒：《文化教育学》（《北京文化学社》刊小册子）

（五）范锜：《文化主义教育思潮》（见《最近欧美教育思潮》第十章，二十年十二月增补再版补入，初版缺此一章）。

就这几篇论文来看，也是介绍他人的学说多，至《教育杂志》论文内，两篇所用材料相同，只有详略之不同，所以文化教育学虽有人称道，实际上至今尚无一丝一毫的影响，恐怕专攻"西洋教育思想史"的还有不很注意有所谓文化教育学罢！（如瞿世英所著《西洋教育思想史》即未提到）但可注意的，就是文化教育学，既经南方前后几位学者介绍，我一向既有文化哲学、文化社会学，与文化史的主张，在教育方面，当然也倾向于文化教育学的学说。不过我要申明的，就是我并不以德国文化教育派的主张为主张，这一派须加以批评之点很多，尤其生活基型论和我的文化类型说根本不同，换言之，我是从事于文化教育学之新研究，而从历史主义的基础上，来提倡我的文化教育学的。

由我观察的结果，（第一）从纵的历史方面说，从来教育都是文化教育。在文化史上之宗教时代，即有宗教之文化教育，在文化史上之哲学时代，即有哲学之文化教育；同样地在文化史上之科学时代，即现代，即不得不有科学之文化教育了。（第二）从横的社会方面说，所有教育都是文化教育。我们不说文化和教育则已，一说文化则所有文化都是如社会学家 Ellwood 所谓"文化是一个团体学习的过程"（《文化进化论》）。一说到教育，则所有教育都是一个团体"学习文化"和"使用文化"（同上）之文化的教育，人类社会所异于禽兽的特殊要素，可以说由于文化，也可以说是由于教育，二者原来是二而一一而二的。

"教育之第一义——教育即文化" 晓得教育之本质就是文化，就容易明白教育的目的，也就在于文化了。文化教育学派一向的意见，是以历史的社会的实在为对象，即将已有（传统）、现有（现实）、将有（理想）三方面，为其研究的对象（参范著），所以教育的意义，也就应该包括这三方面，即：

（1）传承过去之已有文化；

（2）适应现在之现有文化；

（3）创造未来之将有文化。

一方面仰倚着过去为文化之传达；一方面俯视着将来，为文化之创造，而最重要的，却在乎现有文化之认识与把握，引申现在的文化而进于将来之文化理想，这就是我所以主张依历史主义来指导现在之教育设施的根本意思了。

"教育之第二义——现代教育即产业文化教育" 原来教育是要适应当时的环境的，文化是永远创新不断的。所以从纵的历史方面来说，一个时代即有一个时代的文化，即一个时代即有一个时代之标准的文化教育。从前法国孔德（Comte）曾将人类知识的发达分做三个阶段，第一神学时代，第二形而上学时代，第三实证的或科学时代。又将社会生活的发达分做三个阶段，第一军事时代，第二法律时代，第三产业时代。现代已经是什么时代呢？无疑乎就是第三阶段的科学时代与产业时代，所以现代的文化教育，应该不是神学教育、哲学教育，而应该就是"科学教育"。从社会的生活方面着眼，又可说就是"产业教育"了。

试再就横的社会方面来看，在文化之八类型，也应该以其中之科学型与经济型为中心活动，而要特别培养出科学家与经济家的。现在先将文化之八类型，列表如下：

文化类型	文化心理	人格	文化类型	文化心理	人格
一宗教型	济度	圣者（宗教家）	五政治型	权威	权力的人同活动的人
二哲学型	惊叹	贤者（哲学家）	六法律型	规范（公平）	法律家
三科学型	支配（探求）	研究者（科学家）	七经济型	实用	经济家同企业家
四艺术型	审美	艺术家	八教育型	爱护	教育家及人道家

现代文化教育之根本原理，即在实施上一方面顾虑这一时代少年子弟之特殊个性，一方面特别注意发达科学的及经济的文化类型，我们的教育信条，是"你须要认识清楚你所处的一个时代之最高的文化形式，而充分发挥之，使自己做个能够顺应时代与适合地方的文化进展之一个人"；这最好的一条路，当然就是做一个科学家或经济家了。

由上可见现代的文化教育，是归结于科学教育与产业教育，换言之，即为适应现在之现有文化，便不可不以全力发展科学教育与产业本位的教育，使每一个少年子弟不但有完全的科学知识，而且有自觉心的生产能力。这种教育在苏俄正在蓬蓬勃勃地发展，它们的主人虽有人加以批评，而它们新教育的制度和方法，却算是世界上最新的教育，同时也就是我们提倡文化教育之一个簇新的目标。

"对于过去未来文化所抱的态度" 但是文化教育虽注重于养成生产阶级，使少年弟子能够适应现在之现有文化，但对于过去之已有文化，亦主张保存利用调和，而不主张绝对废弃的，A. V. Lunacharsky 就很明了这种情形，所以认为对于"从前的哲学和科学，已有许多发明和贡献地方，不应该废去而不加研究，应当与他们的思想和主义调和混合起来"；(见顾树森编：《苏俄新教育》页 7) 因为无论如何，过去之已有文化，从历史的进化线索来看，总算得现在之现有文化的策源，是有他自身之合理的存在的。并且依文化类型之交织关系来看,即在科学时代与产业时代,也未尝没有宗教型或哲学型特别好,而经济型科学型特别坏,在这时,自不免会有冲突发生。教育者的任务,即在于一方面顾及这些特殊人格之个性发挥,一方面又不使其有反时代之文化倾向,所以在这个时候,教育家又成为调和各种类型的公证人了,不但如此,文化教育在适应现有的文化以外,格外还要注意到创造未来之新文化。换言之,文化教育家除却要造成科学家与经济家的性格以外,还特别注意要造成艺术家与教育家自己的时代。这就是说,在科学教育与产业教育以外,更不可不倡导美育的观念,以为文化教育之研究的大目标。美育好比就是教育上之自由世界,而科学教育与产业教育,则好比还是必然世界,在从自由世界走向必然世界的当中,我们还是脚踏实地,以重视科学教育与生产教育为当急之务,然而并未忘却将来造成艺术家与教育家支配一切之理想的文化教育时代。

三、中国过去教育失败之原因与文化教育运动

我们再应用上面文化教育的理论,来观察一下中国 30 年来的教育失败的历史,便容易发现它的症结所在了。从清光绪二十八年开始采用新式学校制度以来,一方面因受世界大势和时代环境的影响,似乎有意无意之中都可看出提倡"产业教育"与注重造成"产业家"和"科学家"的萌芽。一方面从其全体发展来说,又实可看出其东抄西袭,对于现代文化之本质,根本不能认识,对于教育的方针,也就不免朝秦而暮楚了。现在试依我研究的结果,将中国最近 30 余年的教育方向,分做三个时期,列表如下:

第一时期	第二时期	第三时期
外国语言文字教育与"中学为体西学为用"	道德教育,美感教育,军国民教育,实利教育	三民主义教育(十五年初称为"党化教育")
光绪二十八年至民国元年(1902—1912)	民国元年至十七年(1912—1928)	民国十七年至今(1928—)

续表

第一时期	第二时期	第三时期
光绪二十八年以前，有方言馆与同文馆。均不过"培植译人，以为总署及各使馆之用，故仅教语言文字，而于各种学问皆从简略"。(《最近35年之中国教育》页56引) 所以在光绪二十五年时，即生起反动，而提倡以"中学为体，西学为用"之说；如军机大臣总理衙门筹议京师大学堂章程第二章第一节，即有如下一段之批评，谓"近来各省所设学堂，虽名为中西兼习，实则有西而无中，且有西文而无西学。各省学堂既以洋务为主义，即以中文为具文"。所以京师大学堂组织即"标举两义，一曰中西并重，二曰西文为学堂之一门，不以西文为学堂之全体；以西文为西学发凡，不以西文为西学究意"，(同上第二章第一节)，二十八年张百熙拟所谓"钦定学堂章程"颁布。二十九年废止钦定章程	民国元年教育部改革教育宗旨，废止"忠君，尊孔"。蔡元培为第一任教育总长，所定教育宗旨为"注重道德教育，以实利教育，军国民教育辅之，更以美感教育完成其道德"。详细解释见蔡元培《对于教育方针之意见》。见《言行录》上册页189—203) 民国四年袁世凯颁布教育纲要，内一条为"申明教育宗旨，注重道德实利，尚武，而运之以实用"；同年因要做皇帝，又颁布教育宗旨为"爱国，尚武，崇实，法孔孟，重自治，戒贪争，戒躁进"七条。洪宪失败，既无人过问，事实上还是公认元年呈定者为教育宗旨。民国四年教育调查会提议取消军国民教育，而"以养成健全人格，发展共和精神为宗旨"。同年全国教育联合会呈请教育部废止教育宗旨，而采用此二语为教育本义。自八年	十七年五月全国教育会议取消"党化教育"一名，确定为"三民主义教育"。同年八月中央党部训练部提议确定教育宗旨，主张根据三民主义发扬民族精神，实现民主政治，完成社会革命而臻于世界大同为宗旨。不久国民政府通过教育宗旨，主张实现三民主义以进于世界大同。直到十八年四月国民政府正式公布教育宗旨，为"中华民国之教育根据三民主义以充实人民生活，扶植社会生存，发展国民生计，延续民族生命为目的。务期民族独立，民权普遍，民生发展，以促进世界大同。"(以上见《最近35年之中国教育》页118—119) 又在十七年前，在民国十五年，浙江省政府曾订"实施党化教育大纲"五条。十六年上海特别市党部有"党化教育委员会"的

朱谦之

续表

第一时期	第二时期	第三时期
颁布所谓"奏定学堂章程",乃由张之洞拟定。依他意思,也是说"西学最重保存古学,亦系归专门者自行研究,古学之最宝重者无过经书,无识之徒喜新蔑古,乐放纵而恶闲检,唯恐经书一日不废,真乃不知西学西法者也",这时代对于学生运动绝对禁止,在光绪三十二年清学部又定有教育宗旨五目,所谓"忠君,尊孔,尚公,尚武,尚实",只要毕业以后即好升官,虽在普通中学宗旨,也规定有"俾毕业后不仕者从事于各项实业",其实只是表面文章罢了。	至十一年教育本义随着平民主义思潮而扩大影响。十一年新学制系统改革令公布,定出七条教育标准:(一)适应社会之进化;(二)发挥平民教育精神;(三)谋个性之发展;(四)注意国民经济力;(五)注意生活教育;(六)使教育易于普及;(七)多留各地方伸缩余地。此七条似宗旨而非宗旨,直到民国十二年因国家主义思潮影响,中华教育改进社依据国家主义明定教育宗旨四条:(一)注意本国文化,以发挥民族精神;(二)实施军事教育,以养成强健体格;(三)酌施国耻教育,以培养爱国志操;(四)促进科学教育,以增益基本知能。此四条虽未经教育部分布,实已发生相当影响,民国十六年蔡元培改教育部为大学院,次年有一段谈话提出三点,谓"设中央研究院为实行科学研究,	设立,又教育行政委员会亦议定学校施行党化教育办法草案。

续表

第一时期	第二时期	第三时期
	设劳动大学提倡劳动教育，设音乐院艺术院，实现美化教育"（见《最近35年之中国教育》页169引），十七年五月大学院召集一次全国教育会议，议决学校系统的原则，为（一）根据本国实情；（二）适应民生需要；（三）增高教育效率；（四）谋个性之发展；（五）使教育易于普及；（六）留地方伸缩可能。此六点仍为十一年新学制的标准之改头换面，九月再加修正公布，另加"提高学科标准"一条。	
注入式	启发式	党化式

由上三个时期的教育思潮，第一期过于保守，虽然在"忠君尊孔"以外，也有"尚实"一条，却是不很重要的。第二期过于自由，虽也有所谓"实利教育"，与新学制标准所谓"注意国民经济力，注重生活教育"等，其实还不及所谓"道德教育"与"美感教育"重要得多。这时商务印书馆发行的《教育杂志》，开章明义也标出"美育、体育"，以相号召，这就可见学风所趋了。不过可注意的，就是在民国六年上海有所谓"中华职业教育社"之设，宣言书中有云：

吾侪所深知确信而敢断言者：曰今吾中国至重要至困难问题，厥唯生计。

曰求根本上解决生计问题，厥唯教育。曰吾中国现时之教育，决无解决生计问题之希望。曰吾中国现时之教育，不唯不能解决生计问题，且将重予关于解决生计问题之莫大障碍。

因此在民国七年该社便宣布职业教育之目的如下：

（一）为个人谋生之准备——使无业者有业，使有业者乐业。
（二）为个人服务社会之准备。
（三）为国家及世界增进生产力之准备。（见《最近35年之中国教育》）

却是结果是怎样呢？依据黄炎培先生《35年中国之职业教育》一文，他说："自清光绪二十三年至民国五年，凡20年间之职业教育……在教育统计上，对于一般教育，并百分之一之地位，而未曾取得"；在该社设立以后，"……至二十年而教育部发表职业学校，仅149所，并民国初年而不如远甚，乃至并前清光宣之间，而亦复不如，可谓一落千丈矣"。可见所谓"职业教育"，也不过空嘴说白话，和实际教育是全没关系的。至第三期根据三民主义"以充实人民生活，扶植社会生存，发展国民生计，延续民族生命为宗旨"；自然最说得动听，或如姜琦先生一样，也可以简直承认"三民主义教育"就是"生产教育"。不过我总以为名词只是名词，事实还是事实，我们应该完全站在第三时期"三民主义教育"的基础上，因为三民主义教育本和"生产教育"相通，若就现状来说，仍然名不副实，以"政治型"为主，结果只有"政治教育"而无所谓现代之文化教育，因为文化的心理不同，其影响亦自不同，所以就是第三期的教育思潮，我仍觉着对于发展现代文化教育——产业教育——仍有许多应加以解释的。

因为推源中国30年来的教育，不是没有宗旨，就是宗旨不定，没有宗旨所以只能"就已有之人才而甄拔之，未尝就未成之人才而教成的"（张之洞的话）；不然就是以什么"中学为体西学为用"做宗旨了。因这宗旨不定，所以袁世凯可以同年之内颁布两次宗旨，17年学校系统原则竟可以改了又改，而且许多点是抄袭11年的新学制的。时而道德教育，时而国家主义教育，时而道尔顿制度，时而设计教学法……这真是东抄西袭，不但对于现代现有之文化不能适应，甚至过去之已有的古典文化，都不能保存，究竟为的什么原因呢？据我观察结果，简单说来，是有两大原因：

第一，由于缺乏现代文化之认识。

第二，由于缺乏现代文化之经济的基础。

以前言之，如第一期张之洞所定学堂章程，要说他不注重文化，他又很注重"读经"，以为这就是中国文化的根本（看柳翼谋《中国文化史》下册页534）；这种思想实在太陈旧不堪，然而势力之大，影响到现在。第二期蔡元培先生提倡"美育"，"美育"原来是第四期的教育思想，换言之即未来之将有文化，却不是现在之现有文化，所以很可提倡，只可惜提倡太早了，反而不易于为人领受。因为从前的教育没有根本把握住"现代文化"，即产业的科学的文化，所以不是过旧，就是太新，结果当然是大失败了。以后言之，第二期中华职业教育社就是提倡"职业教育"的，然而影响不过如此，因为提倡者多江浙两省的教育家，然而在中国中部，是没有产业经济的基础的，所以提倡职业教育的结果，最多只多造成几个手工业的学徒，而仍不能顺应现代之文化——产业文化。他们不明了为什么"教育较盛之区，饿殍载途如故，匪盗充斥如故"（同上页142引《教育社宣言书》），他们更不明了为什么从民国七年宣布职业教育之目的以后，至二十年反而职业学校有一落千丈之势。（同上引）这其间无疑乎完全有经济的基本原因，因为中国中部的经济基础太弱了，所以建设不起真正现代文化教育——产业教育。——所以虽有一般人提倡职业教育，而在教育部所颁行的教育宗旨，仍然只是以"谋个性之发展"为前提，而所谓"职业教育"，结果也只成为资本家之"个性发展"的职业教育罢了。但话虽如此，我们还是主张在新的基础之上，即更广大的教育宗旨

朱谦之

之上，来提倡"产业教育"，这就是所谓文化教育运动了。而就文化教育运动的步骤来说，因为中国只有南方尚有产业之经济基础，所以文化教育运动也应该先有南方教育家出来奠定宏基，并决定目标去创造一种新的文化教育原理，新的文化教育制度，我们绝对需要生产教育，然而这种生产教育，应该使之成为一个统一的有计划的文化教育运动，应该适应生产之实际情形，来定一个文化教育的指针。至于生产学校的经营，乃至于新课程之规定，详细情形，当顺应时代与适合国情来采用世界上已经试验有效的新教育之系统。而且只有这种自行创造之新的文化教育，才是我们现在最迫切需要的救国教育，与最能保障中华民族之安全的现代化的教育。

民国二十二年十二月二十二日，广州

（节选自《朱谦之文集》第六卷专著《文化哲学》附录部分，福建教育出版社2002年版；原载朱谦之《文化哲学》，商务印书馆1935年版）

孙汉生编撰

黄世明

【题解】

黄世明（1899—1984），别名际平，号爱宜，福建闽清人，现代儿童教育家，一生为中国学前教育的科学化和本土化作出了突出的贡献。在国内外接受过完整的学前师范教育，曾任福州协和幼稚师范学校校长、国立幼稚师范专科学校教授与训育长、震旦女子文理学院教授。新中国成立后投身幼儿园一线教育，任上海市瑞金一路幼儿园园主任，实验她的"爱的教育"思想，为我国社会主义教育事业作出了积极贡献，连续当选上海市卢湾区第二至第五届人大代表。

论文《我国幼稚教育的新动向》发表于1936年，黄世明时任福州协和幼稚师范学校校长，体现了黄世明在学前教育理论上的超前意识。首先，反对当时将"幼稚教育"等同于"幼稚园教育"的流行观念，呼吁学前教育"应注意二至四岁的婴孩教育，这是幼稚教育的新动向"，并通过儿童、家庭、社会三个层面论证了为二至四岁的婴孩专设蒙养园的必要性。其次，率先探讨建立幼儿园教师专业标准。主张幼儿教师要教人修养人格，要师德高尚和业务精良，尤要具有四种特征：智力丰富、善于艺术、国语正确流利、具有父母心儿童性。并要求，幼儿教师的学历至少是高中起点的幼儿师范专科毕业。直到2011年我国才正式颁布《幼儿园教师专业标准》，在一定的意义上回应了黄世明的期望。再次，主张"造成科学化的儿童"以回应当时强种强国的社会呼声。认为应着力培养具有勇敢无畏、牺牲服务、观察研究疑问、正确判别、创造等五种精神的儿童,学前教育要为国家为民族"造成科学化的儿童"和"强健的儿童"。

论文《儿童音乐的教学》系统阐述了黄世明幼儿园音乐教育主张。她在多所院校一直教授心理学与音乐等课程。黄世明明确反对当时社会存在的儿童音乐教育技能化倾向,主张幼儿园音乐教育是面对"每一个儿童"的素质教育而非单纯的技艺传授或造就个别天才;喜爱音乐是儿童的天性,教师必须注意保护、激发和培养学生的音乐兴趣;主张幼儿是音乐学习的主体,教师的角色是帮助者和促进者。选择音乐学习材料应充分考虑幼儿的接受水平、生理特点与兴趣所在。主张音乐教育生活化,即音乐教育与家庭、社会、学校的生活相结合。论文进一步具体探讨了歌唱、律动与玩乐器等音乐教学的技术性问题。其主张与当代儿童音乐教育思想在许多方面是非常一致的,对今天学前教育与教师教育仍具有重要的借鉴意义。

论文《现行幼稚园课程的批判和建议》发表于1947年,黄世明时任国立幼稚专科学校教授与训育长。论文尖锐地批评当时幼儿园小学化的普遍倾向,"根本就背离幼稚儿童的生活",主张为幼儿设计家庭化的领域活动而非执行刻板的课程。她认为"课程就是人类生活的经验,促进生长的材料,和儿童整个的活动";强调幼儿园教育教学必须基于生活,兼顾到儿童的能力和心理发展,以习得系统化的生活经验为目标;强调幼儿园活动必须是"整个的",不可以分割成几个小单位,各自分别进行训练;幼儿园课程必须突出儿童化与乡土化,关注儿童的兴趣,追求家庭化的风味,教师应有能力随机应变,实施有伸缩性的活动。论文明确地将幼儿园活动分成健康、社会、艺术、科学、文学五类,探讨了各类活动的内容,是今日幼儿园五大领域教学的滥觞。

我国幼稚教育的新动向

教育是造人的事业，一个人将来的成就怎样，只要看现在的教育怎样，便可决定。一个有品格有才干的人，非有优良的教育，不能成功；但是教育的实施，必须善始，然后才能善终。所以在各阶段的教育中，幼稚教育比任何教育，都来得重要。依据我国古书的记载：有"胎教"这一件事，就是在婴孩先天受形之始，就须施以精神教育，可见对于幼稚教育的注意。我国近年来积极推行儿童教育，并有儿童节儿童年的规定；诚如瑞典爱伦凯女士所说"二十世纪为儿童的世纪"，这是多么可喜的事。但是，现在幼稚教育所最注意的，尚滞在四岁至七岁之幼稚教育的程途中；还没有顾到二岁至四岁婴孩时期的教育，未免有美中不足之感！我们现在对于幼稚教育应当另开新途径，不可故步自封；所以也应注意二岁至四岁的婴孩教育，这是幼稚教育的新动向。兹将此新动向之程途述之于次：

设立婴孩二岁至四岁的蒙养园

婴孩自二岁至四岁的时期，未入幼稚园之前，若一任家庭父母无科学智识的教养，其害之大，不言可喻！如果设立蒙养园，不唯得以避免其害，而且有三种利益：

一、关于儿童方面

甲、属于生理的

1. 供给婴孩充分的滋料

婴孩身体，极为软弱，须备有各种生活素的输入，以资营养。在富有的家庭，供给婴孩的滋养料，予取予求，失之过多，有害于婴孩的肠胃；贫乏的家庭，往往三餐不继，对于婴孩亦只以粗粝充饥；所以，多数婴孩皆现枯

黄世明

瘦贫血之象，失去活泼的天真；甚至因滋料不足，而遭夭折之不幸；生而不育，率居多数。所以我国婴孩死亡率，实有惊人的纪录，这都是由于供给婴孩滋料上无科学之调剂，有太过与不及的毛病。设使有蒙养园的看护教师为之调剂，供给适宜之滋料，如牛乳鱼肝油等物品，使富有的婴孩既无太过之弊；而贫乏的婴孩亦得尝贫儿所不能尝的补品，身体自然亦能繁荣滋长。

2. 察验婴孩身体的隐病

普通家庭对婴孩的身体，多不加察验，亦无医学的判别；以致各神传染病在潜伏的时期，不知预防的方法，对于婴孩生命上大有危险。在蒙养园的婴孩，每一个学期必有医生察验一次，或施种牛痘，或打白喉针，及其他预防注射，以解除婴孩生命的危险。

乙、属于心理的

1. 养成婴孩善良的习惯

婴孩自二岁至四岁的时期，最重要的习惯，在吃饭穿衣睡眠礼貌四种。普通家庭的婴孩，事事都是倚赖他人；甚至衣要别人穿，饭要别人喂，睡眠亦往往失时是。或因骄养过甚，或因怠意照料，使婴孩渐染不良的习惯。若受过蒙养园教育的婴孩，平时离开父母有看护教师在旁照料，责成自吃，自穿，共同游戏，轮流作领袖及帮助别人的良善习惯，同时也可以奖进婴孩独立平衡自信的美德。

2. 助长婴孩创造的能力

蒙养园教师对于二岁至四岁的婴孩，往往予以自由玩思，以发展其个性。有时用纸或积木作玩具，有时给以水彩等的图画，共中多含创作的意义。婴孩玩弄既久，思想渐开，有自然而然的生出能力。

3. 发展婴孩社交的观念

婴孩天性，自这时期起最要的是伴侣，有的家庭只有一孩游戏，没有伴侣，这种状态从各方观察都有弱点：第一，自我的本能日长一日，因为如果只有一人游玩，对于玩的东西不免渐萌独占之念；第二，无机会与其他小朋友共同游玩，渐失合作的精神。反之，在蒙养园里，一个大木块必需多人协助才能举得起，其他共同的游戏、相互的联络，都可以养成合作的精神，引起团体生活的兴趣，发展婴孩社交的本性。

4. 灌输婴孩萌芽的智识

蒙养园定有自由谈话，由教师提出浅显的问题，发问各婴孩，使其坦然发表思想；并且婴孩时期有下列的几种心理活动特别强烈，我们可乘便灌输智识：

（1）想象　二三岁前的婴孩，乃承受感觉的印象；三岁以后，心的本身，不为感觉所限制，富有广大活泼的想象。在这时期，应常常游戏，自由活动的时候，自能发表想象的能力。

（2）言语　心理学家石登研究婴孩语言在此时期，有极速的进步，已能将名词与动词用在一块去表明其意思；并能克服代名词的困难。蒙养园在此时期，则令婴孩多讲故事，以助其言语之发展。

（3）好奇　二岁至四岁的婴孩，每见奇异的物，便两手抓来把玩不释，这是好奇心之发动期。蒙养园教师知利用此好奇心，予婴孩种种的玩具，藉以灌输智识。

二、关于家庭方面

1. 家长有分身社会服务的可能

家庭慈母，因养育婴儿，寸步弗离，俨如桎梏，欲分身社会服务，自不可能。若有蒙养园以寄托其子女，则家长本身可把其技能服务社会，从事几小时的工作。

2. 父母有认识本身及儿女的可能

吾人常觉家庭抚育儿女，有种种难题不易解答；使父母躁急而生气。蒙养园领导婴孩，容易和蔼，父母依据参观所得，便可认识本身及儿女，以祛除他们的误会。

3. 有促进家庭预防工作的可能

关于婴孩身体卫生的预防，婴孩举动失宜的预防，蒙养园都能办理得法，使婴孩身体日进，举止得当，父母的观感所及，有促进家庭预防工作的可能。

三、关于社会方面

1. 减少社会病态的蔓延

犯罪疾疫，为社会病态的一种，犯罪是由于人类自少不良习惯所造成的，尝见破衣赤足流落街头的儿童，在社会上终成为盗窃斗狠之罪，如果有蒙养园以造成此辈婴孩良好的环境，就可减少犯罪率。疾疫由于传染的，婴孩时代天花白喉等病菌最易侵入，蒙养园的婴孩，有时候察其身体，作种种预防的注射，社会上自免疾疫的传染。

2. 供给专家研究的园地

蒙养园为儿童最初受教育之时期，亦即人生过程之基础。关于婴孩心理上，行为上，教育上，足供多数社会家，法律家，教育家，心理学家之探讨与研究，以为各种科学的改进，其裨益于社会，自不在少。

选择具有各种特征的教师

教师职务不是教人读死书，本要在教人修养人格，幼稚教师尤要具有这种能力，才能胜任愉快；所以必有四种特征：

一、智力丰富的

儿童在学语学步的时期，常常有困难问题的发生，智力丰富的教师，知用如何积极的答案，以解其疑惑，以免失去儿童好奇石，向上心。作者研究幼稚教育，积有岁年，渡美考察以后，又进入金陵大学，对于教授儿童，似非漫无把握，但每遇儿童的难题，尚苦无以应付，可见充当幼稚教师的不易。依作者的意见，幼稚教师至少要有高中毕业，修满幼稚师范科二年制以上者的程度，才可充任，以免贻误儿童。

二、善于艺术的

图画为助儿童整齐配色的习惯，音乐唱歌则使儿童发生快感，弹琴则使儿童练习听官,最关重要的。常有幼稚教师不精唱歌,哪能教儿童唱歌;不精图画,哪能教儿童图画;所以幼稚致师,须善于艺术的。

三、须国语正确流利的

国语有标准音,其要件须流利正确,单调和美。作者有一次参观一幼稚园:全体儿童声音嘈杂,粗大,又无音调,甚至L和N或S和F的音都不能辨别。原因就是教师平时教育儿童言语不讲音调,所以有不合音调的声浪。

四、须具有父母心儿童性的

儿童离开父母,而寄其生活于幼稚园,当此孩提之时,跌倒受伤,率以为常,做教师的,须具有父母心,视人子如己子,亲自扶持,保护一切;又当发挥儿童性,与之共生活,共游戏,深得儿童之欢迎。

此外幼稚园的教师,尚须身体健康,不沾肺病,性情忍耐,不发脾气;且有整齐清洁简单朴素的风度,如镜子一样映照儿童,使儿童有所摹仿。

造成科学化的儿童

科学是有系统的,为研究因果律的一种智识;不但知其当然,并要知其所以然。俗语:"打破砂锅问到底",便是科学阐明智识的道理。儿童智慧初开,天机活泼,一切的新知,易于接受,及永久镂记的可能;已故世界大科学家,如美之富兰克林,英之牛顿,其想象力之不可思议,发明物质之惊人,皆在于儿童时期已沐科学化之效。科学化之精神有五:

一、勇敢无畏的精神

我们中国,本为科学的始祖,降至近代,因为人性怯弱,对于真理的追求,缺乏勇敢无畏的精神;所以虽有一种物质的新发明,只开其始,不能竟其终,畏此惧彼,终无一事可成。例如飞机驭空,危险万状,使无勇敢大无畏的精神,则不敢试验,而达于成功。所以这种精神在婴孩时代,有养成的必要。

二、牺牲服务的精神

科学家服务于社会,国家,从事创造,以供人类之利用厚生,故必有不惜牺牲金钱与时间的精神，而从事其想象的世界之试验，这样才有成功之一日，所以这种精神在婴孩时代，有养成的必要。

三、观察研究疑问的精神

世界物类，包罗万有。要而别之，外有其象，内有其理，因观察研究的不同，而有种种的差异，所谓见智见仁，在乎其人。所以婴孩对于物类必先养成有观察有研究，始能发生疑问；然后再由疑问而追求真理，自能产生一种独到的创作，否则物自物，而人自人，走马看花，一瞥而已，果有何益。所以这种精神，在婴孩时代，有养成的必要。

四、正确判别的精神

物类之理，纷出万殊，在观察与研究之先，则言人人殊，科学家对之，必以其定律而作正确之判别，不得全凭臆造与杜撰，然后始有真理的出现。这种精神，在婴孩时代有养成的必要。

五、创造的精神

吾国自先儒提倡述而不作的学理后，历代相传，罕有创造精神，所以无数学术，皆故步自封，无能超出古人之范围。近代竞争剧烈，日新月异，非出奇无以制胜，以故科学家须打破述而不作的陈旧思想，而必含有"作者之谓圣"的惊人思想，这种精神在婴孩时代，有养成的必要。

综上三项，是就我们当教师的人，历年经验所及，随便叙述的；整理既乏充分的时间，系统自难达于有条不紊的境地，但望主持教育者，把我们一得之愚，当作刍荛的采纳，或且对于幼稚教育前途，不无少补。

（选自《福建教育》1936 年第 6 期）

儿童音乐的教学

音乐是最古而又最伟大的艺术；人生本有爱好音调和韵律的天性，古代的人击木头做鼓以为节奏，近代的人也以乐队沿途弹奏，这可见音乐是人类生活上的一大乐事。但是很多人，从来没有在音乐中找寻这种快乐，原因是他们没有机会接触音乐，并且没有受音乐教育的机会。为此，近代学校和教师，对于儿童音乐的经验，多用时间及力量去教导他们。儿童音乐教育的目的，并不是要产生伟大的音乐家；而是（1）使每一个儿童都有机会在音乐中得到兴趣，或发展他们的音乐天才；（2）使每一个儿童都有机会学习唱歌，以及用音乐去表示他的感情和思想；（3）使许多儿童学习音乐以及欣赏音乐。

我们先想想儿童最初对于音乐所生的反应如何：最小的婴儿会两眼跟着那些有节奏动作的物体转动，他也爱看一个球或其他玩具的前后摇摆。婴儿且常藉着母亲所做出的韵律的轻拍、摇摆，或歌唱而镇定或安睡，婴儿初时，顶喜欢把玩具或羹匙或铁罐打在床边的。也有小孩子在沙盘的沙中轻打节奏，或者把沙舀起再倒下去而成功一种节奏，儿童往往用小棍子打起小鼓或小盒子，这时他的面孔上表现出无穷的愉快，小孩子大概都爱做节奏的声音的试验，当儿童在秋千架子里面或在安乐椅中摆摇着时，他也喜欢吟出节奏的声音。虽然这种声音并没有一定的意义。儿童大概喜欢模仿各种声音，比如当他经过街头的时候，听见卖糕饼者的呼喊，或其他挑东西的人呵哼，或脚踏车和人力车的铃声，以及更夫夜里的打更声，这类声音都会使儿童全身感着惊异的反应和愉快。儿童也由着摆摇；按着鼓声而步行，跟琴声而跳动，和着节奏而手舞足蹈，照着诵诗和琴声而打球或跳绳等感到快乐。这种类似的经验都会给儿童以绝大的快乐，而且可以帮助他们欣赏音乐，使他们全身都有音乐的快感。

因为儿童对于这些日常的经验会生音乐的反应，学校方面就要给儿童以丰富的音乐的培植，下面所列出的，便是学校对儿童应做的音乐教育：

（一）教师的态度：教师应当充分的欣赏及理解儿童对于声音的兴趣；她务须帮助促进和帮助儿童在课室或游戏场上击打节奏的兴趣；她务须帮助儿童成功节奏与吟咏的和合；她应当促进儿童试验各种不同的声音，如以木头打金属器具,以木头打空的或实的木头,或敲打空的或实的盒子上。以上各种实验,都能使儿童对于音乐及发音学感到热烈的趣味,助长儿童欣赏日常环境的音源,就是教师帮助儿童获得音乐知识的第一要素。

(二)学校应供给儿童以优良环境,使他们能获得丰富的音乐经验:A. 教师可以供给简单乐器如鼓、铃、三角钟,德来昂格尔、钹、锣、角、珰蒲铃等,给儿童学习,儿童喜欢玩一种乐器。B. 给儿童有机会听成人演奏梵华铃,笛等,儿童爱听不同的乐器,尤其是喜欢成人弹出他们所熟悉的调子。有时候教师也可领孩子到邻近的庙宇里去听大钟的声音,成人也可以领儿童到大教堂里去看那大管风琴的奏法,这都能增加孩子的经验。C. 儿童应当有机会听无线电或留声机中的音乐,可是留音机音片要小心选择,儿童听的音片要简易的,他们多半喜听他们自己会唱的歌子,或简易的节奏和易懂的旋律。

(三)学校对于儿童音乐最重要的事,是教他们吟唱,使他们得着这种赏乐的经验,而且获得无上的乐趣,吟唱的价值有几种:a. 歌吟是个快乐的经验,而且有益健康,爱吟唱的童儿是快乐的儿童,同时快乐的儿童,多是强健的儿童;b. 歌吟是有社会的价值,歌吟给儿童分与人家快乐的经验的机会,歌吟是个最好的方法,去发展团体的精神,人家都有这个共通的经验,所以歌吟会使人们加倍亲密;c. 歌吟是表现个性的最好方法,儿童喜欢用诗歌来表现他们的思想、情感,有的时候他们创作自己的歌和旋律以及唱习熟的歌,来表现他自身的感情;d. 儿童由于歌吟发展以获得技能,他从吟唱里可以学得发音准确和调节呼吸,学习合唱和独唱的连合,并且学得很多的诗歌。

儿童怎样唱歌?我们怎样去教他们?儿童学唱歌正如他们学说话,不过加上旋律罢了。儿童最早时期就爱学唱诗,大概是因为他的父亲或母亲已经唱给他听,或者同他同唱过。儿童学习唱歌大概都是模仿成人,如他的先生或母亲。儿童天性本来喜欢模仿,所以先生或母亲应该有小心吟唱的习惯,母亲应该会唱准确的音度和优美的音质。歌词应当唱得极明白而简易,音度应当唱得与儿童适合,因为儿童的音度是高过成人的,儿童歌曲不可以比较中C的E音更低,最好的音是从中C的E到高音的E,歌曲的性质务要轻快与高调,歌音应当宁愿发于头顶部,勿底于喉部,要教儿童以轻快的头顶发音,最好叫他们试听鸟类怎样唱歌,他们也许要学习鸟类歌吟,或者模仿树中的风声,那些儿童喉咙发出的粗低,咆哮声的歌吟,大约是因他们模仿成人的戏剧吟唱或由于一队兵丁的闹唱而来的。

教师应该先唱给儿童听,然后鼓励他们照样唱,她可以多唱几次,也叫儿童批评他们自己的歌声,替他们分为几小组,叫每小组试听其他小组怎样唱吟,音质如何,儿童一经开始吟唱,即当停止他们的喊声,低声,和粗重声。教师也叫儿童小心听琴的轻奏声,或者她自己先轻轻地唱过一遍。那个粗重的歌声一经发生,就难于革除,所以最要紧是他们有好的开头,因为这个缘故所以教师务要特别小心,不但要在儿童幼稚时候即去教他们,而且儿童歌曲的选择也要加以注意,好的儿歌是简易的,合于儿童心理的,不可太长,曲调和歌调要富有趣味的,儿童喜欢歌曲中含有天然声和禽声,他们也喜欢重复的歌词与优美的节奏。

儿童所喜欢的歌多如下列的:

(一)节日歌:如提灯歌,新年歌,儿童节歌,都是儿童所爱好的。

(二)四季歌:关于四季转轮,自然界歌,也是他们所喜欢的。

(三)摇篮歌:或其他的安睡歌都是合于儿童的学习,我们可以唱给他的洋囡囡听,或者教师当儿童安静休息时,也可和他们唱唱。

(四)动物和禽鸟歌,是儿童顶感兴趣的。

(五)人类动作歌:好像木匠,农夫,邮差,店伙们的歌都是儿童爱吟的。

(六)问安歌、拜别歌:儿童来校的问安歌,离校再会歌都是好例。

(七)无意义歌:儿童爱吟奇怪的歌,含有非常声音或字眼或动物的声音，就是因为无意义的兴趣。

（八）睡眠歌：或其他熟悉的小诗歌，也是儿童所爱唱的。

（九）赞颂歌：短的赞歌，称谢歌也是儿童所喜欢的。

总而言之，儿童的诗歌曲调，务要时常变化，变化愈多，欣赏程度也愈加丰富。

教音乐最好的时间，是在儿童对于某事的兴趣达于最高程度的时候，例如，教汽车应当在儿童以木头拼成汽车，加以教师表演汽车动情之后；或者在教师与儿童同坐汽车之后。一个收获歌应当在领儿童到田野间，看见农夫忙着刈谷以后，则教起这歌来，大有意义。

一个新歌曲应当任儿童听着。教师唱了几遍之后，儿童可以先学习以手轻轻地拍拍子，有的教师以为新的歌曲不要用琴来教，只可用口来教唱，等到儿童熟习新曲的旋律以后，才可以加上琴来弹伴奏。然而最重要的兴趣就是歌的本身。假若教师自己反复重唱得太多，就会使儿童丧失兴趣。儿童可以用作吹角的样子来闭口而发嗡嗡声，或者以两手打拍子以口吟曲子，待到他们听了教师唱过几遍以后，他们就会唱了，有舒适的房间和新鲜的空气，很能帮助儿童学习音乐。

儿童歌吟的能力大有不同，做教师的务要检查每一个儿童的本领，教师作这事的方法是对儿童作个音乐游戏，例如：

（一）当每晨儿童来校的时候，教师对他个人唱着"早安歌"也叫他照调用歌来吟，回答说"先生，早安"。

（二）当先生在点名的时候，叫儿童用歌音来回答"我在这里"。

（三）当儿童玩汽车或汽船时，教师唱汽车或汽船的歌，试看儿童能否照音调来跟唱。

从这几个法子，教师就可以替儿童分成几组，第一组儿童，就是会听音，会准确的跟着唱的，第二组儿童是会听音，可是不会准确的唱，第三组儿童只能唱单一的音，没有高低的音度的分别，此外也有儿童因怕羞，不肯学习吟唱，这样的儿童不应过分强迫他，因为他们有厌恶音乐的。

等到儿童分成几小组，教师就可以开始作个性音乐的工作，对于低能儿童可用以下几个方法：

（一）一个儿童匿于教室某处，唱他的名字时候，他须以同样的音来回唱，这种音乐的号召，初时务要简单，假若他们喜欢自己用音乐来号召同伴，也可以照样而行。

（二）儿童坐成一个圆圈，第一个儿童以巾蔽目，第二个儿童走到第一个童儿的背后唱"我是谁"，那个蔽目的儿童，就要以同音度来回唱。

（三）教师点名用唱名法，儿童答名也用同样音来回唱。

（四）儿童仿奏某种乐器，和模拟它的声音，其他儿童猜看，这是什么乐器？

（五）每个儿童做纸的角来吹，并且把它装饰得顶好看，也用角做各种的游戏。

（六）教师唱一问题，学生回答也唱同样的音度，例如"你名什么？""你要什么？""你几岁呢？"

（七）儿童游戏的时候，也喜欢唱"卖饼呵""火车叫"——突突。要让儿童有机会自己来编小诗歌，和唱叮当声，能理解能同情的教师，会帮助儿童做好的诗歌。

教师要用时间，注意儿童个性，帮助儿童唱歌。因为无论任何儿童都可以学得会唱准确和好听的歌曲。

除了唱歌的兴趣以外，儿童对于节奏的活动也会有大兴趣，人家喜欢以自己的身体或肌肉来表示音的拍子，上面述过婴儿对于安乐椅摇摆前后的兴趣，四五岁的儿童喜欢结队游行，滑板，轻跳，这几种活动很有价值，教师务宜鼓励他们去做，因为他们不但包含手臂腿的小运动，也是包含全身的大运动，这对于儿童生理上的发育大有帮助，并且给儿童一切音乐经验的绝好根基，从这个活动，儿童可以学习感觉和懂得节奏与拍子。

我们怎样供给这节奏的活动呢？

（一）须有宽舒的场所：假使要使儿童全身表演音乐，必须有场所，他们需要户外游戏场，给他们跑跳，好像在屋内一般。

（二）儿童所听的音乐，必须优美而且具有高的标准，乐曲必须简易，拍子务要限定而准确，教师用琴调子奏出，或用留声机代替。

乐曲须短而简，就是简单的调子和拍子，由浅入深，如是儿童刚会学习唱和听，而且发展他们自身到更好的地步有两种方法现示音乐：

甲、教师连续弹奏多次，令儿童仔细听，并请他们猜出这音乐是讲什么？教师不要暗示这音乐的意思，让儿童有机会找出它的意思或暗示来，这种方法可以使儿童自己有机会，想出或解释出这音乐来。

乙、第二种法子，是当儿童玩得最高兴的时候，加添音乐，例如儿童仿马跑的时候，教师奏一马跑的音乐以助他的兴趣，更能使他理解这种音乐的节拍，儿童打秋千的时候，那种音乐安静地摇摆的音乐，最能使儿童感到快乐。

教师要多寻儿童各种的音乐，使儿童有机会分别多类的音乐。

教师要常常找寻各种方法，提高儿童音乐的水准，以下举几点改正儿童工作的方法：

（一）教师可选出一个儿童，重演一个好的反应，例如：一个儿童会学一种新而有趣味的跳法，教师请他再跳，其他儿童会看他，就从他获得新的意思。教师要详细解释为什么他叫这个孩子再跳，因她鼓励一个有能力的儿童，同时也要其余的儿童鼓励他。

（二）教师应当带领儿童，参观他处儿童或成人跟着音乐的跳舞，由这样他们可以看见和得着不少新的意义。

（三）教师可以叫一个儿童帮助其他儿童，藉此可以提高儿童的音乐能力。

（四）教师可直接提示新的跳舞法，或指出跳舞应当怎样随着音乐而换调。

一个新的活动或一个儿童的反应就是：

甲、一个敏锐听觉的反应。

乙、快感和理解。

丙、雄壮自由的活动。

丁、完全的娱乐。

戊、由于用功的进步。

还有一种对于儿童有价值的经验，就是用乐器的经验。如鼓、铃、德来昂格尔、钟、钹和其他简单的乐器，在学期开始的时候，要把以上数种乐器让儿童们自由玩赏，等到儿童有充分的时间玩过各种乐器以后，教师就叫二三个儿童一同玩奏，教师先弹简的调子试试看，他们能否打拍子，教师也要鼓励儿童小心听音乐的拍子，和音乐的转调，不要被他们误解。

儿童常常爱摘出钢琴或木琴的一段简易调子，这是一个训练儿童听觉顶好的方法，应当要鼓励的。

以上各种经验，都是儿童音乐智识和赏乐基础，所不可缺的因素，若有音乐教员合理的指导和热心的帮助，那末，将来儿童对于这种艺术——音乐——定有更深的造诣。

（选自《活教育》1947年第2期）

现行幼稚园课程的批判和建议

对于幼稚园现行的课程，我有着几点意见：

一般的幼稚园课程，不外是孤立成为（一）音乐，（二）故事与儿歌，（三）游戏，（四）常识，（五）工作，（六）静息，（七）餐点等若干科目，这种以科目为单位的课程，其编制完全与小学无异。每天的工作，都编制成为一个刻板的日课表,而把每一科目,都填嵌在这刻板的日课表中,教师的教学,就按着日课表刻板的程序,执行刻板的教学,这便是一般幼稚园所流行着的课程。

这样的课程,根本就背离幼稚儿童的生活。为什么?这里当然需要详细的说明。不过,在说明之前,我们得先明白,究竟什么叫做课程?编制课程,应当合于哪些目标?

首先,我们得指出课程是什么?简单的问答:"课程就是人类生活的经验,促进生长的材料,和儿童整个的活动。"

这个定义,揭示了课程的三个方面:第一是课程的内容,第二是课程的作用,第三是课程的方式。

所谓课程的内容,就是人类生活的经验。历史是人类劳动实践的全部过程,而现代文化,便是人类生活经验的积累。我们要教导儿童,做一个人,做一个现代的人,做一个现代的中国人,那么,我们必须把人类实践的经验,他们发掘自然,征服自然,改造生活环境的经验与事实,教给儿童,使他们了解自己所生活的是怎样的一个世界,然后,使他们知道怎样来改造自己的世界。

这样说来,我们的课程内容,不是太艰深了吗?它是否能为儿童所接受呢?是的,我们的课程,还必须顾到儿童的能力。关于幼稚儿童的心理发展,我们所要顾到的,不仅是要消极的应合于儿童的心理;主要的还是要使课程能有促进儿童心理发展的功能。这是课程的积极的作用,我们总还得蒙台梭利的恩物,这些恩物,其繁简难易各有分别,以适合于各年龄儿童的需要,而主要的作用,则在发展儿童感觉的能力,这是他的积极作用,(至于蒙台梭利的认为儿童感觉的发展,可以孤立独行,其是否合于现代心理的观点,这里不予讨论,我们只不过拿她来做个比喻而已。)

还有一点,我们不能不提出的,就是课程的方式,应该是儿童整个的活动。儿童的生活是整个的,思想与行为是统一发展的,他并不能孤立起来,可以分割成为几个小单位，各自分别进行训练所能奏效的，此其一。儿童的兴趣是持续的，是多变的，他不可能为一个机械的课程所能范围，假使勉强用此课程来限制儿童的活动，那是绝不会有什么好的结果，此其二。有这两个原因，所以说课程的方式，必定是儿童整个的活动。基于课程内容、作用，和方式的探究，那么什么叫课程？课程便已了若指掌了！

其次，必须探究的，幼稚园课程的编制，应该合于哪些目标？我认为：第一个目标，是儿童化，所谓儿童化，简单的说，就是适合儿童的需要，适合儿童的环境，和适合儿童的兴趣。儿童有儿童的需要，他所要求的与成人所要求的，乃至与青年所要求的，都不相同，比方说，四五岁的幼儿，好奇心最发达、好问是他们的特色，对于一切东西，都想知道，这便是他们的需要，于是如何来满足他的好问？如何发展他的好奇？从这个心理需要中，如何来编制课程？经过这样的考虑，所提炼出来的课程，才是儿童所乐于学习，乐于接受的课程，忽视了儿童的需要，尽管你的课程内容，包含了很多很多的灿烂金玉，美丽文章，结果也徒然，招引儿童的摒拒。

其次谈到儿童的环境，儿童的需要，并非各地区的儿童都是一致的，尤其是中国幅员的辽广，自然环境，与社会环境，东西南北，各地不同，假使我们忽视了这些环境上的限制，妄想求得全国一致的课程，那是必败无疑的，不但各地域内的课程应当以适合各地域的实际生活状态为主，而且，城市与乡村之间课程也不能划一。城市儿童的课程，要合于城市的环境；乡村儿童的课程要合于乡村的环境，编制课程之所以需要儿童化，也就是说要兼顾儿童所生活的环境是什么？使课程与儿童的生活连接起来，课程才不致与生活脱节。

又次，说到儿童的兴趣。所谓儿童的兴趣其实可以归结于儿童的需要上去的。合于儿童需要的，便能引起儿童的兴趣。同时，兴趣的原则，可以促进儿童对课程内容的了解，所以，我们提出"兴趣"一点，其意义也即在于此。

第二个目标,是家庭化。因为幼稚儿童,也即学龄前的儿童,他们都是三至五岁的儿童。这一年龄中的儿童,应当充分的享受家庭教育。家庭生活是他们最亲切的生活,幼稚园的课程,便应当向家庭化方向取齐;一切的活动,亦应当取法于家庭生活中的事件。家庭生活,与普通学校生活有别,家庭生活是一个整体的生活,并不是孤离片断的互不关联的生活,譬如说,新年的时候,家庭中总有好几天是作新年的种种活动与准备,儿童在家庭中,所受到的教育,也就是过新年的一段生活教育,又如父亲生日,家庭中便作庆祝佳日的种种准备,到那天,整天都在庆祝的活动之中,儿童所受的教育,也就是庆祝活动的生活教育,即使不是假期佳节,有时候,父母要带儿童到公园或郊外去游玩,那时候,也许是整个上午或下午,都是户外的活动,儿童这时所受的教育,便是户外的活动教育。幼稚园的课程,必须要家庭化,以适合于儿童的家庭生活,在生活中,来教育儿童。

根据以上所述的课程定义与目标,现在我们就不难看出一般幼稚园课程的缺点:

(一)全盘学校化,缺乏家庭生活的风味。

(二)以科目为单位,而不以活动为单位,致使各种活动分离孤立。

(三)是片断的,不是整个的,使儿童所得的经验,只是零星破碎,而不能系统化。

(四)是呆板而不是灵活的,课程没有伸缩性,教师无法随机应变,以达到教育效能。

(五)是小学的方式,而不是幼稚园的方式。

那么,新的课程应该怎样呢?根据课程的定义与目标,我觉得新的课程,必须是一种活动,是一种有伸缩性的活动。譬如:健康活动;社会活动;艺术活动;科学活动;文学活动。

活动的内容														
健康活动						社会活动			艺术活动			科学活动		文学活动
卫生	远足	旅行	游戏	静息	餐点	讨论	公民	参观	美术	音乐	工作	观察	研究	实验	说话

这五种活动，并不是机械的，亦不是刻板固定的日课表，教师尽可依儿童的需要与兴趣，临时改变课程的次序。甚至，必要时一天只来作一种活动，也无不可。比如教师定下午带儿童到公园或野外去游玩，那么，整个下午的活动课程，就可以变成健康活动，如果到博物馆去参观，就可以整天的作科学活动。这样的课程，可以说是一种活的课程，是符合于家庭化，儿童化的课程。不过这样的课程，在教学上困难是比较得多些，教师或许要多花些时间，去准备教材和组织活动。但是，实际上只有这样的课程，才可以引起教学的兴趣，而加强教学的进步，也只有这样才是真正的适合儿童的生活。

(选自《教育杂志》1947年第32卷第5号)

陈忠辉、苏萍编撰

萨本栋

【题解】

萨本栋（1902—1949），出生于福建闽侯，杰出的物理学家和教育家。早年求学于北京清华学校，后赴美深造，分别在斯坦福大学学机械获得工学学士和麻省伍斯特工学院获电机工程师学位和理学博士学位。回国后，任清华大学物理学教授，在中国物理学会担任会计兼秘书。萨本栋的功绩不仅体现在教育教学上，还在学术领域有着卓越的贡献，出版了多部物理学著作，包括《物理学名词汇》《普通物理学》上下册、《普通物理学实验》等，这些著作对当时的物理学教育产生了深远影响，为后来者提供了宝贵的学习资料。此外，他的英文论文 *Dyadic Algebra Appliedto 3-phase Circuits* 和 *Fundamentals of Alternating Current Machines* 在国际上也产生了重要影响。萨本栋的教育思想具前瞻性和创新性，他坚信教育是国家发展的基石，尤其重视科学教育和实践能力的培养。在清华任教期间，不仅传授理论知识，还鼓励学生动手实验，这种理论与实践相结合的教学方法极大地提高了学生的实操能力和创新思维。萨本栋在行政管理方面也展现了非凡的能力，曾担任国立厦门大学校长，以及中央研究院总干事和物理研究所所长。总的来说，萨本栋是一位全面发展的学者和教育家，他的教育思想、学术贡献以及管理才能都为中国的科学和教育事业作出了不可磨灭的贡献。1949年1月，萨本栋在美国加州逝世。

在《办土木工程系辩》一文中，萨本栋向时任福建省政府主席陈仪阐述在战时保持土木工程教育的重要性，认为培养此类人才对于长期抗战的后方建设具有重大意义。文中提到学校已经按照教育部的指示开办了土木工程科，并完成了招生，社会各界对此表示支持，包括校董陈嘉庚。然而，省政府削减了学校的经费，使得学校面临困难。作者恳求主席考虑实际情况，维持原有的经费支持，即使无法做到，也希望与其他机构一样获得公平对待。同时，学校拟暂停教室建设并减少部分教师以应对困境。从文章的意思来看，当时厦大办学的困难很大。

《勖勉同学词》是一篇极具启发与鼓舞力量的教育文献，时任厦门大学校长的萨本栋于1938年抗日战争全面爆发之后撰写。该文不仅是对厦门大学学子的殷切勉励，更是对全国青年学子的激励与期望。文中，萨本栋提出了二十则信条，涵盖了自律、慷慨、和谐、努力、观察、谦逊、守法、了解与尊重、坚韧、诚恳、理智、专业与责任等诸多方面的教诲。这些内容不仅适用于当时的学子，在今天看来，依然具有深远的指导意义。萨本栋以其深厚的学识和炽热的爱国情怀，将教育与国家命运紧密相连，鼓励学子们在艰危时局中坚守学术，自强不息。如今细品这篇《勖勉同学词》，依然能感受其中蕴含萨本栋的深邃思想与崇高精神，让这份历史的智慧照亮前行之路，激励新时代学子继续奋发向前，为国家和民族的繁荣贡献自己的力量。

《陈嘉庚先生莅汀欢迎词》热情赞誉了陈嘉庚先生，也是一篇深刻反映教育救国理念与历史背景的珍贵文献。通过细腻而饱含感情的笔触，萨本栋详细介绍了陈嘉庚先生作为一位杰出教育家、实业家和爱国者的多重身份。文章从陈嘉庚的事业、人格精神、识力三个方面入手，全面展现了他的非凡成就和高尚品质。陈嘉庚不仅以实业救国，更倾家荡产兴办教育，他的远见卓识和无私奉献，为后世树立了楷模。同时，他坚定的爱国情怀和公而忘私的精神，也深深感染着每一个读者。此篇欢迎词不仅是对陈嘉庚个人的颂扬，更是对那个时代教育救国理念的生动诠释。它让我们更加深刻地认识到，教育对于国家兴衰、民族存亡具有举足轻重的意义。

《谈厦门大学近况》是一篇关于厦门大学近况（1940年底）的文章。厦门大学自1938年厦门沦陷后，先迁至鼓浪屿，后迁至长汀。由于事先准备充分，图书仪器和设备损失较小。长汀环境适宜，生活成本低，学生每月仅需15元膳食费。然而，学校经费严重不足，仅略高于东北大学。学校纯良学风始终精进，各种设备基本满足需求，西方杂志资源丰富。学校已解决师资问题，并计划在1941年增设工学院。身为校长的萨本栋，在厦大经费不足的情况下，依然能够让学生保持纯良学风，并确保各种设备满足最低限度的应用需求。同时，他还解决了罗致优良教授的问题，并成功将省立福建大学的法学院并入本校。此外，他还计划在1941年度增设工学院，以解决福建省内缺乏工学院的问题，如今看来实属不易。

《开学词》是一篇充满教育意义的演讲，详细描绘了抗战时期厦门大学的办学情况，展现了那个特殊时代背景下，教育工作者的坚持与努力，以及学子们的责任与担当。文中，萨本栋详细阐述了学校在抗战时期的困难与努力，包括校舍的扩建、图书仪器的添置、教员的增聘等，这些都充分体现了学校对教育事业的执着追求和对学子们的深切关怀。同时，他也对学子们提出了殷切的希望，包括珍惜学习机会、立志报国、节约资源、摒弃地域成见、劳动服务等方面，这些都体现了教育工作者的责任心和对未来社会的深切期许。此外，文中还记录了抗战时期厦门大学的发展历程和面临的挑战，为我们了解那个时代的教育状况提供了宝贵的资料。同时，它也反映了那个时代教育工作者和学子们的精神风貌，对于激励后人、传承历史优良传统具有重要意义。

办土木工程系辩

公洽主席①先生钧鉴。奉本月十六日　大函祗悉一一。承示际此非常时期应裁减一切不必需要之费以充后方设备。苌筹硕划曷任钦佩。唯念培育土木工程人才在此非常时期似非不必需要之举。吾闽高等教育机关苟能早注意及此，则此次国难时期②，于一切土木工事当不无若干裨益。况值兹长期抗战尤赖后方人才续出庶足以固根本而宏力量。设战为甫经发生即因军需而停教育，甚恐非谋国贤能如先生者所肯出此也。质之

高明以为然否。敝校前奉教育部训令，以前经咨请省政府每年拨给敝校经费六万元。嗣经省府馀午世府教丙61740号咨复以廿六年度③仅能照旧每年拨付敝校五万四千元云云。方以为此数尚恐不敷分配，岂料现竟将并此而无之。似此应付万难奈何！查敝校本年度土木工程科前因奉令开办，业经招考完竣，各界周知，无不热烈赞成。即校董陈嘉庚亦极为赞许。现在一切仪器设备早经进行订购。若一旦骤告中止，将何以维信用而对社会？无已，唯有仍恳先生体念实情力赐维持而已。设省方实在无法维持原额，亦望与他项机关一视同仁。一面敝校亦当仰体时艰，将教室建筑暂缓进行，并酌减一二教授以资维持。万望勿遽将全数停付，则敝校幸甚，学子幸甚！临楮不胜惶悚，盼望之至。专肃敬祝

勋祉

（选自许乔蓁、林鸿禧编《萨本栋文集》，厦门大学出版社1995年版；原件存校文书档案：040-66；1937年9月25日）

---

①　陈仪（1883—1950），字公侠、公洽，号退素，浙江绍兴人。1934年任福建省政府主席兼民政厅长等职，1937年兼任驻闽绥靖公署主任。

②　国难指七七事变，又称卢沟桥事变，发生于1937年7月7日。

③　信函中用"中华民国"计年法。

勖勉同学词

厦门大学改为国立,本栋谬蒙国民政府简命①,来长斯校,视事伊始,即值全面抗战爆发。比以厦门原校址,位在敌人火线之内,奉令迁徙,复承校内外人士仗义协助,厦大得以弦诵不辍,略副国府抗战期中绝对维持各级学校课业之政策。公私感幸,曷可言宣。兹值本大学成立十七周年纪念之辰,自愧数月以来,毫未建树,爰将平日律己待人及治学处事之一部分信条,胪列数则于后,愿与诸同学共勉之!

一、自奉应俭约,工作应紧张,但不可伤及营养或害及卫生。

二、对于国魂所寄托的事业,资助务必慷慨。

三、不应互相攻讦,做出为"亲者所痛,仇者所快"的事情。

四、在艰危中,须特别努力分内职务,务求无负陈嘉庚先生毁家兴学,及政府将厦大收归国立之至意。

五、应先用客观的态度,观察并分析民众的痛苦,以作课余及假中下乡训练民众的南针;要记得衣食足而后知廉耻。

六、对于正在试做中,而成绩尚未表现的事业,千万不要大吹大擂。

七、举办一事,不要以首创者自诩,做完一事,不要以成功了自满,应牢记本校校训"止于至善"。

八、居于任何行政地位,应蹈规守法,切勿破坏行政系统。

九、到了一个新地方,要先了解当地的风土人情,再谋改革方法,不要自视太高,目空一切。

十、移入乡村,不当常说"这地真糟,什么东西都没有";应时时想"此

---

① 选派任命。

处尚好,还有不少人物"。

十一、因负责做事而遭人毁谤时,毋须灰心,要知道时髦的骂人艺术是"不骂不如己者"。

十二、对待诚恳的人,办法只应一个:就是同他一样诚恳;对待狠心的人却有两个方法:如果你狠心,那末,不妨使用更狠的手段;如果你狠不下心,最好用诚恳的态度去感化他。

十三、不要因为韩复榘[①]而小看了我国抗战的军人;不要因为汤尔和而骂尽所有留日学生;不要因为郑孝胥而怀疑个个福建人;也不要因为傀儡剧演员中,有些受过高等教育的人们,就自毁敌人视为眼中针而方在萌芽的我国高等教育。

十四、青年可用理智来训导,不可用地位或势力来压迫。

十五、学习教育的同学们,要知道教育要有政治的头脑,但不可作政治的活动。

十六、学习政治的同学们,将来上了政治舞台后,要善用教育原理与教育心理,但不得干涉教育行政。

十七、以纯粹科学为终身事业的同学们,若被诘问所学有何所用的时候,可坦然地答复"政客们将来可以由此征收税款",这是法拉第氏研究电磁现象时回答英国首相的不朽名言。

十八、从事高等学术或技能研究的同学们,要记得现代的技能不限于美术,现代的学术绝对非八股;八股与美术可在异族盘踞中发展,而有关民生国防的学术与技能,都不是敌人铁蹄下所得以自由研讨的。

十九、未到"最后一课"的时候,应加紧研究学术与培养技能;要知道

---

① 韩复榘(1890—1938),字向方,直隶省顺天府霸州煎茶铺镇(今河北省霸州市)人。中华民国军事将领。抗日战争爆发后,任第三集团军总司令兼第五战区副司令长官,负责守卫山东及黄河防务。但为保存实力,虚与日军周旋,不战而退,连续放弃济南、泰安和济宁等地,全国舆论哗然。1938年1月24日在开封参加北方将领会议时,被蒋介石下令拘禁枪决。

我们对暴日只能"抗"战而不能作"惩罚"战的主要原因之一，是我们的学术至今尚未独立，我们民众技能的水准，几百年来未曾提高。

二十、要思想纪律化，最好去研读数理；要知道祖国的可爱，应当温习史地；语文不通顺的人，在学术界不会有地位；不动手做实验的人，休想控制大自然，以造福于国家及人群；这些是厘订本大学第一年课程的基本哲理，同学其善喻斯意！

（选自许乔蓁、林鸿禧编《萨本栋文集》，厦门大学出版社1995年版；原载《唯力》旬刊第三期，1938年4月3日）

陈嘉庚先生莅汀欢迎词

陈嘉庚先生自三月间离星①回国以来，遍历十五行省，行程三万余里，仆仆征尘，前后九阅月，今日莅止长汀②，吾人始得一瞻风采，畅聆伟论，其毕生之事业、人格、精神，以及识力眼光，在在足为全国同胞之楷模，而吾人今日欢迎陈先生之意义亦在乎是。

一、陈先生之事业

先生之事业始自经商，然而先生之经商不在居积致富而在己立立人，观于其一生致力革命献身国家民族，其成就实驾乎商业之上。

先生于弱冠之年即赴南洋，初经营米谷业，旋逐渐发挥其创造天才而创办树胶、轮船、罐头、饼干、枋木等实业，规模遂为星洲华侨之冠。然先生之努力发展实业绝非图一己私利，其意实在救济南渡失业之侨工，故凡来自南洋者莫不耳熟能详。先生每年所救助之侨胞数以千计，而常年所雇用之侨

---

① "星"指新加坡。新加坡，全称为新加坡共和国（英语：Republic of Singapore），旧称新嘉坡、星洲或星岛，别称为狮城，是东南亚的一个岛国，政治体制实行议会共和制。

② 福建龙岩长汀县。

工当以万计,凡南渡侨胞暂时无业者莫不以陈嘉庚公司为依归,先生今日之名望岂偶然哉?然此特先生之余绪而已,先生早岁即抱"救国必自教育始"之职志,故商业所入一以兴办教育事业,当满清末叶吾海外侨胞子弟尚无所谓教育也,有之唯私塾而已,先生抵星不久,即倡设道南学校,不惜年掷巨资为海外侨胞新式教育开其先河,旋复投资回国创办集美小学,是为先生倾家兴学之始。

南洋之小学校教育既因先生之首倡而风起云涌,然凡事勃然而兴必感觉人才缺乏,至是先生鉴于侨民师资之亟须补充,遂复于集美增办师范学校,不久集美中学、水产、农林、商业等,以及厦门大学,相继以先生一人之力而设立,以言先生之事业,岂止实业一端而已。

以言革命,先生早岁于民国纪元前一年即加入总理所领导之同盟会,同年秋筹款资助闽省光复,数十年来国内革命事业先生无一不力助其成,其为国家民族始终奋斗,可谓辛勤备至蔑以复加。

复次,先生领导南洋侨胞拥护祖国,功绩彪炳有口皆碑。自民十八[①]济案发生以来,倡办筹赈,救济水灾,筹款献机,赈济难民,筹募寒衣医药,及此次领导南洋华侨筹赈总会发动回国慰劳等等,无一非先生救国救民苦心孤诣之表现。登高一呼,闻风响应,先生团结侨胞意志,加强抗建力量,其贡献又何如也。

二、先生之人格精神

先生伟大之精神可分数方面言之:

先生常言曰:"余初非素封之家,唯愿为公众服务,即为一生不移之宗旨。"故其经商也,办学也,领导侨胞也,无一非为公而发。民十八济案发生,先生倡办山东筹赈会,被举为会长,其时全侨抵制日货至为剧烈,先生所办之南洋商报因登载某家某日到有大批仇货,对方竟以含恨,致橡皮制造厂重要部分突遭回禄,损失甚巨。更以抵制日货之故,日人大肆报复,以同

---

① 即民国十八年,公元纪年为1929年。

类物品贱价竞售，致先生商业受创尤大。然先生仍继进不懈，泰然处之，其爱国热情，公尔忘私，国尔忘家，是何等怀抱！

先生对事绝不苟且，尤不喜夸誉，凡拟作之事，无论公私，必先行而后言，事前既不喜预先夸张，及事既成亦不愿自居其誉。集美学校厦门大学均先生所一手创办独力支持者，然先生于实行之前曾未多言我欲如何如何，及其既办两校，校务蒸蒸日上，然先生自视常若不足。厦门大学大礼堂建筑落成，校中同人拟以先生之名名之，借资纪念创办人之功绩，先生极力反对，即以先生介弟敬贤先生（其时在厦董理校务）之名命之，亦所不许。结果乃定名为群贤堂，民廿六①厦大改国立，直抗战初兴，先生有意回国观察，后闻各方拟盛大欢迎乃中止其行。又厦大国立后，教育部为纪念先生创办之功勋起见，设咨询委员会，以先生为永久委员，并于校内设置嘉庚奖学金及嘉庚讲座，借资纪念。先生屡次谦辞，自谓"为义不终累及政府"云云，最近组织华侨回国慰劳团，先生被举为总团长，以古稀之龄，绝不以长途跋涉为苦，地无论东西南北，莫不亲临视察，履险如夷，每至一处，长日演讲。谈话、会客、访问，无不集中精神，察及毫末，于此又可见其负责、谦让、不辞劳悴之一斑。

先生虽拥有巨资，而其平日自奉之菲薄，一如平民，曾不知养尊处优为何事。然而对于公益事业，则解囊唯恐不及，丝毫不以今昔情境不同，而稍移其志。当先生树胶事业受挫折时，帝国主义者曾愿助先生维持，而以苛酷条件为交换，先生毅然拒之，宁愿破产，是又所谓富贵不淫、贫贱不移、威武不屈者也。

三、陈先生之识力

我国近百年来，民不聊生，国势日蹙。一般人忧心国是，莫知所措，独先生毅然力倡教育救国，其言曰："我国今处列强肘腋之下，成败存亡，千钧一发，自非急起力追，难逃天演之淘汰，鄙人所以奔走海外，茹苦含辛数十

---

① 即民国二十六年，公元纪年为1937年。

年，身家性命之利害得失，举不足为我念虑，独于兴学一事，不惜牺牲金线，竭殚心力而为之，唯日孜孜无敢逸豫者，正为此耳。"云云，至先生所以实践此言以至毁家兴学者，事情彰彰有目共睹，前亦略陈，毋须赘述。独念先生于数十年前当国人草昧未开之日，已能独具慧眼，明烛机先，而汲汲是谋。今日华侨教育蓬蓬勃勃，此种现象，谓为由先生兴之可也，侨胞子弟向之以"咱红毛"自荣者，今则莫不知有祖国，此项知识，谓为由先生启之可也，其眼光识见，岂常人所可及哉。而屈计数十年来先生所费于其毕生职志教育救国事业者为数在千万元以上，此种独力捐资兴学之壮举，尤为古今中外所罕见，先生常谓"捐资一道，窃谓莫善于教育"。旨哉斯言！但愿人人均能一如先生，具此远大识力眼光，将来蔚为风气，其影响于吾国家民族，岂浅鲜哉！

总之，先生毕生为祖国奋斗努力，吾人今日竭诚欢迎，应勿忘先生之事业，先生之精神人格，以及先生之识力眼光，时时引为楷模，时时求所以副先生之期望，庶无负先生拳拳祖国之忧，亦即吾人所以报答先生于万一也。

（选自许乔蓁、林鸿禧编《萨本栋文集》，厦门大学出版社1995年版；原载《厦大通讯》第二卷第9—10期，1940年11月9日）

谈厦门大学近况

（桂林航讯）国立厦门大学校长萨本栋博士，十二月前赴渝①述职，并报告校务与请示机宜，业已公毕，于本月十三日晚飞桂，记者闻讯往访，承告该校近况如次：

"本校现计有文理法商四学院，共十三系，学生六百余人，自前岁厦门失陷后，初迁鼓浪屿，后迁至现址长汀。因事先早有准备，故图书仪器暨一般设备损失甚微。长汀方面环境颇佳，堪称办学之适宜所在，生活程度亦低，

---

① 渝，重庆简称。

学生膳食十五元一月即可。可惜经费大少，其数量之少，列于国立各大学倒数第二位，仅稍多于东北大学。自改归国立，三年以来，经费每年为二十余万元，二十九年度连同各项临时费在内，不过四十万元左右，下年度经常费虽有增加，亦仅及二十七万余元。目前所堪告慰者，一为一贯之纯良学风始终精进，更较抗战前浓厚；一为各种设备，凡最低限度之必需者，皆足敷应用，尤以一百二十余种之西方杂志，始终能源源寄到，供诸参考浏览，此恐为内地任何大学所不及；另一则所在地生活程度不高，希望生活易于维持。至罗致优良教授问题，在前二年艰困至极，本年度已全部解决，今后当更能如愿以偿。省立福建大学今夏已奉令停办，医农两院由省方分别独立办理，法学院则并入本校。查阅省境内各公私立院校中，尚缺一工学院，而目前本校仅有电机系。故本人此次去渝，曾拟具一添设工学院之计划面呈教部①，业蒙教部核准，三十年度即可见诸实现。初期拟将该院暂与理学院合在一起，称理工学院，俟将来内容充实，年级增多，再独立分途发展"云。

（选自许乔蓁、林鸿禧编《萨本栋文集》，厦门大学出版社 1995 年版；原载《申报》1940 年 12 月 27 日第 8 版）

开 学 词

本学年开学的日期，原定九月廿二日，后因粤浙两省录取新生名单，到九月中才能决定，故将开学日期展延两星期，到了本月初，各处新生因受交通的阻碍，仍有许多不能如期到校注册，所以又决定在国庆日后的今天举行这个仪式，后天开始上课。由开学日期之一再展延看来，这次我们在这里展开新年度的设施，确是不易；证以西南各地，有些大学，因受空袭及其他问题影响，至今尚未开学，我们今天能在这里很安定地举行开学仪式，可说是

---

① 即教育部。

件非常幸运的事。

本年本校奉教育部命令，核定新生名额原为三百人：计文学院四十名，理工学院一百三十名，法学院七十名，商学院六十名。在招考后不久，又奉部令增收机电系学生六十名，总共三百六十人。我们这次在福建、江西、广东、浙江等处，总共录取了三百三十九名；加上前几天教育部保送的二十八名，合共新生三百六十七名，已超过教育部原来核定的名额。如用去年的校舍来容纳这一批新同学，及原有将近四百人的旧同学，其拥挤状况，自可想见。好在暑假期中，本校筹建了一座男生宿舍，扩充了女生宿舍，完成了文法商三学院的办公室和教室，并就图书馆加建一层楼，增辟了一百余人的阅览场所。有了这些新建筑，全部校舍，差可敷用。在现今人力物力财力都极感缺乏的情形之下，我们校舍的扩充，还没有受到很严重的打击，这是今天在本校读书的人，应引为第二幸运的事。

上面已说过，本校屡奉部令增收机电系学生以应国家的需要。本校过去关于工科的设备，固然很缺乏，但理学院的设备，却比较的完善。所以办理工科的基础，可说还坚固。在本校创办之时，本有筹设工科之意，我们厦门原校址内，尚有已奠定的工学院地基。国立第一年时，部令设立土木系，当时适值抗战军兴，设备困难，教授不易聘请。到现在土木系设备，固尚未达到我们理想的境地，但教师则已充实到可以与国内任何大学相颉颃。上年度已有第一批土木系毕业生到社会上服务了。机电系的设备，比土木系自然更差；而教师方面，因国内机电人才缺乏，聘请亦更感困难。不过本年暑假中，费了不少力量，曾购到一部分机器。此外去年与今年在美国订购的各系图书仪器，总共价值国币四十六万余元，据美固承办公司来函，已购便装运，不久当可到校。我们的图书仪器设备，近数年来，不但未受灾殃，并且仍能不断地增添，这也是本校的一件幸运的事。

当抗战初发生时，各大学都迁移到西南内地。本校认为东南半壁的高等教育，还需要维持，所以决定不随潮流远徙，而选择长汀为我们的校址。记得我们在公布我们决迁长汀那次集会中,曾经提出我们选择校址的三原则:(一)要留在东南最偏远的福建省内,以免东南青年向隅;(二)要设在交通比较通达的地点,以便利闽浙赣粤学生之负笈;(三)新校址的环境,要比较优良,以使员生得安心于教导与求学。经过近数年的经验,同近来东南高等教育机关之增加,迁到长汀一举,实甚适合。在以前我们单独担负铁路线以东国立最高学府的全付责任时,所遇到的困难很多;到现在我们的责任,因有其他国立院校分担,虽稍轻松,但聘请教员的困难,比起独负一面之责的时候,则更有过之。困难的理由很简单;由于高等教育机关之增多,所需教师人数亦增加。以前是许多人不肯到东南来,现在是愿来东南的,不一定都到厦大。由去年开学时起,到现在止,学校所接洽的教员人数在二十人以上,而今天所能介绍的到校教员,只有十余位。不过就各系说,这十余位的分配,尚相当均匀。在这一点,我要感谢继续在校服务,不计较待遇的教员们。他们各位为东南高等教育和厦大服务的精神,实在是我们十二分钦佩的。对于今年新教员不怕冒险,不辞跋涉而来此过这艰苦的生活,我们也致最热烈的欢迎与最诚恳的致意。如果我们把这几年的教员名单看一看,如果我们了解各校聘请教员的状况,我们今年在这里能够留住并且聘到这样多的国内知名的学者给大家讲学,岂不是一件极幸运的事吗?

从校舍扩充,图书仪器添置,与教员增聘各方面来说,我们的幸运,的确不错。我们希望新旧同学,都能切实了解幸运得到的不易,而尽量利用这幸运的环境,在学年开始的现在,下一个最大的决心,就学业方面、做人方面,以及后来就业方面,总之要在终身事业方面,立一个宏大的志愿,不要辜负国家和各师长的殷望。

抗战已经到第五年了,前方将士的表现,给我们不少的鼓励。但后方人事和不少青年的行为,反有很多地方值得忧虑的。在抗战之初,据我所记得的,青年的思想,青年的行为,青年的态度,都比现在好。那时,我记得大家心目中只有胜利第一,国家第一。有许多青年的的确确牺牲了自己,为国家社会服务。到现在，很不幸，我所听到的与所见到的情况，许多是大不一样了。物资是比前四年缺乏了，而不少的青年对于财物的爱惜，却不如抗战初期好。过去青年只愁无处服务，现在青年所计较的，不是服务的机会，而是报酬的多寡了。据数年的经验，抗战必胜，是无疑义的。但若青年对其自己应负的责任，没有一个极清楚的认识，则建国的障碍，还是无法消除。我很希望在座各同学，深切了解这个建国的责任。据美国传来消息，美国尚未与外国打战，而许多大学生都已被征召到有关军事的机关里服务去了。今天血气方殷的诸君，还能在此求学，就是国家要诸君几年后负起比抗战更难的建国工作。在现阶段，物资与资源，还未到十二分困难的地步，我们对于物资，要特别爱惜，以免在物资更缺乏的时候，因无准备而感到意外的苦痛。平日习于刻苦俭朴的生活，即使经济来源中断，也不至觉得太苦，这是退几百步由各人个别利害着想而言。至若眼光稍放大一点，则我们在各方面的节约，直接间接都有助于抗战与建国，这尤其是我们大家所应时刻牢记的。

今年新到校的同学，有许多地方，也许感到生疏。我希望在起初的几星期中，大家逐渐了解本校过去的历史，与优良的校风。公共场所的秩序，尤其希望新旧同学共同勉力维持。新同学如遇有不熟悉之事，不妨去请教旧同学，或教职员。尚有一点。我要特别提醒大家的，是在本校内，绝对不容许有地域的成见，换言之，一切省县界在本校中都不存在。大家要记得我们都是中华民国的国民，在现在外患未艾的时候，唯有群策群力，不分疆域，才能恢复祖遗的河山。如因毫无意义的地域观念，自分派别，不相合作甚至于彼此攻讦，那不但是每个人自身成功的大阻碍，也将妨害我们恢复国土大事业。

中国读书人最大的毛病，就是用脑而不肯用手。以前中国文人，常以劳心者治人自居。处在机械化时代，只能用脑而不会用手的人，在许多方面，他的机会与地位，都受限制。最近本校为同学收到了不少救济金，今年决定把一部分救济金，用于鼓励同学之运用手足，至于详细办法，以后再公告。

过去数星期，已有不少同学，在这方面有很好的成绩了。希望大家以劳动服务为无上荣耀和快乐，互相勉励竞赛，使成为本校新的风气。

以上各点，是本校的大略情形，和本人对于全体同学的殷切希望，愿与诸同学共勉之。

（选自许乔蓁、林鸿禧编《萨本栋文集》，厦门大学出版社 1995 年版；原载《厦大通讯》第 3 卷第 10 期，1941 年 10 月 25 日）

周志平编撰